G

20629

BEAUTÉS

DE

LA MARINE.

IMPRIMERIE DE FAIN, PLACE DE L'ODÉON.

Je meurs avec plaisir pour la Patrie... Vive la France!

BEAUTÉS DE LA MARINE,

OU

RECUEIL DES TRAITS

LES PLUS CURIEUX

CONCERNANT LES MARINS VOYAGEURS, ET LES MARINS MILITAIRES DES TEMPS MODERNES.

Par Ant. CAILLOT.

AVEC HUIT GRAVURES.

Illi robur et æs triplex
Circa pectus erat, qui fragilem truci
Commisit pelago ratem
Primus.   Hor.

TOME SECOND.

PARIS,
DELAUNAY, LIBRAIRE, PALAIS-ROYAL.
1823.

BEAUTÉS DE LA MARINE.

LE CAPITAINE PAULIN, BARON DE LAGARDE.

CE marin, le plus ancien officier qui ait marqué dans la marine française, se nommait *Antoine Escalin des Aimars*. Il était chevalier de l'ordre de Saint-Michel, et général des galères de France sous François Ier., Henri II, François II, Charles IX et Henri III. Il sortait d'une famille obscure et peu fortunée de la province de Dauphiné. Il naquit en 1498 et fut élevé dans une école de charité. Il n'avait que douze ans lorsqu'il s'échappa de la maison paternelle et suivit un caporal à son régiment. Il devint soldat aussitôt qu'il eut acquis la taille nécessaire, et sa bonne conduite le fit remarquer au point qu'il mérita d'être élevé successivement aux grades d'enseigne, de lieutenant, et enfin à celui de capitaine.

Instruit par un habile négociateur qu'il eut le bonheur de rencontrer en Piémont et qui lui reconnut du mérite, il fut jugé digne, par François Ier., d'être envoyé en ambassade à Venise, ensuite à Constantinople. Dans une de ses ambassades, il montra autant d'adresse que de courage. Il sut concilier à François Ier. les chefs de la république vénitienne, ainsi que le sultan Soliman, qui promit d'envoyer au monarque français une flotte commandée par le fameux Barberousse.

Ce double succès valut au capitaine Paulin d'être nommé par le roi au commandement général des galères, alors une des premières dignités du royaume. En même temps il fut créé baron, sous le titre de *baron de Lagarde*. Ce fut avec la première de ces qualités, que s'étant joint à Barberousse, il fit le siége de Nice, ville qui appartenait au duc de Savoie, allié de Charles-Quint. Après s'être aperçu que l'amiral turc avait ses raisons particulières pour ne pas engager un combat avec la flotte ennemie, il le quitta pour aller joindre, en

Piémont, l'armée française, à laquelle il rendit de grands services.

Les Vaudois s'étaient retirés dans des lieux déserts, entre les montagnes de la Savoie, du Piémont, du Dauphiné et de la Provence. Ils y vivaient paisiblement du fruit de leurs travaux dans ces pays arides qu'ils avaient desséchés. En 1536, ils embrassèrent le calvinisme. En 1540, le brave Lagarde dont l'épée aurait été si utile contre les ennemis de la France, eut ordre d'exécuter l'arrêt du parlement d'Aix, qui portait que tous les hérétiques seraient exterminés. Le président d'Oppède et lui se mirent chacun à la tête d'un détachement, brûlèrent tous les villages qu'ils rencontrèrent, massacrèrent les femmes, les malades, incendièrent le village de Mérindol dont les habitans s'étaient enfuis ; fouillèrent dans les souterrains, égorgèrent une multitude de femmes, d'enfans, de vieillards qu'ils y trouvèrent ; parcoururent le Comtat, une partie de la Provence, et y commirent des horreurs que la plume se refuse à décrire.

Quelque temps après, Lagarde fit un meilleur emploi de ses armes. Henri VIII, roi d'Angleterre, maître de Boulogne, avait résolu de faire une invasion en France. Pour le faire renoncer à ce projet, l'amiral d'Annebaut reçut ordre de tenter une descente en Angleterre. Lagarde, qui avait un commandement dans cette expédition, fut enveloppé par quatorze vaisseaux ennemis. Après avoir été délivré de ce danger par l'amiral d'Annebaut, il fondit avec tant d'impétuosité sur un gros vaisseau anglais qu'il le coula à fond. Lorsque les ennemis furent rentrés dans leur port, les deux généraux français firent une descente dans l'île de Wight, en enlevèrent le bétail, les effets les plus précieux des habitans, et mirent le feu aux bourgs et aux villages, et se rembarquèrent.

Comme ils approchaient des côtes de France, une tempête, qui survint, les rejeta sur les côtes d'Angleterre. Les deux flottes se canonnèrent jusqu'à la nuit; et les Français, profitant du retour du calme, rentrèrent au Havre. Les manœuvres savantes du baron de Lagarde, de l'aveu même de l'amiral d'Annebaut, avaient procuré à la flotte française les avantages qu'elle avait remportés sur l'ennemi.

Cependant les exécutions atroces contre

les Vaudois, excitaient l'indignation générale. Après la mort de François Ier., le parlement de Paris fut chargé de connaître de ce massacre. Le président d'Oppède, obligé de comparaître, prétendit se justifier par des exemples tirés de l'Ancien Testament. Cependant, pour se dérober au châtiment qu'il méritait, il se hâta de passer à l'étranger où il mourut onze ans après. L'avocat général Guérin, principal instigateur du massacre, fut condamné à être pendu. Quant à Lagarde, on eut égard à sa qualité de militaire qui lui faisait un devoir de l'obéissance; sa punition se réduisit à une prison perpétuelle.

Ruse de Lagarde contre les Espagnols. — Entreprise contre l'île de Corse.

Lorsque Lagarde gémissait dans une prison pour avoir obéi aux ordres de François Ier. et du parlement d'Aix, Paul de Termes, qui commandait une armée française, en Toscane, le demanda au roi. Ayant obtenu sa liberté, il déploya de nouveau ses talens en Italie, et quoique sans titre il dirigeait tous les mouvemens de l'armée. Après avoir conduit à Rome les cardinaux de Lorraine et de Tournon, il se mit à parcourir toutes les côtes d'Italie, dans le dessein d'attaquer les bâtimens de Charles-Quint qu'il rencontrerait. Jeté vers l'île de Corse par une tempête qui sépara deux de ses galères de quatre autres, il aperçut vingt-quatre grands bâtimens espagnols, battus par la même tempête, et qui s'étaient retirés sur la même côte, à peu de distance de lui. Voulant combattre, et n'ayant que deux galères à opposer à vingt-quatre vaisseaux, il s'avise de la ruse suivante : il arbore le pavillon de l'empereur et fait dire aux Espagnols que la reine de Hongrie est à son bord; qu'il est chargé de la transporter en Espagne pour qu'elle y soit en sûreté pendant la guerre que l'empereur et son mari soutenaient contre la France et les Turcs, et qu'il est de leur devoir de la saluer avec toute leur artillerie. Les Espagnols donnent dans le piége, et font une décharge de tous leurs canons. Aussitôt Lagarde hisse le pavillon français et les attaque avant qu'ils aient eu le temps de recharger. Il coule à fond deux de leurs plus gros vaisseaux et en enlève quinze richement chargés.

La Corse appartenait alors aux Génois :

Henri II, résolu de la leur enlever, chargea le général de Termes de cette expédition. Celui-ci, qui connaissait la bravoure et les talens de Lagarde, demanda au roi de le rétablir dans le commandement général des galères, qu'il avait perdu lorsqu'il avait été condamné à une prison perpétuelle. Le roi y consentit, et donna ordre à Lagarde de rassembler toutes les galères de Marseille. Après avoir promptement exécuté les ordres du roi, Lagarde alla rejoindre Dragut, successeur de Barberousse, dans la place d'amiral de la flotte ottomane. Après qu'il eut ravagé avec lui les côtes de la Calabre et de la Sicile, il rentra dans le port de Marseille, où de Termes préparait une nouvelle flotte. Ces deux généraux se réunirent à Dragut et allèrent avec lui mouiller devant l'île de Corse. Bastia se rendit; St.-Florent, Corté, Porto-Recchio et Ajaccio furent bientôt enlevés. Bonifacio résista long-temps et ne se rendit que sous des conditions désagréables aux Turcs qui ne se battaient que pour piller. Dragut, dont la coutume était de ne payer ses soldats qu'avec le pillage, rembarqua ses troupes et mit à la voile.

Malgré le départ des Turcs, Lagarde mit le siége devant Calvi. Cette ville fut secourue par une nombreuse flotte génoise, sous les ordres du célèbre André Doria. Comme l'armée française était trop faible pour livrer bataille, Lagarde alla chercher du renfort à Marseille. Ce renfort, qui était considérable en galères et en hommes, fut dispersé par une tempête dans les parages de l'île de Corse. Pendant qu'il était occupé à rassembler sa flotte, Doria se fortifiait, s'emparait de plusieurs places, et les Corses passaient en foule du côté de l'ennemi. Ce contre-temps ne décourage pas Lagarde : il se rend à Constantinople et obtient du sultan que Dragut sera renvoyé avec une flotte sur les côtes d'Italie.

Le siége fut remis devant Calvi. Après des prodiges de valeur des deux côtés, Dragut, au moment de l'assaut, fit sonner la retraite. L'avidité de ce Turc qui demandait des sommes exorbitantes pour lui, et le pillage pour ses soldats, fit manquer l'entreprise contre la Corse. Lorsque Lagarde revenait en France, un épais brouillard l'engagea dans la flotte de l'amiral Doria. Sa présence d'esprit et son courage le tirèrent de ce danger. Il fit un feu si terrible que Doria, croyant que la flotte turque était encore réunie à celle des Français pour l'attaquer, se hâta de prendre le large. Lagarde ramena sa flotte à Marseille, sans avoir perdu un seul vaisseau.

Le baron de Lagarde, fatigué du service, voulut, quelque temps après le massacre de la Saint-Barthélemi, se retirer dans le lieu de sa naissance; mais au moment où il se disposait à partir, il reçut l'ordre d'équiper les galères pour bloquer la Rochelle, qui était le rempart du calvinisme. Malgré toutes les tentatives que l'on fit du côté de la mer et du côté de la terre, contre cette place, que le duc d'Anjou alla assiéger lui-même avec une forte armée, on ne put la réduire. Furieux du peu de succès des attaques, ce prince accusa de négligence le baron de Lagarde et le fit mettre en prison; mais bientôt il reconnut l'injustice de ce procédé, qui excitait les murmures des officiers et des soldats.

Après la levée du siége, Lagarde put enfin quitter le service. Il se retira au village où il avait reçu le jour et y vécut encore quelques années. Il mourut en 1578, âgé de quatre-vingts ans. C'est à lui que l'on doit l'art de diviser les flottes par escadres toujours prêtes à se secourir mutuellement, et qui perfectionna celui des batailles navales. Il laissa à son fils unique plus d'honneur que de richesses.

ANDRÉ DORIA, AMIRAL GÉNOIS.

Cet illustre marin naquit à Oneille, le 30 novembre 1468. A l'exemple de ses pères, il entra dans la marine. Son père lui donna des maîtres de très-bonne heure ; mais la mort l'empêcha de voir se développer les talens de ce fils qu'il aimait tendrement. Il avait environ dix-neuf ans, lorsque, après la mort de sa mère, il se rendit à Rome, et entra dans les gardes du pape Innocent VIII, dont son oncle Dominique Doria était capitaine, et s'y fit remarquer par son exactitude et son adresse dans les exercices militaires. Après la mort du pontife, il passa au service de Ferdinand l'ancien, roi de Naples, et ensuite à celui d'Alphonse, fils de ce prince. De tous ses officiers, il fut le seul qui ne l'abandonna pas, lorsque Charles VIII, roi de France, fit la conquête du royaume de Naples.

Voyant toute l'Italie en feu et dévastée par les guerres civiles et étrangères, il se rendit à Jérusalem pour visiter les saints lieux. Il y reçut la communion des mains des prêtres du Saint-Sépulcre, et fut ensuite agrégé par eux en qualité de chevalier à l'ordre de Saint-Jean de Jérusalem.

Au retour de ce pèlerinage, il s'attacha à Jean de la Rovère, d'une famille qui avait des liaisons avec la sienne. Ce général, qui tenait pour le roi de France dans le royaume de Naples, le reçut avec distinction et lui confia la défense de la forteresse de *Rocca-Guillelma*. Il déploya contre le célèbre Gonsalve de Cordoue, qui en faisait le siége, toute l'habileté d'un capitaine consommé. Ce grand général, plein d'estime pour lui, voulut le voir et s'entretenir avec lui : Doria se rendit dans son camp sans se faire escorter et avec une noble simplicité. Gonsalve lui fit toutes sortes de politesses et lui marqua beaucoup d'amitié.

Après s'être signalé dans le service de terre, Doria y renonça à l'âge de vingt-quatre ans pour celui de la marine. Ayant armé à ses frais un certain nombre de galères, il se mit à donner la chasse aux Turcs et aux Barbaresques, qui infestaient alors la Méditerranée. L'exploit qui contribua le plus à établir sa réputation, fut le combat de Pianosa, qu'il livra, le 25 avril 1519, avec six galères seulement à une escadre de treize gros bâtimens commandés par un fameux corsaire tunisien, nommé Cadolin. Celui-ci se regardait comme sûr de la victoire, mais elle fut long-temps disputée; enfin, après un combat aussi long qu'acharné, elle se déclara pour Doria, qui se rendit maître de toute la flotte ennemie, à l'exception de deux galères qui s'étaient retirées avant la fin de l'action.

Peu de temps après, Doria voyant Gênes, sa patrie, agitée par des troubles, entra avec ses galères au service de François Ier., qui le nomma général de celles de France. Il ne tarda pas à se distinguer sous ce titre : à la tête d'une flotte nombreuse chargée de troupes, il se rendit sur les côtes de Provence, que ravageait celle de Charles-Quint; il la battit, et courut ensuite au secours de la ville de Marseille, assiégée par le connétable de

Bourbon. Il sut si bien profiter du vent, qu'il arriva sur la flotte impériale au moment où elle s'y attendait le moins, l'attaqua, la mit en fuite, et jeta du secours dans Marseille; secours qui obligea les impériaux d'en lever le siége.

Doria venait de signaler ses talens et sa valeur : l'occasion se présenta presque au même instant de montrer sa grandeur d'âme. Philibert, prince d'Orange, qui était parti d'Espagne sur un brigantin, venait joindre l'armée impériale devant Marseille. Il rencontra la flotte de Doria et l'aborda, croyant que c'était celle de l'empereur. Lorsqu'il connut sa méprise, il offrit à Doria une somme considérable pour sa rançon; Doria ne voulut point la recevoir, et il le renvoya à François Ier., qui lui rendit sa liberté sans nulle condition.

Lorsque ce monarque eut été fait prisonnier à la bataille de Pavie, Doria passa au service de Clément VII, alors allié de la France, qui le nomma général de ses galères; mais deux ans après il retourna au service de France, avec trente-six mille écus et le titre d'amiral des mers du Levant. Il contribua cette même année à détacher les Génois de l'alliance de Charles-Quint, par le blocus qu'il mit devant leur port, où commandaient alors les Adornes pour cet empereur, et par la défaite de leur flotte, dont il se rendit maître, à l'exception d'une seule galère. Le Doge Adorne, voyant la ville pressée du côté de la mer par Doria, et du côté de la terre par César Frégose, que le maréchal de Lautrec avait chargé de la bloquer avec un corps de troupes, prit la résolution de la livrer aux troupes françaises. Après cette reddition, Doria fit apporter des provisions de toute espèce, et les livra à un très-bas prix aux habitans, dont il se gagna ainsi l'affection.

L'année suivante, Doria voulant seconder le maréchal de Lautrec, qui assiégeait la ville de Naples, envoya dans le golfe de cette capitale son neveu Philippe Doria, avec huit galères, Hugues de Moncado, qui commandait la flotte impériale, fut battu à l'entrée du golfe de Salerne, et mourut des blessures qu'il avait reçues pendant l'action. Cette victoire, en couvrant de gloire Philippe Doria, devait augmenter l'estime et l'affection de François Ier. pour son oncle. Malheureusement, ce monarque prêta l'oreille à des calomnies répandues par les ennemis de ce grand homme. Doria prévoyant d'ailleurs en même temps que sa patrie allait tomber sous le joug de la France, renonça au service du roi, conclut avec Charles-Quint un traité dans lequel il demanda pour récompense de ses services la restauration de la liberté de la ville de Gênes, et le 12 septembre 1528 il se présenta avec sa flotte devant cette ville, où commandait le célèbre Trivulce. A son arrivée, les galères françaises prennent le large et Trivulce se retire dans le château. Doria fut accueilli par ses concitoyens avec le transport de la joie la plus vive et la plus sincère, comme le restaurateur de leur liberté. Au lieu de s'attribuer le pouvoir, comme il aurait pu le faire, il engagea ses concitoyens à charger douze d'entre eux du gouvernement de la république. Dès ce moment, il ne fut plus question des deux factions des Adornes et des Frégoses; les nobles furent rappelés aux emplois, mais en conservant entre eux l'égalité; Doria, nommé doge perpétuel, refusa ce titre; mais le sénat crut devoir lui décerner celui de père et de libérateur de la patrie.

Instruit de ce qui venait de se passer à Gênes, Charles-Quint, plein d'admiration pour Doria, ordonna à tous les gouverneurs de ses possessions en Italie, de ne rien entreprendre avant de l'avoir consulté; en même temps il le créa amiral général de sa marine, en lui donnant l'entière liberté d'agir comme il le jugerait à propos.

Tout étant tranquille à Gênes, cet illustre capitaine se retira dans le sein de sa famille pour se reposer de ses travaux et de ses fatigues. Il ne sortit de sa retraite qu'après que la paix eut été signée à Cambrai, le 5 août 1529, entre le roi de France et l'empereur. Ce grand Soliman II, s'étant porté l'année suivante sur la Hongrie à la tête d'une armée formidable, Doria proposa à Charles-Quint de faire une diversion du côté de la Grèce. Le monarque approuva son projet, et le chargea de faire tous les préparatifs nécessaires pour son expédition. Il prit Coron, Patras, ravagea toutes les côtes de la Grèce et s'empara des châteaux des Dardanelles. Ces exploits forcèrent les Turcs à évacuer la Hongrie, et méritèrent à Doria toute la reconnaissance de l'empereur.

L'année suivante, Doria battit encore la flotte turque qui assiégeait Coron, et la força à prendre la fuite. De retour à Gênes, il apprend que Barberousse ravage les côtes d'Italie, aussitôt il assemble une flotte, et se dispose à aller l'attaquer; mais ce corsaire avait fait voile du côté de Tunis pour en entreprendre la conquête. Informé de son dessein, l'amiral gênois conseilla à Charles-Quint de se rendre maître de cette ville. Son avis fut suivi par ce monarque, et cette expédition eut le plus heureux succès.

Quelques années après, Soliman envoya une flotte formidable, commandée par Barberousse pour attaquer l'Italie : Doria rassembla vingt-huit galères pour inquiéter cette flotte dans sa route. Après un sanglant combat, il se rendit maître de douze bâtimens ennemis et les brûla. Cependant Barberousse attaqua successivement toutes les places que possédaient les Vénitiens dans le Péloponèse. Doria, dont les forces ne pouvaient lutter contre les siennes, attendit qu'une confédération, composée de l'empereur, du Pape, des Génois et des Vénitiens en mît à sa disposition d'assez considérables pour livrer bataille à l'ennemi.

Lorsque Barberousse apprit que la flotte combinée venait à lui, il se jeta dans le golfe de Larta. Doria envoya examiner sa position, et sur le rapport qu'on lui en fit, il ne jugea pas à propos de l'y attaquer. Il ordonna donc de lever les ancres et de partir. Barberousse sortit alors du golfe, et se mit en disposition d'engager le combat. Sa première attaque lui fut avantageuse, et un orage terrible étant survenu, les chrétiens se retirèrent en désordre vers Corfou. L'amiral turc rentra dans le golfe de Larta. Tout le monde fut étonné de l'hésitation de Doria dans cette action, et on le soupçonna de s'être entendu avec Barberousse.

S'il ne réussit pas dans cette expédition, il en entreprit, peu de temps après, une autre qui fut très-glorieuse pour lui et très-utile à l'Italie. Il battit complétement le fameux Dragut, près de l'île de Corse, le prit avec neuf de ses vaisseaux, et le chargea de chaînes avec tous les autres corsaires qui lui obéissaient.

Charles-Quint avait formé le projet, pour détruire enfin le repaire des pirates qui infestaient les côtes d'Italie, de s'emparer de la ville d'Alger; mais il voulait entreprendre cette expédition en automne, quoique Doria lui eût conseillé de choisir une saison plus favorable. Il fallut obéir. Lorsque tous les préparatifs furent achevés, la flotte mit à la voile vers la fin de septembre 1541, et, le 25 octobre suivant, elle parut dans la rade d'Alger. Les vents combattirent pour les Algériens. A peine Doria avait-il effectué sa descente, dans un endroit qu'il avait jugé favorable, qu'une tempête effroyable qui s'éleva, détruisit une grande partie de la flotte impériale et força les troupes, qui étaient débarquées, à se rembarquer à la hâte et en désordre sur les vaisseaux qu'elle avait épargnés. Doria avait perdu dans cette affreuse tourmente, douze galères qui lui appartenaient ; l'empereur le dédommagea de cette perte, en le nommant chancelier de Naples, avec une pension de mille écus d'or, dont il lui fit payer trois mois d'avance, et quelques temps après il lui donna en toute propriété la ville de Tursi, qui fut érigée en marquisat.

Tout le reste de la vie d'André Doria fut rempli par des expéditions maritimes, qu'il conduisit par lui-même ou par son neveu Jannettin Doria. A l'âge de quatre-vingt-cinq ans, il conduisit une flotte au secours de l'ıle de Corse, envahie par les Français, forma le siége de San Fiorenzo, prit cette place, et en fit raser les fortifications.

Les hautes dignités dont l'empereur avait comblé ce grand homme, son crédit dans sa patrie et l'insolence de son neveu, Jeannetin Doria, excitèrent, en 1547, Jean-Louis de Fiesque à conjurer contre eux. Jeannetin fut la seule victime de cette conjuration. Ottobon de Fiesque, frère de Jean-Louis, qui venait de se noyer, lui porta le coup mortel, comme il entrait sur le port de Gênes où un grand bruit l'avait attiré au milieu de la nuit. Pendant le tumulte qui suivit la mort de Jean-Louis de Fiesque et l'assassinat de Jeannetin Doria, André, quoique tourmenté de la goutte, s'était enfui à cheval, à quinze milles de Gênes. Lorsque le calme fut rétabli dans cette ville, par l'arrestation des autres conjurés, il se hâta d'y revenir; les plus coupables eurent la tête tranchée, et les autres furent bannis.

Peu de temps après, Jules Cibo, beau-frère de Jeannetin Doria, et d'une des plus anciennes familles de Gênes, forma contre Doria une nouvelle conjuration, qui fut découverte, et le fit condamner à Milan à avoir la tête tranchée. Le supplice d'Ottobon de Fiesque fut plus cruel. Le meurtrier, ayant été livré quelques années après à Doria, fut cousu dans un sac et jeté à la mer.

André Doria, accablé de fatigues et d'infirmités, mourut, le 25 novembre 1560, à l'âge de quatre-vingt-treize ans. Il laissa tous ses biens à son neveu, Jean-André Doria, qui ne se rendit point indigne du nom illustre qu'il portait. Tout le sénat assista à ses funérailles. Il avait été généralement aimé : il fut généralement regretté.

MICHEL RUITER, AMIRAL HOLLANDAIS.

Ce fameux marin, la gloire de sa patrie, naquit à Flessingue le 24 mars 1607. Lorsqu'il fut en âge de travailler, son père, qui exerçait l'état de porteur de bière, le plaça comme apprenti dans une corderie. Comme la vivacité de son caractère le portait souvent à se quereller avec ses camarades, le maître cordier le renvoya. Ce fut alors qu'il forma le projet de servir sur mer. Il n'avait que onze ans, lorsqu'un contre-maître le prit à son service. Bientôt après, devenu matelot, et ensuite canonnier, il se distingua en 1622 par son courage et son adresse sur les vaisseaux que les États-Généraux envoyèrent au secours de la ville de Berg-op-Zoom, assiégée par les Espagnols. Quelque temps après, élevé au grade d'officier d'équipage, il monta le premier à l'abordage d'un vaisseau espagnol, et fut dangereusement blessé à la tête. Fait prisonnier dans un autre combat, il trouva le moyen de s'échapper. Dénué de tout, il traversa la France en demandant son pain, et arriva dans sa patrie accablé de fatigue et de misère. Il s'embarqua aussitôt sur un vaisseau marchand, et s'y mit à étudier l'art de la navigation.

Depuis 1631 jusqu'en 1641, Ruiter fit plusieurs voyages sur des vaisseaux marchands, au Groënland, au Brésil, aux Antilles; et toujours il cherchait à se perfectionner dans l'art nautique. Employé ensuite dans quelques expéditions par son gouvernement, il s'y montra constamment aussi intelligent que courageux. Mais ce fut pendant la guerre qui s'alluma entre la Hollande et l'Angleterre, sous le protectorat de Cromwell, qu'il commença la haute réputation qu'il conserva jusqu'à sa mort.

Nommé, par les États-Généraux, au commandement d'une flotte de trente vaisseaux de guerre, il battit, le 26 août 1672, à la hauteur de Plymouth, une flotte anglaise supérieure à la sienne, et commandée par l'amiral Askuc. Vers la fin de la même année, il se distingua dans deux batailles où il servait sous les amiraux de Witt et Tromp; et dans celle que ce dernier gagna vers la fin de 1673, près de Portland, sur l'amiral anglais Black, il donna des marques de courage et de capacité dont les États-Généraux lui marquèrent publiquement leur satisfaction. Après la mort du vice-amiral Tromp, qui fut tué dans un combat devant l'embouchure de la Meuse, il fut créé, pour ainsi dire, malgré lui, vice-amiral de Hollande.

Lorsque la paix eut été conclue entre la Hollande et l'Angleterre, Ruiter alla croiser dans la Méditerranée, et y prit quantité de bâtimens de corsaires barbaresques, parmi lesquels il trouva un fameux renégat, nommé *Amand de Dias*, qu'il fit pendre. Ce scélérat, qui était Espagnol, avait autrefois commis un meurtre et s'était enfui chez les Turcs. Il y avait embrassé le mahométisme et voué une haine implacable aux chrétiens. Dans l'espace de douze ans, il en avait enlevé plus de deux cents, dont plusieurs étaient ses parens, et les avait vendus aux Maures. Il avait poussé la scélératesse jusqu'à menacer son père d'un pareil traitement. Dans cette expédition sur les côtes de Barbarie, Ruiter brûla, détruisit ou prit aux corsaires six gros vaisseaux, en reprit trois qu'ils avaient enlevés aux Hollandais, rendit la liberté à un grand nombre d'esclaves chrétiens, fit la paix avec la régence de Salé, et apporta en Hollande une grande quantité d'argent.

En 1679, ce grand homme fut envoyé au secours du roi de Danemarck, alors en guerre avec la Suède. Un jour qu'il se trouvait dans l'île d'Amack, où le monarque danois faisait sa résidence, les ambassadeurs de Suède et d'Angleterre, en conférant avec lui au sujet de la paix, lui parlèrent d'un ton un peu trop ferme ; il en fut tellement offensé, que, reculant de deux pas, il mit la main sur la garde de son épée, et leur dit : *Vous faites des projets avec vos flottes, et moi je les décide avec mon épée.*

La paix ne se fit pas, et Ruyter alla mettre le siége devant la ville suédoise de Nyborg. Il se rendit maître de cette ville et de toute l'île de Funen. Cet exploit excita toute la reconnaissance du roi de Danemarck : ce prince le combla de présens, lui fit une pension de huit cents écus, l'anoblit lui et toute sa postérité, et lui présenta lui-même ses lettres de noblesse, écrites en latin.

Comme Ruyter ramenait sa flotte en Hollande, d'où il était parti plus de quinze mois auparavant, au moment où il se croyait en sûreté, il se trouva dans un plus grand danger que ceux qu'il eût jusqu'alors essuyés. En allant du Vlie à Amsterdam, et étant sur le Zuyderzée, le vaisseau qu'il montait fut abordé par un autre qui passa par-dessus et le fit couler bas. Ruyter n'échappa à la mort que par une espèce de miracle ; il eut la présence d'esprit de saisir un câble et de s'y tenir attaché : on courut à lui et on le sauva.

En 1661, le gouvernement hollandais,

informé que les pirates barbaresques continuaient de gêner le commerce de la Hollande aux Échelles du Levant, ordonna à Ruyter d'aller croiser, avec une forte escadre, sur la Méditerranée. Pendant cette croisière, il fit échouer un vaisseau tunisien, délivra quarante esclaves chrétiens, fit un traité avec la régence de Tunis, et châtia les corsaires d'Alger. Après cette expédition, il fut envoyé avec une escadre sur la côte occidentale d'Afrique, où le capitaine d'un vaisseau de guerre anglais s'était emparé, près du cap Vert, de plusieurs bâtimens marchands hollandais, ainsi que de l'île de Gorée. Il se rendit maître des vaisseaux et força le gouverneur de l'île à se rendre prisonnier.

Ruyter est reconnu par un nègre, autrefois son camarade.

Lorsque les Hollandais furent en possession de l'île de Gorée, quelques-uns d'entre eux envoyèrent leurs barques près du rivage de la terre ferme pour y faire de l'eau. Une de ces barques rencontra un vieux nègre qui demanda en très-bon hollandais à ceux qui la montaient, quel était le commandant de la flotte des Provinces-Unies. *C'est Michel de Ruyter*, répondent les Hollandais. — *Quoi!* s'écrie le nègre, *Michel Ruyter! — Assurément ; rien n'est plus vrai. — Quoi! Michel, qui a été garçon d'un bosman* (1), *est maintenant amiral! Cela est impossible*. Comme les Hollandais persistaient à lui soutenir qu'ils disaient vrai, il les pria de le conduire au bord de Ruyter, pour qu'il eût la satisfaction de revoir cet ancien camarade et de lui parler encore une fois.

Ce nègre avait été acheté fort jeune sur les côtes de Guinée par un Hollandais, qui l'avait conduit en Hollande et lui avait fait embrasser sa religion et ensuite rendu la liberté. Devenu libre, il s'était mis au service d'un officier de marine, et il se trouvait dans le vaisseau où Ruyter s'embarqua la première fois qu'il alla en mer. Comme leur âge était à peu près le même, il prit beaucoup d'affection pour lui, et il lui rendit tous les services qui dépendaient de son amitié. Ce nègre

---

(1) En Hollande, un bosman est un officier qui a, sur un vaisseau, l'inspection des voiles et des cordages.

était ensuite retourné dans sa patrie et y était parvenu à la dignité de vice-roi. Lorsque les Hollandais l'eurent conduit vers Ruyter, ces deux anciens camarades se reconnurent. Après s'être embrassés, ils parlèrent du temps de leur jeunesse, et se racontèrent l'un à l'autre ce qu'ils avaient fait et ce qui leur était arrivé. Chacun d'eux fut étonné de l'élévation de l'autre. Le nègre ne revenait point de sa surprise, en voyant que son camarade, le garçon d'un bosman, était l'amiral d'une flotte hollandaise qu'il avait devant les yeux. Ruyter, de son côté, n'était pas moins étonné en voyant un misérable esclave nègre devenu vice-roi du pays où il se trouvait. Ce nègre avait la mémoire si heureuse, qu'il rappela à Ruyter le nom de tous les officiers sous lesquels ils avaient servi, et lui fit une description très-exacte de Flessingue. Ruyter lui témoigna beaucoup d'amitié et l'écouta avec satisfaction faire le tableau des plaisirs innocens d'un âge où l'on est exempt des soucis qui viennent ensuite nous tourmenter jusqu'à la fin de notre vie. Il lui adressa plusieurs questions, entre autres, s'il était resté attaché à la religion chrétienne. Le nègre répondit qu'il avait toujours retenu l'oraison dominicale et le symbole des apôtres; mais que, quand il venait à parler de la religion chrétienne, ses enfans et tous ses compatriotes se moquaient de lui; ce qui était cause qu'il se contentait de demeurer chrétien dans son cœur, et de servir Dieu selon les lumières qu'il avait reçues. On lui demanda s'il n'aimerait pas mieux demeurer en Hollande que dans le pays où il était : il répondit que, quoiqu'il fût pauvre, il aimait mieux son pays : il avait alors soixante ans. Ruyter lui fit présent de quelques habits et d'autres effets que l'on regardait comme fort précieux dans sa contrée. Lorsqu'il fut de retour chez lui, il y fit de grands éloges de Ruyter et des Hollandais : ce qui leur attira la confiance et l'amitié de tous les nègres de cette côte.

Après quelques expéditions sur la côte d'Afrique, Ruyter fit voile vers l'Amérique. Pendant qu'il faisait dans cette partie du monde tout le mal possible aux Anglais, les états-généraux de Hollande l'élevaient à la dignité de vice-amiral des Provinces-Unies.

Autres exploits de Ruyter. — Sa mort glorieuse. — Honneurs rendus à sa mémoire.

La guerre que se faisaient les Hollandais et les Anglais, n'était encore qu'une guerre sourde. Elle ne fut déclarée dans les formes entre les deux nations que vers le printemps de 1665. Dès l'ouverture de la campagne, la flotte de Hollande, commandée par le lieutenant-amiral Vassenar, fut mise en déroute, à dix lieues en mer de l'Estofen, par celle d'Angleterre. Cette défaite, causée en partie par la lâcheté de quelques officiers hollandais, qui furent punis de mort, ou dévoués à l'infamie, ne fut point capable d'ébranler la fermeté des états-généraux. Ils s'occupèrent à rendre leur marine plus forte qu'elle n'était auparavant, et Ruyter étant arrivé d'Amérique sur ces entrefaites, avec plusieurs prises qu'il avait faites sur les Anglais, ils le nommèrent lieutenant-amiral-général de Hollande, et lui donnèrent le commandement en chef de la plus grande flotte qu'ils eussent encore mise en mer. Mais ce ne fut qu'au mois de juin de l'année suivante que cette flotte, commandée par un des plus grands hommes de mer de son siècle, put se mesurer avec celle de la Grande-Bretagne, non moins nombreuse et sous les ordres du prince Robert et du général Monk. Le 11 juin, elles se livrèrent, vis-à-vis la Tamise, une sanglante bataille, qui fut suivie de deux autres combats, dont le dernier, livré trois jours après, se termina par la défaite des Anglais, qui perdirent plusieurs milliers d'hommes et vingt-trois vaisseaux de ligne.

A peine un mois s'était écoulé, que Ruyter se remit en mer pour aller défier à une nouvelle bataille les Anglais, qui s'étaient vantés d'avoir gagné la dernière. Plusieurs jeunes Français de distinction voulurent prendre part à l'action qui devait avoir lieu, ainsi que d'autres leur en avaient donné l'exemple dans la précédente. Le 30 juillet à midi, les deux flottes se rencontrèrent près de la Tamise, et le combat commença dans l'instant. Il fut des plus terribles; sans doute la victoire serait restée aux Hollandais si le vice-amiral Tromp n'eût pas mis trop tard à la voile, ne se fût pas séparé trop long-temps du pavillon pour aller combattre l'escadre bleue des Anglais, et si son arrière-garde, après avoir perdu ses chefs et presque tous ses agrès, n'eût pris le large. Seul, avec ses vaisseaux, Ruyter résista long-temps à ving-deux des plus gros de l'ennemi, et sans en perdre un seul il se retira avec ceux qu'il put rallier. Ruyter n'avait pas vaincu; mais, s'il fut défait, les Anglais ne durent pas se proclamer vainqueurs. Sa longue et courageuse résistance lui fit plus d'honneur dans sa patrie et dans toute l'Europe que s'il eût remporté une victoire complète. Le lieutenant-amiral Tromp fut destitué de ce grade éminent.

Cependant les honneurs pleuvaient sur Ruyter. Louis XIV lui fit remettre par le comte d'Estrades, son ambassadeur à la Haye, le cordon de l'ordre de Saint-Michel, son portrait en or émaillé, et enrichi de diamans, et une chaîne d'or avec une médaille du même métal, représentant son buste. Ces présens étaient accompagnés d'une lettre de ce monarque au lieutenant-amiral-général.

On s'occupa pendant la fin de l'année 1666 et le commencement de 1667, dans tous les ports de Hollande, à équiper une flotte formidable pour la campagne prochaine. Les états-généraux en confièrent le commandement à Ruyter. Elle mit à la voile le 6 juin, et le 14 elle se trouva devant l'embouchure de la Tamise. Deux vaisseaux, appuyés par dix autres navires et deux brûlots, entrèrent dans ce fleuve, s'avancèrent jusqu'à la rivière de Medway, prirent le fort de Sherness et le rasèrent ; remontant la même rivière jusqu'à Chatam, il s'emparèrent de plusieurs vaisseaux de guerre de la première force, en brûlèrent un grand nombre, et détruisirent en grande partie les forces navales de la Grande-Bretagne. Cette glorieuse expédition, dont le duc d'York et le général Monk furent témoins, commença le 23 juin 1667 au matin : elle était terminée à trois heures après midi.

Après avoir brûlé ou mis en pièces tout ce qui pouvait servir à l'armement des vaisseaux, et enlevé toutes les pièces de canon, les Hollandais quittèrent le port de Chatam ; descendirent tranquillement la Medway, et rentrèrent dans la Tamise. Alors Ruyter chargea le capitaine Bratekel de conduire dans les ports de Hollande les deux gros vaisseaux anglais le *Royal-Charles* et le *Jonathan*.

Après cette brillante expédition, et après

avoir laissé une division de sa flotte pour fermer l'entrée de la Tamise, Ruyter alla avec une forte escadre parcourir les côtes d'Angleterre, pour y jeter l'alarme. Il s'avança jusqu'aux Sorlingues ; mais n'ayant rencontré aucun vaisseau ennemi, il se porta vers Plimouth : ce fut là qu'il apprit que la paix venait d'être conclue entre les Provinces-Unies et l'Angleterre. Comme cette nouvelle ne lui avait été apportée que par quelques gentilshommes anglais qui s'étaient rendus à son bord, il résolut de continuer les hostilités jusqu'à ce qu'il eût reçu, sur cet événement, des nouvelles plus certaines. Il croisait dans la Manche, lorsque, le 14 octobre, il reçut de son gouvernement l'ordre de faire rentrer la flotte dans les ports de la Hollande. Cette paix que la Hollande venait d'obtenir par la victoire, la rendit formidable à toutes les nations de l'Europe. Ruyter en profita pour aller se reposer des fatigues de la guerre, au milieu de sa famille.

Ruyter n'avait pas terminé sa carrière de gloire. Une nouvelle guerre s'étant allumée, en 1771, entre les Provinces-Unies d'une part, la France et l'Angleterre de l'autre, il prit le commandement d'une flotte nombreuse, et mit à la voile le 13 mai 1672. Il joignit, le 7 juin, les flottes combinées de France et d'Angleterre, entre Harwich et Yarmouth. Après un furieux combat qui dura toute la journée, Ruyter se trouva maître du champ de bataille : on assure que son vaisseau employa vingt-cinq milliers de poudre, et tira près de deux mille cinq cents coups de canon. Il acquit ce jour-là une gloire immortelle.

L'année suivante il y eut trois batailles navales. La première fut livrée entre la flotte hollandaise et les deux flottes combinées, le 7 juin 1673. Ruyter avait sous son commandement le lieutenant-amiral Tromp. On se battit, près des côtes de Zélande, avec un acharnement qui ne se termina qu'avec le jour. La victoire fut indécise ; mais les Anglais échouèrent dans leur projet d'effectuer une descente en Hollande ou en Zélande. Sept jours après, Ruyter, après avoir reçu les munitions dont il avait besoin, et réparé ceux de ses vaisseaux qui avaient le plus souffert, alla chercher les ennemis. Une nouvelle bataille eut lieu avec la même fureur et le même succès que la première. La nuit était fort avancée, lorsque les Français et les Anglais se retirèrent vers la Tamise, et les Hollandais sur leurs côtes. Le troisième combat fut livré le 21 août au matin, près du Kycduin et du Helder. Le projet de Ruyter, d'après la décision d'un conseil de guerre tenu sur son bord, et qui fut présidé par le prince d'Orange, était d'éloigner les flottes française et anglaise pour laisser la mer libre à un grand convoi marchand que l'on attendait des Indes-Orientales. L'action, qui dura toute la journée et bien avant dans la nuit, fut des plus terribles. Ruyter et Tromp y firent des prodiges de valeur. Le premier y perdit son gendre, Jean Gelder, officier du plus grand mérite. Son fils, qui n'était encore que capitaine de vaisseau, fut promu, en récompense de sa belle conduite, au grade de contre-amiral d'Amsterdam. Les deux flottes combinées, après avoir été excessivement maltraitées, se retirèrent dans leurs ports. Ainsi, le but de la flotte hollandaise fut atteint.

Au mois de février 1674, la paix fut signée entre l'Angleterre et la Hollande, qui n'eut plus d'autre ennemi que la France. Les états-généraux, résolus de faire les plus grands efforts pour résister à cette puissance, donnèrent à Ruyter le commandement d'une forte escadre qui devait aller attaquer les îles françaises dans la mer des Antilles. Comme les habitans et les troupes de ces îles se tenaient sur leurs gardes, l'expédition n'eut aucun succès, et Ruyter revint en Hollande.

Ce grand homme touchait à la fin de sa carrière. Envoyé par les états-généraux contre les Messinois, qui s'étaient révoltés contre l'Espagne, alliée de sa patrie, et dont une flotte française, commandée par le célèbre Duquesne, soutenait la rébellion, il livra à celle-ci, dans les eaux de Messine, le 22 avril 1676, une bataille pendant laquelle il fut atteint d'un boulet de canon. Il n'en mourut pas sur-le-champ, et il eut encore le temps d'ordonner la retraite de sa flotte dans le port de Syracuse. Sept jours après il expira entre les bras de son pasteur, et en présence de plusieurs officiers qui se faisaient un devoir de passer les jours entiers et une partie de la nuit auprès de lui. Il mourut sur son vaisseau la Concorde, à l'âge d'un peu plus de soixante-neuf ans. Son corps fut embaumé, et envoyé peu de temps après en Hollande.

Ce héros avait rempli le monde entier de son nom. La nouvelle de sa mort causa un regret universel. Tous les souverains s'empressèrent de faire son éloge. Le roi d'Espagne accorda à son fils Engel de Ruyter le titre de duc, avec deux mille ducats de revenus. Les états-généraux et les colléges de l'amirauté firent témoigner leur douleur à sa veuve et à ses enfans. Lorsque son corps eut été apporté à Amsterdam, le gouvernement ordonna que ses funérailles auraient lieu aux frais du trésor public dans la principale église d'Amsterdam. On éleva, au-dessus du caveau où son cercueil fut descendu, un mausolée de marbre de trente pieds de haut sur treize de large. Au-dessous de son effigie, on lit une inscription latine en lettres d'or, dont voici le sens :

A l'éternelle mémoire
de Michel de Ruyter,
amiral de Hollande et d'Ouest-Frise,
anobli et honoré de l'ordre de
chevalerie par trois monarques ;
élevé à la dignité de duc,
dans le royaume de Naples.
trouva aucune noblesse dans sa race,
et ne dut la sienne qu'à Dieu

et à son mérite.
Par une expérience de cinquante-huit ans, il devint le plus grand homme de mer de son siècle.
Après avoir combattu sur l'Océan et sur la Méditerranée pendant sept guerres, pris des villes et des forteresses au nord et au midi, acquis aux Provinces-Unies la grande côte de la mer Atlantique;
dompté les pirates, été créé chef de l'armée navale, avoir gagné quinze grandes batailles, livré un mémorable combat de quatre jours,
défendu quatre fois la république contre les efforts pressans de deux puissantes armées navales réunies, et prêtes à la détruire;
enfin, après avoir résisté, par sa valeur et sa prudence, à des forces supérieures, il fut blessé à la seconde bataille de Sicile, et mourut de ses blessures, au port de Syracuse,
le 29 avril 1676,
étant né à Flessingue,
Le 24 mars 1607.
Les États des Provinces-Unies ont fait élever ce tombeau, aux dépens du public,

à l'honneur de ce chef
de leurs armées navales,
en reconnaissance de ses grands services.
Il a vécu soixante-neuf ans, un mois
et cinq jours,
sans cesser d'être la terreur de l'Océan.

Ruyter déployait sur mer tous les talens et toute la bravoure d'un grand capitaine. Sur terre, il se distinguait par toutes les qualités qui rendent un homme aimable. Il etait très-sobre, ne se livrait à aucun excès. Il était gai avec ses amis, et sérieux avec les personnes qu'il ne connaissait pas. Il ne s'enorgueillit jamais des grandeurs auxquelles son mérite l'avait élevé. Il ne cessa jamais de témoigner de la reconnaissance à ses bienfaiteurs, d'être poli avec ses égaux, familier avec ses inférieurs, et libéral envers les malheureux. Il avait un si grand éloignement pour la vanité, que dans le temps qu'il commandait des flottes de soixante-dix, de quatre-vingt-dix vaisseaux de guerre, des milliers de soldats et de matelots, il n'avait qu'un seul domestique, et marchait toujours sans suite. Loin de rougir de la situation où il s'était trouvé dans son enfance, il se plaisait à raconter dans les compagnies où il se trouvait, qu'il avait servi dans les corderies, et sur mer en qualité de mousse. Il vantait avec soin les actions des autres, et ne parlait jamais des siennes qu'avec réserve, et toujours il était prêt à excuser ceux qui commettaient quelque faute.

Il est certain que ce grand homme mettait toute sa confiance en Dieu, et qu'il lui attribuait ses succès. Lorsqu'il était à terre, il abandonnait toutes ses autres occupations pour aller à l'office. Tous les soirs, il lisait l'Écriture Sainte au milieu de sa famille, et chantait souvent des psaumes. Sa femme et ses enfans l'écoutaient avec plaisir, parce qu'il leur avait inspiré sa piété, et qu'il avait la voix très-belle. Ce héros possédait enfin toutes les vertus, et n'avait aucun vice.

DUQUESNE (ABRAHAM), LIEUTENANT-GÉNÉRAL DES ARMÉES NAVALES DE FRANCE.

DUQUESNE (Abraham) naquit à Dieppe en 1610, d'un père que Louis XIII avait nommé capitaine de vaisseau. Il fut élevé dans le calvinisme par l'auteur de ses jours, qui lui apprit aussi l'art nautique. Il n'avait que dix-huit ans, lorsqu'il reçut en 1628 le commandement d'un vaisseau au siége de la Rochelle. En 1635, il prit encore le commandement d'un vaisseau pour coopérer à l'expédition du comte de Harcourt et de M. de Sourdis, archevêque de Bordeaux, contre une flotte espagnole qui inquiétait les côtes de la Provence, après s'être emparée des îles de Sainte-Marguerite et de Saint-Honorat.

Après la mort de son père, qui avait été tué dans une attaque livrée par une escadre espagnole, comme il revenait des côtes de Suède avec un convoi, il jura une haine irréconciliable aux Espagnols. Plusieurs occasions de la satisfaire ne tardent pas à se présenter. Deux escadres, l'une française et l'autre espagnole, à peu près de même force, se rencontrent et s'attaquent près de Gattari; la victoire est sur le point de se déclarer en faveur de celle-ci; mais le jeune Duquesne ne perd point courage : il ranime celui des siens; et avec son vaisseau il force à la retraite celui du commandant ennemi, qui est tué dans le combat. La victoire reste aux Français. Quelques années après, Duquesne signala encore ses talens et sa valeur, au siége de Tarragone, contre une nombreuse flotte espagnole qui s'était avancée pour secourir cette place. Ce fut à sa vigoureuse défense que la flotte française, bien inférieure en force, fut redevable de son salut.

Pendant la minorité de Louis XIV, la guerre contre l'Espagne paraissait suspendue : Duquesne alla servir en Suède, dont la fameuse Christine occupait alors le trône. Cette princesse était en guerre avec le roi de Danemark, et la marine suédoise ne pouvait lutter qu'avec beaucoup de désavantage contre celle des Danois, qui avaient mis le siége devant la ville de Cronembourg. Les alliés de Christine lui ayant fourni, les uns des vaisseaux, les autres de bons officiers de mer, elle nomma d'abord Duquesne major-général de son armée navale, ensuite vice-amiral, et lui donna le commandement d'une partie de la flotte qu'elle envoyait pour faire lever le siége de Cronembourg. Notre brave marin répondit parfaitement à son attente, en forçant les Danois à se retirer.

Les Suédois, devenus maîtres de la mer, se mettent à ravager les côtes de leurs ennemis. Le roi Christiern IV rassemble ses vaisseaux dispersés, et va livrer combat à la flotte suédoise. On se bat avec le plus grand acharnement, et la victoire reste indécise. Le lendemain, on recommence avec plus de fureur encore que la veille ; Duquesne aborde le vaisseau amiral et s'en rend maître, après un combat terrible qui coûte la vie au commandant danois. Plusieurs autres vaisseaux de la flotte ennemie sont brûlés et le reste est dispersé.

En 1647, Duquesne repassa en France, où il avait été rappelé. En 1650, les Espagnols armèrent des vaisseaux pour soutenir les habitans de Bordeaux, qui s'étaient révoltés. La marine française, presque nulle, ne pouvait s'opposer à leur projet. Duquesne, persuadé que la patrie exige tous les sacrifices, n'hésite pas, dans cette circonstance, d'armer plusieurs vaisseaux à ses frais, et d'aller au-devant des Espagnols. Dans sa route, il rencontre une flotte anglaise ; le commandant le fait sommer de baisser pavillon : il lui répond que le canon en décidera ; le combat commence, et la victoire reste aux Français.

Duquesne avait été blessé et ses vaisseaux avaient besoin de réparation. Il se rendit à Brest, sans perdre de temps, pour les faire radouber. Avant même d'être guéri, il remit à la voile sitôt que les travaux furent terminés. Arrivé dans l'embouchure de la Gironde en même temps que les Espagnols, il leur en ferma l'entrée, et obligea la ville de Bordeaux à capituler. Pour le récompenser d'un si grand service, la reine mère, régente du royaume, lui donna le château et l'île d'Indres en Bretagne, et le nomma chef d'escadre.

Depuis cette époque jusqu'au renouvellement de la guerre qui mit fin à la paix d'Aix-la-Chapelle, conclue en 1668, Duquesne n'eut plus d'occasions pour signaler ses talens et son courage dans le nouveau grade dont il avait été revêtu. Cette guerre fut une nouvelle carrière où sa gloire brilla du plus vif éclat.

L'empereur, le roi d'Espagne et la république de Hollande formèrent une coalition dont le but était d'abaisser la puissance du roi de France. Louis XIV, après en avoir détaché l'empereur, déclara la guerre aux Hollandais. Le roi d'Angleterre, Charles II, mécontent de cette nation, suivit son exemple, et mit en mer une flotte nombreuse qui se réunit à celle du comte d'Estrées, vice-amiral de France. Celle de Hollande était aussi nombreuse que ces deux flottes réunies, et le célèbre Ruyter la commandait. Ces flottes se rencontrèrent sur les côtes d'Angleterre, et le 7 juin 1672 le combat commença sur les cinq heures du matin, et dura jusqu'à neuf heures du soir. Duquesne commandait la seconde division de la flotte française. Jamais bataille ne fut plus sanglante. On s'attribua la victoire de part et d'autre. Les flottes française et anglaise se retirèrent vers la Tamise: mais à peine quelques semaines s'étaient écoulées, qu'elles remirent à la voile pour aller chercher celle de Hollande, qui s'était retirée sur ses côtes, et qui refusa le combat. Duquesne, qui s'était signalé par sa prudence et son courage dans la bataille dont nous venons de parler, ne se distingua pas moins l'année suivante, sous le commandement du même amiral, dans trois nouveaux combats que les deux flottes française et anglaise livrèrent successivement à celle de Hollande.

Victoires remportées par Duquesne sur les Hollandais, commandés par Ruyter.

Les habitans de Messine, ville de Sicile, s'étaient soulevés contre le gouvernement espagnol et avaient imploré le secours de la France. Le duc de Vivone fut chargé en 1675 de répondre à leur demande avec neuf vaisseaux de ligne, une frégate, et un grand nombre de bâtimens chargés de troupes et de munitions de guerre et de bouche. A son arrivée, il trouva une flotte espagnole très-nombreuse qui fermait l'entrée de la ville. Il résolut de les attaquer, malgré la grande infériorité de ses forces. On se battit avec beaucoup d'acharnement, et la victoire était incertaine lorsque le marquis de Valbelle, qui s'était rendu à Messine quelque temps avant la flotte espagnole, sortit du phare de ce nom avec six vaisseaux de guerre, et prit les ennemis sur leurs derrières. L'action ne fut pas longue : la flotte espagnole fut forcée de prendre la fuite, après avoir perdu plusieurs vaisseaux.

Les Espagnols, convaincus qu'il leur était impossible de résister seuls aux Français, demandèrent du secours à la Hollande. Cette puissance envoya dans les eaux de la Sicile une grande flotte, commandée par l'amiral Ruyter, à laquelle se joignirent quelques vaisseaux espagnols. A l'approche de ces forces,

M. de Vivonne envoya Duquesne à Versailles demander un renfort. Louis XIV, dont l'intérêt exigeait qu'il soutînt les Messinois, fit équiper à Toulon une flotte de vingt vaisseaux de guerre, et en donna le commandement au brave Duquesne, après l'avoir élevé au grade de lieutenant-général de ses armées navales.

Cette flotte partit de Toulon sur la fin de décembre 1675. Le 7 janvier de l'année suivante, Duquesne découvrit la flotte hollandaise dans les parages de l'île Stromboli ; le lendemain, il l'attaqua. L'avant-garde ennemie plia d'abord, et le vaisseau amiral que montait Ruyter fut pressé si vivement par Duquesne, qu'il n'aurait pu éviter d'être pris si un calme qui survint, ne l'eût empêché de poursuivre ses avantages.

Les deux flottes, renforcées chacune du même nombre de vaisseaux, restèrent en présence les deux jours suivans sans s'attaquer. Duquesne voyant la difficulté de faire entrer à Messine, par la route qu'il avait prise, le secours dont cette ville avait besoin, parce que l'armée ennemie fermait l'entré du phare, fit le tour de la Sicile, et arriva par le sud sa destination.

Ruyter ne se présenta devant Messine qu'au mois d'avril, dans le dessein d'attaquer cette ville par mer, pendant que les troupes espagnoles l'attaqueraient par terre. Toutes les forces françaises étaient alors rassemblées dans le port. Duquesne, résolu de livrer bataille à la flotte ennemie, avec trente vaisseaux de guerre, trois frégates et sept brûlots, se mit en mer le 19 avril 1676. Les deux flottes se trouvèrent en présence le 22, à trois lieues environ de la ville d'Augusta, par le travers du golfe de Catane.

Sur les deux heures après midi, les deux avant-gardes commencèrent le combat, avec une telle fureur que, de part et d'autre, il n'y eut pas un seul vaisseau qui ne fût endommagé. Le courage était égal des deux côtés, et la victoire restait indécise. Comme Ruyter tournait tous ses efforts contre l'avant-garde française, Duquesne envoya le chevalier de Tourville avec deux vaisseaux pour la soutenir. A la vue de ce secours, la fureur de l'amiral hollandais ne fit qu'augmenter. Pendant qu'il combattait, un éclat lui emporta le devant du pied gauche et lui brisa les deux os de la jambe droite; il tomba et se fit une blessure à la tête. Malgré ses douleurs, il continua de donner ses ordres le reste du jour avec beaucoup de sang-froid. Lorsqu'on l'avertit que cinq vaisseaux de sa flotte étaient très-endommagés, et qu'on aurait beaucoup de peine à les sauver, il donna l'ordre de les remorquer et de se retirer; la nuit favorisa cette retraite jusqu'à Syracuse. Duquesne resta jusqu'au jour sur le théâtre du combat. Dès qu'il parut, il fit voile vers Syracuse; mais les ennemis, provoqués au combat, ne sortirent point du port.

Les Hollandais se hâtèrent de donner à leur amiral tous les secours dont il avait besoin. Ses plaies ne paraissaient point mortelles, et l'on en espérait la guérison, lorsque la fièvre le saisit et l'enleva le 29 avril.

Le corps de Ruyter fut embaumé et placé dans un cercueil de plomb, que l'on déposa sur le vaisseau qu'il commandait au moment où il fut blessé. Le capitaine Kallembourg fut chargé de transporter en Hollande son cœur, qui fut mis dans un vase d'argent, enfermé dans un boîte. Ce capitaine montait une frégate légère, et avait pris des précautions pour échapper à la vigilance des Français

Voila donc les restes d'un grand homme !

confia le soin de cette expédition à Duquesne, qui mit à la voile le 28 mai 1676. La flotte hollandaise, après s'être réparée à Syracuse, s'était retirée près de Palerme. Celle de France la joignit le 31, et la trouva rangée en ordre de bataille sur une ligne. Le 2 juin elle attaque son avant-garde. Trois brûlots abordent trois vaisseaux ennemis et y mettent le feu. Alors le reste de cette avant-garde coupe ses câbles et va échouer sur la côte la plus voisine. Dans le même temps le gros de la flotte française s'avance sur le corps de bataille et l'arrière-garde. Le combat dure long-temps avec un égal acharnement et avec un égal succès. Enfin, deux brûlots s'approchent du vaisseau amiral d'Espagne et y mettent le feu. Le vice-amiral et le contre-amiral, qui se trouvent près de lui, coupent leurs câbles pour échapper à l'incendie, et tout le reste de la flotte suit leur exemple.

Une partie de cette flotte se fit échouer sous Palerme, et l'autre entra dans le port. Quatre brûlots de la flotte française, ayant été poussés dans ce port par les vents, mirent le feu au vice-amiral d'Espagne, au contre-amiral de Hollande et à sept autres vaisseaux qui y étaient échoués les uns sur les autres. La poudre qu'ils renfermaient fit une épouvantable explosion : elle poussa dans les airs d'énormes morceaux de fer et des parties entières de navires. Un grand nombre d'officiers et de soldats furent tués ou estropiés. Le port de Palerme fut presque détruit, et plusieurs édifices furent renversés.

Les ennemis perdirent dans le combat sept gros vaisseaux de guerre, six galères, sept brûlots, plusieurs autres petits bâtimens, sept cents pièces de canon, et près de cinq mille hommes.

Le maréchal de Vivonne, qui se trouvait sur la flotte, la fit rentrer dans le port de Messine. Il assiégea ensuite et prit plusieurs places dans la Sicile. Pour faciliter ses opérations et intimider en même temps les pirates d'Alger et de Tripoli, Duquesne se mit à croiser dans la Méditerranée. Il coula à fond un grand nombre de vaisseaux de Tripoli dans le port de Chio.

Lorsque Duquesne se fut rendu à Versailles pour rendre compte à Louis XIV de ses opérations, ce monarque lui dit : *Je voudrais bien, M. Duquesne, que vous ne m'empê-*

chassiez pas de récompenser, comme ils méritent de l'être, les services que vous m'avez rendus ; mais vous êtes protestant, et vous connaissez mes intentions là-dessus. Ce grand roi lui faisait comprendre par ces paroles qu'il l'aurait fait maréchal de France, et qu'il était lui-même fâché de ne pouvoir le décorer de cette éminente dignité. Il acheta cependant, pour lui en faire présent, la terre du Bouchet, près d'Étampes, et l'érigea en marquisat sous le nom de Duquesne.

Bombardement d'Alger, par Duquesne. — Belle action d'un corsaire algérien.

Au mois d'octobre 1681, le dey d'Alger eut la hardiesse de déclarer au père Levacher, missionnaire, qui exerçait dans cette ville les fonctions de consul pour la nation française, qu'il rompait avec la France et faisait partir douze bâtimens armés pour donner la chasse aux vaisseaux marchands français. Louis XIV, indigné de cette audace, résolut de punir les Algériens. Après avoir assemblé un conseil de marine, auquel assistèrent des officiers généraux de terre, il donna ordre à Duquesne d'aller bombarder Alger. Ce grand marin sortit de Toulon, le 12 juillet 1682, et fit voile vers Alger avec une nombreuse escadre, dont cinq galiotes à bombes faisaient partie. Sitôt qu'il fut arrivé devant cette ville, il se prépara à la bombarder; mais ce ne fut que le 16 août que les vents, qui s'étaient apaisés, lui permirent de commencer son attaque. Le bombardement eut d'abord peu de succès, parce que les bombardiers n'étaient point encore accoutumés aux galiotes à bombes, dont un officier d'artillerie, nommé Renaud, avait ordonné la construction. Il était question de renoncer à l'entreprise lorsque ce même Renaud fit consentir Duquesne à un second bombardement.

Le 30 août, les galiotes ayant été approchées plus près de la ville, et tous les préparatifs étant achevés, on lança des bombes, qui produisirent tout l'effet que l'on en pouvait attendre, malgré le feu continuel des ennemis. Plusieurs maisons de la ville furent renversées, une multitude d'habitans écrasés sous leurs décombres, et la consternation devint générale. Épouvanté du ravage causé par ce bombardement, le dey fit demander la paix par le père Levacher. Duquesne, au lieu de lui donner une réponse satisfaisante, continua son attaque ; mais comme la saison avançait et que le temps devenait mauvais, il ne tarda pas à rentrer à Toulon.

Après son départ, les Algériens osèrent encore aller en course contre les vaisseaux marchands français. Louis XIV voulut les punir une seconde fois, et chargea Duquesne d'une nouvelle expédition. Ce général partit de Toulon, au commencement de mai 1683, avec une escadre non moins forte que la première. Dans la nuit du 26 juin, on commença le bombardement contre Alger, et les jours suivans il fut continué avec le plus grand succès. Le palais du dey fut renversé avec un grand nombre de maisons particulières. Les plus riches magasins furent détruits, et les plus précieuses marchandises gâtées. Une bombe, qui tomba sur une batterie, démonta plusieurs pièces de canon et tua cinquante hommes qui les servaient. Enfin les bombes firent un si grand dégât dans la ville, que les femmes s'assemblèrent et se rendirent auprès du dey; les unes lui présentaient la tête de leurs maris, les autres les bras et les jambes de leurs enfans. Pour annoncer leur désespoir, elles tenaient dans l'autre main un poignard, et demandaient la paix à grands cris.

Une milice étrangère, nommée *Taiffe*, commença à murmurer, et déclara au pacha qu'elle ne voulait plus garder la ville et rester exposée aux terribles effets des bombes. Celui-ci en avertit le dey, qui assembla le divan pour délibérer sur le parti que l'on devait prendre. Le résultat de cette délibération fut qu'il était urgent de demander la paix au général français. En conséquence, on envoya à Duquesne un député, chargé d'en négocier les conditions. Duquesne répondit qu'il ne se retirerait qu'après qu'on lui aurait livré tous les esclaves chrétiens, et un certain nombre d'otages qu'il désigna. Ces conditions furent acceptées, et en attendant qu'elles fussent exécutées, Duquesne accorda une trève aux Algériens. Dans cet intervalle, qui fut assez long, le commandant de la flotte algérienne se révolta contre le dey, le fit mourir, et fut proclamé à sa place par ses soldats.

Ce nouveau dey ne tarda pas à montrer ses sentimens hostiles envers les Français. Le bombardement recommença. Mézo-Morto (nom du nouveau dey) fit mettre le père le Vacher dans un des plus gros canons; mais cette pièce creva lorsqu'on y mit le feu. Parmi un certain nombre de prisonniers que les Algériens avaient faits se trouvait M. de Choiseul : il le fit mettre avec dix autres à la bouche d'autant de canons, auxquels il ordonna qu'on mît le feu. Au moment où l'on se disposait à allumer la mèche de celui auquel M. de Choiseul était attaché, un capitaine de corsaire, qu'il avait fait prisonnier dans une autre circonstance, et qu'après l'avoir traité avec les plus grands égards, il avait renvoyé sans rançon, ne pouvant, malgré les plus vives sollicitations, obtenir sa grâce du barbare Mézo-Morto, se place à côté de lui, le serre dans ses bras, et déclare avec fermeté au canonnier, que, ne pouvant sauver son bienfaiteur, il veut mourir avec lui. A ce spectacle, la fureur de Mézo-Morto se change en admiration : il fait détacher M. de Choiseul, et consent à son échange. Pendant le nouveau bombardement qui eut lieu, les bombes renversèrent un grand nombre de maisons, et tuèrent une multitude d'habitans.

Duquesne voulait faire payer aux Algériens les pertes qu'ils avaient causées dans leurs courses aux vaisseaux français; il était sur le point de les y forcer lorsque le manque de bombes et l'approche de la mauvaise saison l'obligèrent de retourner à Toulon. Il quitta la rade d'Alger le 19 août 1683, emmenant avec lui plus de six cents esclaves chrétiens que lui avait rendus Baba-Assen, prédécesseur de Mézo-Morto. Pendant cette expédition, il avait presque entièrement ruiné la ville d'Alger, brûlé tous les magasins, brisé la plus grande partie de ses vaisseaux, anéanti presque toutes les munitions de guerre, et mis presque tous les canons hors d'état de servir. Après son départ, les Algériens, renfermés dans leur port par les bâtimens de guerre qu'il avait laissés sur leur rade, se virent obligés de demander la paix à Louis XIV par un ambassadeur qu'ils lui envoyèrent l'année suivante, et de se soumettre aux conditions qu'il lui plut de leur imposer.

Bombardement de Gênes, par Duquesne. — Mort de ce grand homme.

Les Génois favorisaient sourdement les Espagnols avec lesquels la France était en guerre, et même ils avaient plusieurs fois insulté les Français. Pour les en punir, Louis XIV fit équiper dans la Méditerranée une flotte dont il donna le commandement à Duquesne. Outre quinze gros vaisseaux de guerre et un grand nombre d'autres bâtimens de moindre grandeur, on y comptait dix galiotes à bombes et deux brûlots. Le marquis de Seignelai, ministre de la marine, s'y embarqua.

Le 17 mai 1684, Duquesne arriva en vue de la ville de Gênes. Le lendemain, six sénateurs se rendirent auprès de M. de Seignelai pour le complimenter et lui demander quelles étaient les intentions du roi. Ce ministre leur déclara que la république avait encouru l'indignation de ce monarque, et qu'elle n'avait d'autre parti à prendre que de lui donner satisfaction en lui envoyant quatre sénateurs, et de livrer quatre galères qu'elle avait fait construire. Le sénat de Gênes refusa d'adhérer à ces conditions, et Duquesne fit tirer sur la ville. Dès le 20, on apprit par deux bâtimens anglais, sortis du port, que les bombes avaient brûlé et renversé plus de trois cents maisons, et plusieurs palais, entre autres celui du doge et celui de Saint-Georges, où était déposé le trésor de la république; que l'arsenal et le magasin général étaient entièrement détruits. Le 28, cessa ce terrible bombardement, et le lendemain Duquesne fit voile avec une forte partie de sa flotte vers les côtes de Catalogne. Le chevalier de Tourville fut laissé sur celle de Gênes avec une escadre, pour bloquer le port.

Enfin les Génois résolurent de calmer le ressentiment du roi de France. Ils implorèrent la médiation du pape auprès de ce grand monarque. Les principaux articles du traité, que le nonce du pape, qui était alors en France, communiqua au sénat de Gênes, furent que le doge et quatre sénateurs se rendraient à Versailles, et à l'audience du roi avec leurs habits de cérémonie; et que dans un discours respectueux le doge témoignerait à Sa Majesté l'extrême déplaisir qu'éprouvait la république pour avoir encouru son mécontentement. Les Génois se soumirent à ces conditions; le doge et quatre sénateurs se présentèrent à l'audience de Louis XIV, laquelle fut accompagnée du plus pompeux appareil.

Les exploits du marquis Duquesne se terminèrent au bombardement de Gênes. Agé de soixante et quinze ans, il se retira dans le sein de sa famille, et y mourut trois ans après, le 2 février 1688, laissant de Catherine Bernière, sa femme, quatre fils, qui ne se rendirent pas indignes d'un tel père.

LE MARÉCHAL DE TOURVILLE, LIEUTENANT-GÉNÉRAL DES ARMÉES NAVALES DE FRANCE.

Cet illustre marin, le compagnon d'armes et l'élève de Duquesne, naquit en 1642, à Tourville, dans la Basse-Normandie. A l'âge de quatorze ans, il fut envoyé à Paris pour y faire ses études. Il n'en avait que dix-huit lorsqu'il s'embarqua sur une frégate de trente-six canons, que le chevalier d'Hocquincourt faisait construire pour aller en croisière contre les Turcs. Dès qu'il fut arrivé à Marseille, il employa son temps à recevoir des plus anciens matelots des leçons sur ce qui concernait la science nautique.

La frégate ayant fait voile pour Malte, dont il était chevalier, il se conduisit dans cette île avec beaucoup de sagesse, et se distingua par son habileté dans les manœuvres les plus difficiles; il ne tarda pas à en faire preuve autant que de son courage.

Deux vaisseaux algériens sont aperçus par celui du chevalier d'Hocquincourt, qui s'était mis en mer. On les attaque; les Turcs tentent l'abordage; le combat devient furieux : Tourville renverse tous les assaillans qui se présentent à lui. Cependant deux bâtimens de Tripoli surviennent et se joignent aux Algériens. Après un feu terrible de part et d'autre, Hocquincourt commande l'abordage d'un vaisseau tripolitain. Tourville, animé du plus grand courage, culbute tout ce qu'il rencontre et force les Turcs de se rendre. Un vaisseau algérien et l'autre tripolitain prennent la fuite, et l'algérien qui restait, est coulé à fond par Hocquincourt. Dans cette brillante affaire, Tourville fut blessé en trois endroits.

Nous ne finirions pas si nous décrivions toutes les courses que ce jeune marin fit dans la Méditerranée, dans l'Archipel et dans le golfe Adriatique, sous les ordres du chevalier d'Hocquincourt, contre les pirates barbaresques. A l'âge de vingt ans, et malgré la délicatesse de son tempérament, il s'était déjà fait un nom fameux dans toute l'Europe.

A son retour en France, il fut présenté à

Louis XIV, qui lui fit l'accueil le plus honorable, et le nomma quelques jours après capitaine de vaisseau. Ce fut en cette qualité qu'il concourut à l'expédition destinée à secourir l'île de Candie, assiégée par les Turcs; qu'en 1671 il prit part au combat que les flottes française et anglaise livrèrent à celle de Hollande, ainsi qu'à l'action sanglante dans laquelle le célèbre Duquesne défit l'amiral hollandais Ruyter, le 7 juin 1672. Il se couvrit de gloire dans toutes ces affaires; aussi, dans le compte qui en fut rendu au roi, était-il représenté comme un des meilleurs officiers de la marine royale. Il ne se démentit point dans un grand combat que le duc de Vivonne, secondé par Duquesne, livra aux Espagnols dans les eaux de Messine. Forcé de combattre contre deux vaisseaux ennemis, il montra tant de vigueur et de présence d'esprit, qu'il en coula un à fond et força l'autre à s'éloigner.

Après que la paix eut été faite en 1678, Tourville fut chargé, par le ministre de la marine Seignelai, de donner à la cour de France le spectacle d'un combat naval. Le roi, la reine, toute la famille royale, et tout ce que la cour avait de plus distingué se rendirent dans un port de mer. Tourville, monté sur un vaisseau du premier rang, leur exposa d'abord toutes les manœuvres, et fit faire aux soldats l'exercice des armes. Ensuite, représentant un combat naval, il montra la manière de monter à l'abordage. Le lendemain, deux frégates se livrèrent un combat simulé, pendant une heure, en se canonnant, et en prenant tour à tour le vent l'une sur l'autre. Le roi observait avec le plus vif intérêt toutes les opérations que Tourville lui expliquait. Ce fut peu de temps après cette fête guerrière, qu'il fut élevé au grade de lieutenant-général des armées navales.

Nous avons rendu compte dans le précis sur Duquesne du bombardement d'Alger et de Gênes, mais nous n'y avons point parlé de la part que Tourville prit à ces expéditions. Il y partagea la gloire du grand homme sous les ordres duquel il servait.

En 1689, un an après la mort de Duquesne, se trouvant, pour ainsi dire, par ses talens et ses exploits, autant que par son grade, à la tête des marins français, il quitta l'ordre de Malte, dans lequel il était entré dès l'âge de quinze ans, prit le titre de comte, et malgré son âge de quarante-sept ans il voulut se marier. *Je souhaite*, lui dit Louis XIV, en signant son contrat de mariage, *que vous ayez des enfans qui vous ressemblent, et qui soient, autant que vous, utiles à l'état.*

Cependant, ce monarque, dans le dessein de secourir le roi Jacques II, détrôné par le prince d'Orange, son gendre, armait à Brest une flotte nombreuse, pour l'opposer dans la Manche à celle des Anglais et des Hollandais. Il en confia le commandement au comte de Tourville, en le créant vice-amiral général des armées navales, avec ordre d'arborer pavillon amiral. Cette flotte, composée de soixante-dix-huit vaisseaux de ligne, et d'un nombre proportionné de frégates, sortit du port de Brest, le 23 juin 1690, et entra six jours après dans la Manche, en s'approchant des côtes britanniques. Le 10 juillet, après bien des marches et contre-marches, il découvrit, entre l'île de Wight et le cap Ferlay, la flotte ennemie rangée en bataille, et qui venait sur lui vent arrière. Après un combat sanglant et opiniâtre, les ennemis perdirent dix gros vaisseaux, dont le moindre portait soixante canons, et cinq autres qui échouèrent avec cinq brûlots. Tourville ne perdit pas une seule chaloupe. Après leur défaite, les deux flottes ennemies allèrent se réparer dans la Tamise, et le vainqueur gagna les côtes de France.

Lorsque Tourville eut radoubé ses vaisseaux et complété ses équipages, il fit voile vers l'Angleterre. En moins de cinq heures, sans perdre un seul homme, et malgré six mille ennemis, qui n'étaient éloignés que de six lieues, il alla brûler, avec dix-huit cents hommes de débarquement, montés sur des chaloupes, douze vaisseaux de guerre anglais et huit navires marchands, dans la baie de Fingmouth : après en avoir transporté dans plusieurs galères les canons et les marchandises, il rentra dans le port de Brest.

Malheureux combat de la Hogue.

En 1692, Louis XIV fit équiper deux flottes, l'une de quarante-quatre voiles dans l'Océan, et l'autre de treize dans la Méditerranée. La première, commandée par Tourville, devait favoriser une descente en Angleterre, pour soutenir les partisans du roi Jacques II. Après être entré dans la Manche, avec trente-sept vaisseaux et sept brûlots, il fut joint, à la hauteur de Plymouth, par sept autres vaisseaux et quatre brûlots. Quatre jours après, il découvrit les flottes combinées d'Angleterre et de Hollande, fortes de quatre-vingt-huit vaisseaux et de dix-huit brûlots, entre le cap de la Hogue et la pointe de Harfleur.

Le conseil de guerre était d'avis de se retirer devant des forces si supérieures ; mais Tourville, tirant de sa poche un ordre du roi, dit : *il faut se battre*. Aussitôt il donne le signal pour que l'on se mette en ordre de bataille. Sur les dix heures du matin, le combat commence par un feu terrible. Chaque vaisseau français est assailli par deux ou trois vaisseaux ennemis. Sur les huit heures du soir, on cessa de tirer de part et d'autre, parce que la fumée du canon était si épaisse que l'on ne pouvait plus se voir ; quand elle fut dissipée, l'action recommença avec la même fureur, et dura, à la faveur du clair de la lune, jusqu'à dix heures, où elle finit : c'était le 29 mai 1692.

Aucun vaisseau de la flotte française ne fut perdu pendant le combat, et même tous furent en état de naviguer. Les ennemis en perdirent deux, et le reste de leur flotte fut pour le moins aussi maltraité que celle de France; ainsi l'avantage paraissait être du côté des Français. Mais ce que les ennemis, malgré leur grande supériorité, n'avaient pu faire, le désordre le causa. Après l'action, la flotte française se partagea en trois divisions, par hasard, et sans l'ordre de son chef. Alors les ennemis se mirent à les poursuivre avec trois fortes escadres, et en brûlèrent un bon nombre de vaisseaux, douze entre autres dans la rade de la Hogue.

En apprenant cette nouvelle, Louis XIV dit : *Tourville est-il sauvé ? On peut trouver des vaisseaux ; mais on ne trouve pas souvent des hommes comme lui.*

Lorsque Tourville se rendit à Versailles : *Voilà un homme qui m'a obéi à la Hogue*, dit ce monarque à M. de Villeroi; et se tournant vers lui : *Comte de Tourville*, lui dit-il, *j'ai eu plus de joie d'apprendre qu'avec quarante de mes vaisseaux, vous en avez battu quatre-vingts de mes ennemis pendant un jour entier, que je ne me sens de chagrin de la perte que j'ai faite.*

Louis XIV prouva bientôt d'une autre manière combien il était loin d'imputer cette perte à Tourville ; le 27 mars 1693, il le créa maréchal de France, et lui dit en recevant ses remercîmens : *Monsieur le comte, vous vous êtes rendu digne du bâton de maréchal par votre mérite et vos belles actions.*

Tourville ne tarda pas à prouver, par de nouveaux exploits, qu'il était digne de la haute dignité à laquelle le souverain venait de l'élever. Ayant pris dans la même année le commandement d'une nouvelle flotte plus nombreuse que la précédente, il brûla aux ennemis quarante-cinq bâtimens marchands, et en prit vingt-sept, dont deux vaisseaux de guerre. Continuant à tenir la mer, pour trouver l'occasion de se venger de la journée de la Hogue, il alla brûler plusieurs vaisseaux dans la rade de Malaga.

Lorsque la guerre de la succession d'Espagne se fut allumée, Louis XIV ordonna que l'on mît en mer deux flottes, l'une dans l'Océan et l'autre dans la Méditerranée. Tourville devait se mettre à la tête de celle-ci ;

mais ses infirmités l'obligèrent de remercier le roi. Il y succomba le 28 mai 1701, à l'âge de cinquante-neuf ans, laissant un fils et une fille en bas âge. Louis XIV fut sensible à sa mort, et les officiers de la marine royale firent célébrer à sa mémoire des services funèbres dans tous les ports du royaume.

Tourville rendit les signaux plus intelligibles et plus prompts, et par ses soins la manœuvre acquit plus de perfection et de facilité.

JEAN D'ESTRÉES, DUC ET PAIR, MARÉCHAL DE FRANCE, VICE-AMIRAL ET VICE-ROI D'AMÉRIQUE.

Jean d'Estrées, d'une famille féconde en illustres guerriers, naquit en 1624, de François Annibal d'Estrées, maréchal de France. Après avoir servi avec distinction sur terre jusqu'en 1659, depuis sa plus tendre jeunesse, et avoir passé, dans cet intervalle, par tous les grades de la milice jusqu'à celui de maréchal de camp, il profita de la paix entre la France et l'Espagne pour se livrer à l'étude des mathématiques, de la tactique et de l'art nautique, et parcourir les ports de France, d'Angleterre et de Hollande.

Environ sept ans après, il fut envoyé à la tête d'une escadre contre les Anglais, qui avaient fait une invasion dans nos possessions de l'Amérique. Les attaquer, les battre et les forcer d'évacuer leurs conquêtes : tel fut son premier exploit maritime.

Lorsque la France et la Grande-Bretagne déclarèrent en 1672 la guerre aux Hollandais, il fut élevé au grade de vice-amiral, et prit en cette qualité le commandement d'une flotte. Dans le combat qui eut lieu le 7 juin, il fit des prodiges de valeur contre le lieutenant amiral hollandais Bunkert. Le même jour de l'année suivante, il se couvrit de gloire à la tête de l'avant-garde de la flotte française, au combat de Schoowelt, contre la flotte hollandaise sous les ordres de Ruyter. Dans la même année, il signala sa valeur dans deux autres combats, principalement dans celui du 21 août, qui fut des plus meurtriers.

En 1676, les Hollandais, dont le dessein était de s'emparer de nos établissemens en Amérique, commencèrent par l'île de Cayenne.

A cette nouvelle, le gouvernement français donne ordre au duc d'Estrées de s'y porter avec une forte escadre. A son arrivée, il donne l'assaut à la forteresse de Cayenne, l'emporte, et y laisse une garnison. Il se rend ensuite à la Martinique pour y faire réparer ses vaisseaux. Un mois après, il sort du port de cette île pour aller combattre l'amiral hollandais Binkes, qui, après avoir abandonné Cayenne, s'était retiré à Tabago.

Brillante affaire de Tabago.

Au lieu d'attaquer cette place dans les formes, d'Estrées prit l'audacieuse résolution d'entrer dans le port, et d'attaquer en même temps le fort, dont il espérait se rendre maître, pendant que l'ennemi serait occupé à la défense de ses vaisseaux. Il réussit d'abord dans son premier dessein. Après un feu épouvantable de part et d'autre, les Français mettent le feu à un vaisseau hollandais qui le communique à deux autres. D'Estrées s'étant rendu maître du contre-amiral ennemi, le feu prit à ce bâtiment, se communiqua à son vaisseau et l'embrasa. C'en était fait de lui, si un garde-marine ne fût allé à la nage enlever, sous l'éperon d'un vaisseau hollandais, un canot pour le sauver; mais à peine était-il entré dans ce canot, qu'il fut coulé à fond par l'artillerie hollandaise. Heureusement il n'était pas éloigné de la terre; des matelots se jetèrent à la nage, et le portèrent sur le rivage, avec ses officiers. Sa bonne fortune venait de le sauver de deux dangers; sa valeur et sa présence d'esprit vont le sauver d'un troisième. A quelque distance de l'endroit où il se trouvait, étaient postés un certain nombre de Hollandais. Ses habits sont mouillés et les armes lui manquent : cependant il marche à eux, les aborde, et d'un air menaçant, leur ordonne de se rendre. Étonnés de son audace, ils ne se donnent pas le temps de réfléchir, ils déposent les armes et se soumettent. Cependant, l'officier qui avait reçu l'ordre d'attaquer le fort, avait fait manquer, par trop de précipitation, le succès de son attaque.

D'Estrées n'eut alors d'autre parti à prendre que de faire rembarquer ses troupes et de sortir du port, après avoir perdu quatre vaisseaux de guerre, un bon nombre de soldats et de matelots, et plusieurs officiers de distinction. Toute la flotte hollandaise fut brûlée et coulée à fond. D'Estrées alla faire radouber ses vaisseaux à la Grenade, et revint en France en juin 1697.

Conquête de Tabago. — Derniers exploits de d'Estrées. — Sa mort.

Le 1er. octobre 1697, le vice-amiral d'Estrées partit de Brest avec une escadre de huit vaisseaux de ligne, et du même nombre de frégates, pour aller tenter encore une fois la conquête de Tabago. Aussitôt qu'il est arrivé devant cette île, il fait débarquer ses troupes pour attaquer le fort, tire dessus, et met quelques mortiers en batterie. La troisième bombe tombe sur le magasin à poudre, et le fait sauter avec une partie de la maison du gouverneur. Le lieutenant amiral Binkes, qui au moment de l'explosion était à table avec plusieurs officiers, périt, et deux de ses convives parviennent seuls à s'échapper. D'Estrées profite de la confusion causée par cet événement, livre l'assaut, et se rend bientôt maître de la place. Après avoir ainsi fait rentrer l'île de Tabago sous la domination de sa patrie, il alla passer l'hiver à la Martinique.

Le 7 mai de l'année suivante, ce brave marin se remit en mer pour aller attaquer les autres possessions hollandaises en Amérique. Malheureusement son escadre fut emportée par des courans si rapides, qu'elle alla échouer sur les bancs qui environnent les petites *îles des Oiseaux*. Un grand nombre de matelots qui, pour boire de l'eau-de-vie, étaient descendus au fond de cale des vaisseaux échoués, s'y noyèrent.

Les importans services du duc d'Estrées méritaient la plus glorieuse récompense à laquelle il pût prétendre. Louis XIV s'empressa de la lui accorder en l'élevant à la dignité de maréchal de France. A cette grande faveur, il joignit celles de le créer chevalier de l'ordre du Saint-Esprit, et de le nommer vice-roi d'Amérique.

Quand la paix eut été rétablie entre les puissances belligérantes, d'Estrées alla se reposer au sein de sa famille. Il ne tarda pas à sortir de ce repos pour prendre le commandement d'une expédition contre Tunis et Tripoli. Cette expédition, qui le couvrit d'une nouvelle gloire, fut suivie quelque temps après du bombardement d'Alger, en 1688.

Après avoir détruit presque toutes les maisons de cette ville, et en avoir coulé à fond plusieurs vaisseaux, il rentra dans le port de Toulon.

Il était temps qu'il se reposât de tant de fatigues. Le roi le nomma gouverneur de Bretagne. Pendant son gouvernement, il fut impossible aux Hollandais et aux Anglais d'exécuter la descente qu'ils avaient résolue de faire sur les côtes de cette province. Il ne cessait de se rendre utile à sa patrie, lorsque la mort l'enleva le 19 mai 1707. Il était âgé de quatre-vingt-trois ans, et laissa plusieurs fils et filles, qui soutinrent la gloire de son nom. Le plus célèbre est celui dont nous allons retracer les principaux exploits.

VICTOR-MARIE D'ESTRÉES, DUC ET PAIR, MARÉCHAL DE FRANCE, VICE-ROI D'AMÉRIQUE.

Victor-Marie d'Estrées, fils du précédent, reçut le jour à Paris, le 30 novembre 1660. Il commença à l'âge de dix-sept ans à servir sur terre, et se distingua aux siéges de

Valenciennes, de Cambrai et de Saint-Omer. Bientôt après, Louis XIV lui donna le commandement d'un vaisseau de l'escadre que son père conduisait en Amérique. Pendant l'expédition de Duquesne contre Alger, ayant reçu l'ordre de croiser sur les côtes des Barbaresques, il força de s'échouer un vaisseau ennemi plus fort que le sien, et s'empara de trois prises qu'il avait faites. L'expédition terminée, il exécuta avec beaucoup de succès l'ordre que Duquesne lui avait donné, de purger la mer des corsaires qui osaient encore l'infester.

Après avoir obtenu la survivance du grade de vice-amiral, possédé par son père, il commanda, en 1690, une des trois divisions de la flotte qui, sous les ordres de Tourville, devait soutenir les Irlandais contre le prince d'Orange, en faveur de Jacques II. Il signala sa valeur et ses talens au fameux combat du 7 juin contre les flottes anglaise et hollandaise, et ne cessa point de servir avec gloire aux siéges de Nice, d'Oneille et de Barcelonne. Après avoir endommagé par un bombardement une grande partie de cette dernière ville, il alla bombarder Alicante, qui fut presque entièrement détruite. N'étant arrivé à Brest qu'après le fameux combat de la Hogue, il retourna dans la Méditerranée, et s'empara de la ville de Roses sur les côtes de la Catalogne.

En 1697, lorsque le duc de Vendôme faisait le siége de Barcelonne, non content de faire lancer des bombes sur cette ville, il descendit à terre, demanda de l'emploi à ce général, et emporta par un coup hardi les derniers ouvrages de la place, qui fut obligée de capituler.

Après que le duc d'Anjou, petit-fils de Louis XIV, fut monté sur le trône d'Espagne, sous le nom de Philippe V, plusieurs seigneurs napolitains se soulevèrent contre le vice-roi, dans le dessein de se donner à l'Autriche. D'Estrées, alors chargé de se rendre à Naples avec une escadre, parvint à déjouer cette conspiration. Ensuite il alla prendre le nouveau roi avec une flotte équipée à Toulon, et le conduisit à Naples pour satisfaire à l'empressement des habitans de cette ville, et le ramena ensuite dans son royaume.

Le zèle et le succès avec lesquels il s'acquitta de cette importante commission furent tels, que Philippe V le nomma grand d'Espagne de première classe, et que Louis XIV le combla de sa faveur en le créant chevalier de ses ordres, et en lui conférant la dignité de maréchal de France, sous le nom de Cœuvres, qu'il porta jusqu'à la mort de son père.

En 1705, les flottes combinées des Anglais et des Hollandais, après s'être emparées de Gibraltar, menaçaient la Catalogne et la ville de Cadix. Le maréchal de Cœuvres part de Brest avec le comte de Toulouse, grand-amiral de France, à la tête de vingt-trois vaisseaux de guerre, va prendre celle de Toulon, forte de dix-neuf vaisseaux de même force, et le 22 août il livre, près de Malaga, aux alliés, une bataille qui, malgré leur supériorité, les empêcha d'exécuter leurs projets. Le roi Philippe V le récompensa d'un si grand service en le nommant général des mers d'Espagne.

Après la mort de son père, il succéda à toutes ses places; et après celle de Louis XIV, le duc d'Orléans, régent, le nomma président du conseil de marine, ministre d'état, et lui fit donner, par le jeune roi Louis XV, l'île de Sainte-Lucie en toute propriété.

Lorsque l'empereur Pierre-le-Grand arriva

dans la capitale de la France, il n'eut rien, pour ainsi dire, de plus pressé que de s'entretenir avec le maréchal d'Estrées. Après avoir passé un jour entier dans sa maison de campagne d'Issi, il dit : « J'en ai plus appris dans cette journée, que par mes voyages, mes lectures et mes réflexions. » Lorsque ce grand prince quitta la France, il voulut encore le voir. Il l'embrassa en le quittant, et lui donna son portrait enrichi de diamans. Arrivé à Pétersbourg, il lui fit un envoi des meilleurs livres en langue russe et des plans de plusieurs de ses projets.

Le maréchal d'Estrées n'était pas seulement un excellent homme de mer. Amant passionné des sciences et des belles-lettres, il consacrait ses loisirs sur mer à la lecture des meilleurs auteurs, et à l'étude des langues. Il possédait par principes et parlait avec facilité l'anglais, l'allemand, l'italien et l'espagnol. Après la mort de son oncle, le cardinal d'Estrées, l'académie française l'admit dans son sein, pour s'honorer de ses talens, autant que de son nom et de ses dignités. Les deux autres académies, celle des inscriptions et belles-lettres, et celle des sciences, auxquelles il convenait par d'autres titres que par ceux de la littérature française, s'empressèrent de le recevoir au nombre de leurs membres. Couvert de tous les genres de gloire, cet illustre maréchal mourut sans postérité, vers la fin de l'année 1737, âgé de soixante-dix-sept ans.

LE COMTE DE FORBIN, CHEF D'ESCADRE.

CLAUDE-DE-FORBIN, comte de Janson, naquit le 6 août 1656 à Gardanne, village de Provence. Il était encore fort jeune, lorsqu'il entra au service de mer sur une galère commandée par Forbin-Gardanne, son oncle, et fit plusieurs campagnes en qualité d'enseigne de vaisseau, sous le maréchal de Vivonne. D'un caractère extrêmement vif, il tua en duel, à Toulon, le chevalier de Gordon, avec qui il avait eu une querelle, et fut condamné par le parlement d'Aix à avoir la tête tranchée.

Après avoir obtenu sa grâce, il fit en 1680, sous le vice-amiral d'Estrées, la campagne d'Amérique contre les Hollandais. Après son retour en France, il prit une part glorieuse au bombardement d'Alger exécuté par le célèbre

Duquesne, et fut nommé lieutenant de vaisseau après cette expédition.

Quelque temps après, arrivèrent à Versailles des ambassadeurs du roi de Siam, accompagnés d'un missionnaire nommé Le Vacher. Ils étaient chargés de déclarer à Louis XIV, que ce prince, qui favorisait dans ses états la prédication et l'exercice de la religion chrétienne, n'était pas éloigné de l'embrasser. Louis XIV, charmé de cette disposition de ce monarque, résolut de lui envoyer une ambassade. A cet effet, il fit équiper à Brest deux vaisseaux sur lesquels s'embarqua M. de Chaumont, ambassadeur en titre, avec le chevalier de Forbin, les deux mandarins siamois, quatre missionnaires, et un bon nombre de jeunes gentilshommes. On mit à la voile le 23 mars 1685, et le 23 septembre suivant, on jeta l'ancre à la barre de Siam, formée par le dégorgement du fleuve de Ménan : aussitôt après, le chevalier de Forbin fut chargé par l'ambassadeur d'aller, avec un missionnaire qui connaissait déja le pays, annoncer son arrivée à la cour de Siam. La nuit l'ayant surpris à l'entrée du fleuve, et la marée étant devenue très-haute, il fut obligé de relâcher près du rivage. Apercevant trois ou quatre cabanes couvertes de feuilles de palmier, où le gouverneur de la barre faisait sa résidence, il entra avec le missionnaire dans celle qui avait le plus d'apparence ; quatre hommes y étaient assis à terre et endormis. Pour tout vêtement, ils avaient un morceau de toile autour de la ceinture. Forbin, que la faim pressait, demande par l'organe du missionnaire, s'il y a quelque chose à manger : on lui présente du riz, faute d'autres mets. *Où est le gouverneur?* demande-t-il. *C'est moi*, répond un des quatre hommes.

Lorsque la marée fut passée, il se rembarqua avec le missionnaire, et arriva à Bancok sur les dix heures du soir. Le gouverneur de cette place leur donna à manger ; mais ni ses mets, ni le sorbet qu'il leur donna pour boisson, ne flattèrent leur goût et n'excitèrent leur appétit. Le lendemain, Forbin rejoignit les vaisseaux français, et le missionnaire se rendit à Siam.

Il y avait six jours que l'ambassadeur n'avait reçu de nouvelles, lorsqu'il vit arriver deux députés du roi avec M. de Lano, vicaire apostolique, et l'abbé de Lionne. Ces députés adressèrent un compliment à l'ambassadeur au nom du monarque et de M. Constance, son premier ministre. Quinze jours après, M. de Chaumont fit une entrée solennelle dans la capitale du royaume, et reçut son audience du roi, après laquelle il eut plusieurs conférences avec lui, par l'entremise du comte de Forbin, qui plut tellement au monarque siamois, que ce prince voulut le retenir auprès de sa personne en lui donnant le titre de grand-amiral et de général de ses armées, et en lui envoyant le sabre et la veste, marques de sa nouvelle dignité. Quelques jours après, l'ambassadeur partit avec des présens magnifiques pour le roi de France et pour toute la famille royale. Le comte de Forbin, devenu l'objet de l'envie du ministre Constance, ne tarda pas à le suivre. Un vaisseau français, étant venu de Pondichéri jeter l'ancre à la barre de Siam, il s'y embarqua, et arriva en France au mois de juillet 1688.

Jacques II, roi d'Angleterre, avait été détrôné par le prince d'Orange, son gendre, et forcé de se retirer en France. Pour soutenir ses droits, Louis XIV arma sur terre et sur mer. Envoyé avec Jean Bart, pour croiser dans la Manche, Forbin se distingua par plusieurs traits d'audace et d'intrépidité.

Un jour, pendant une expédition dont il était seul chargé, il s'éleva une tempête si furieuse, que son vaisseau fut près de périr, sa grande voile déchirée, et la chaloupe, qui était sur le pont, brisée, le bâtiment rempli d'eau, jeté à la côte, et les matelots, qui étaient entre les ponts, noyés. Dans un si terrible danger, les gens de l'équipage adressaient leurs vœux à tous les saints du paradis : l'un invoquait saint Nicolas, l'autre sainte Marie; celui-là saint Antoine, celui-ci saint Jacques. « *Courage, mes enfans*, leur criait Forbin : *tous ces vœux sont bons; mais sainte Pompe! sainte Pompe! c'est aussi à elle qu'il faut s'adresser. N'en doutez pas, elle vous sauvera.*

Forbin brûle un vaisseau de guerre dans le port de Venise.

Forbin se signala encore par d'autres actions particulières auxquelles nous ne nous arrêterons pas, afin d'entretenir plutôt nos lecteurs de l'entreprise audacieuse qu'il forma contre Venise.

Mais sainte pompe! sainte pompe!

Plusieurs Français avaient été massacrés par les impériaux sur le territoire de cette république, et sous le voile de la neutralité, ils faisaient passer des vivres aux ennemis de la France. Après avoir fait aux Vénitiens d'inutiles représentations, le comte de Forbin forma le hardi projet d'aller brûler, dans le port même de leur capitale, un vaisseau anglais que l'empereur y faisait armer secrètement. Il fait mettre en mer ses deux chaloupes et son canot, y embarque cinquante hommes d'élite, leur donne des cocardes blanches, afin qu'ils puissent se reconnaître à bord de l'ennemi, et part avec eux au clair de la lune. En entrant dans le port, il rencontre un bateau dans lequel étaient deux hommes qui pêchaient. Pour n'en être pas reconnu, il leur fait dire, par un Italien de sa troupe, qu'ils appartiennent au vaisseau anglais, et qu'ils ont eu le malheur d'être dépouillés par les Français. *Ah! le chien de comte de Forbin!* s'écrient les deux pêcheurs; et en même temps ils montrent l'endroit où est le bâtiment qu'ils veulent joindre. Forbin avance, et reconnaît ce vaisseau à un grand lion doré qui était sur la poupe, suivant l'indication qu'on lui en avait donnée. En l'abordant, il s'aperçoit que les sabords de la sainte barbe sont ouverts ; il y fait entrer son maître nocher et deux soldats ; ceux-ci tuent d'abord cinq à six matelots qui se présentent à moitié endormis. A l'instant, le brave Forbin monte à bord en criant : *tue, tue*. A ce cri, tous ses soldats se précipitent pour le suivre, et tuent plusieurs ennemis accourus au bruit, sans armes et en chemise. Il commence par s'emparer de la grand'chambre, tue tous ceux qui se présentent sur son passage, se rend maître du château de devant ; marche vers la chambre du conseil où le capitaine du vaisseau, son gendre et deux de ses fils s'étaient retirés. La cloison est fendue à coups de hache, et plusieurs grenades, jetées dans la chambre, les forcent à se rendre. Devenu maître du vaisseau, il fait crier que ceux qui se rendront obtiendront quartier. Vingt-sept hommes accourent du fond du vaisseau, et passent dans le canot français avec le capitaine, son gendre et ses deux fils.

Quand tout le monde eut abandonné le vaisseau, les Français y mirent le feu en trois endroits avec des chemises soufrées. Dans un instant il fut embrasé. Les canons, qui étaient chargés à boulets, tirèrent à droite et à gauche, et le feu, prenant à la Sainte-Barbe, fit voler le vaisseau en éclats avec un épouvantable fracas, qui répandit l'alarme dans le port et dans toute la ville. Forbin s'était rembarqué dès l'instant qu'il avait vu que le feu allait se communiquer au corps du bâtiment.

Forbin humilie les Vénitiens dans la personne d'un de leurs premiers magistrats.

Le comte de Forbin, devenu maître du golfe de Venise, par le coup hardi que nous venons de rapporter, eut bientôt trouvé une nouvelle occasion d'humilier les Vénitiens. Un petit bâtiment, qu'il avait envoyé à la découverte, rencontra un vaisseau qui portait le provéditeur général du golfe, alors revêtu de toutes les marques de sa dignité. L'officier français lui ordonne de se rendre à bord du comte de Forbin. Le général du golfe, surpris de recevoir des ordres, lui fait dire que ce vaisseau portait monseigneur le provéditeur général du golfe. L'officier, sans faire attention à la magnificence de ce titre, réplique qu'il ne connaît d'autre général que le comte de Forbin ; et que, s'il n'est point obéi, il va faire tirer sur le vaisseau. Le provéditeur obéit enfin ; l'officier prend les devans, et avertit Forbin de ce qui vient de se passer. Celui-ci se retire alors dans sa chambre. Quelques instans après, le provéditeur arrive ; l'officier de garde lui dit de se rendre à la chambre du général ; il refuse, et demande à parler au comte. « Son excellence monseigneur le comte de Forbin, répond l'officier, vient de passer dans sa chambre pour reposer un moment, et personne n'est assez hardi pour l'éveiller. » Le provéditeur comprend ce que cela veut dire, et va à la chambre du capitaine. L'officier, qui le précède, marche sans bruit, gratte à la porte, l'entr'ouvre, et dit au comte : « Monseigneur, je demande pardon à votre excellence d'oser prendre la liberté de l'éveiller ; mais monseigneur le provéditeur général désire vous parler. » A ces mots, Forbin se lève promptement, s'avance vers la porte de sa chambre, salue le provéditeur, lui fait ses excuses, et servir ensuite des rafraîchissemens. Lorsque le Vénitien fut sur le point de partir, tous les soldats se mirent sous les armes, on battit aux champs et on le salua de neuf coups de canon.

Autres exploits de Forbin.

Sur la fin de l'année 1703, Forbin, se trouvant à Toulon, reçut ordre d'escorter une flotte marchande, destinée pour le Levant. Il était arrivé à l'entrée de l'Archipel, lorsqu'il aperçut un vaisseau de soixante-dix canons et de trois cents hommes d'équipage. Il lui donne la chasse, et quand il est à portée de se faire entendre, il demande à qui appartient ce bâtiment. *A Venise*, lui répond-on. — *Saluez le pavillon du roi*, crie-t-il au capitaine. — *Je suis dans les mers de la république, et je ne salue personne*, répond le Vénitien. Sur cette réponse, Forbin se dispose à l'attaquer. Le Vénitien s'en aperçoit et demande le nom du capitaine du vaisseau français. On lui nomme le comte de Forbin. *Eh bien! ne tirez pas, je vais saluer le comte de Forbin.* — *Prenez garde à la manière dont vous parlez*, s'écrie celui-ci; *saluez le pavillon du roi, sinon je vais lâcher toute ma bordée.* Le Vénitien salua le pavillon du roi.

Forbin fut nommé quelque temps après pour commander une escadre armée à Dunkerque, et forte de huit vaisseaux. Deux jours après s'être mis en mer, il rencontre à la hauteur d'Ostende une nombreuse flotte marchande hollandaise qu'escortaient un vaisseau de ligne et deux frégates. En le voyant venir sur eux, les ennemis prennent la fuite; il les poursuit, les joint, et leur enlève dix bâtimens richement chargés. Continuant de croiser sur les côtes d'Angleterre, il ne cessa d'y faire des actions d'éclat, malgré les dangers auxquels il s'exposait.

En 1708, il prit le commandement d'une escadre qui devait porter le prétendant en Écosse; mais les Anglais faisaient si bonne garde le long des côtes, que cette expédition ne put réussir. Après être rentré à Dunkerque, il y remplit quelque temps les fonctions de commandant de la marine. Cependant, il commençait à ressentir vivement les infirmités, suites de l'âge. Obligé par ses douleurs de se retirer du service en 1710, il alla passer le reste de sa carrière dans une maison de campagne près de Marseille; il la termina le 4 mars 1733, à l'âge d'environ soixante-dix-sept ans. Ne s'étant point marié, il ne laissa point de postérité.

DUGUAY-TROUIN, LIEUTENANT GÉNÉRAL DES ARMÉES NAVALES DE FRANCE.

Ce célèbre marin naquit à Saint-Malo, le 10 juin 1673. Son père, qui commandait tantôt des vaisseaux armés en guerre, tantôt des bâtimens de commerce, s'était fait la réputation d'un brave et habile homme. Il commença sa première campagne en 1689, année où la guerre fut déclarée entre la France d'une part, l'Angleterre et la Hollande de l'autre. Le bâtiment sur lequel il s'était embarqué, était une petite frégate de dix-huit canons. La prise d'un navire anglais chargé de sucre et d'indigo, et celle d'un corsaire de Flessingue furent les premiers événemens où il eut occasion de déployer son courage naissant. Dans le premier, il put envisager toutes les horreurs d'un naufrage, et dans l'autre toutes celles d'un abordage sanglant.

L'année suivante, il se remit en mer en qualité de volontaire sur une frégate de vingt-huit canons, qui appartenait à sa famille. Dans un combat contre deux vaisseaux anglais qui escortaient une flotte marchande, notre jeune marin eut le malheur de tomber dans la mer. Après en avoir été retiré par les matelots, il eut encore assez de vigueur et de courage pour sauter dans le second vaisseau ennemi, et contribuer à sa prise.

Ces exploits et plusieurs autres de notre jeune marin attirèrent sur lui l'attention et l'intérêt du gouvernement. Il obtint d'abord le commandement d'une flûte du roi, nommée le *Profond*, sur laquelle il fit la campagne de 1693, mais sans d'autres succès que la prise d'un vaisseau marchand espagnol. Peu de temps après, on lui donna à commander une frégate royale, nommée l'*Hercule*, de vingt-huit pièces de canon. Après avoir croisé pendant deux mois à l'entrée de la Manche, il se rendit maître de deux gros vaisseaux anglais armés en guerre et richement chargés, qui arrivaient de la Jamaïque. L'année suivante, il monta la *Diligente*, frégate du roi de quarante canons, et prit trois vaisseaux ennemis à l'entrée du détroit de Gibraltar.

Quelque temps après, se trouvant près des îles *Sorlingues*, il fut attaqué par un vaisseau de guerre anglais qui faisait partie d'une escadre au milieu de laquelle il se trouvait. Le combat dura quatre heures avec le plus grand acharnement. Enfin, il voulut tenter l'abordage. Sans doute, il se serait emparé du vaisseau, quoiqu'il fût beaucoup plus fort que sien, s'il n'eût été attaqué par le *Monk*, pendant que les autres le canonnaient. Malgré cette grande inégalité de forces, il combattit avec le courage d'un lion, jusqu'au moment où il fut renversé par un boulet. Devenu prisonnier des Anglais, il fut conduit à Plymouth.

Après s'être échappé de sa prison avec quatre Français, sur une simple chaloupe, il arriva sur les côtes de Bretagne à peu de distance de Tréguier, non sans avoir couru le danger de périr par un naufrage. A peine s'était-il rendu à Saint-Malo, qu'il alla s'embarquer à la Rochelle sur le *Français*, vaisseau du roi ; et à peine avait-il mis en mer, qu'il attaqua deux vaisseaux anglais qui escortaient plusieurs bâtimens marchands, sortis des ports de l'Amérique. L'un se nommait le *Sans-pareil* et l'autre le *Boston* : il s'en rendit maître. Le capitaine du premier était l'un des plus braves marins de l'Angleterre. Il avait pris à l'abordage avec son vaisseau le fameux Jean Bart et le chevalier de Forbin. Il avait gardé leurs brevets, et il se vit forcé de les rendre.

Le récit de cet exploit de Duguay-Trouin enchanta Louis XIV. Ce monarque ne crut pas pouvoir lui accorder une récompense plus glorieuse qu'en lui envoyant une épée. Encouragé par cette marque de l'estime du souverain, ce brave capitaine se hâta d'aller joindre dans la rade de la Rochelle, avec son vaisseau, une escadre sous les ordres du marquis de Nesmond. Il ne dépendit pas de lui de s'emparer, à l'entrée de la Manche, du vaisseau anglais l'*Espérance*, de soixante canons. M. de Nesmond le priva de cet honneur, en attaquant lui-même le vaisseau, qu'il força de se rendre.

Nous ne nous arrêterons point à d'autres exploits de Duguay-Trouin, tous aussi brillans que nombreux, pour arriver à cette fameuse expédition contre le port et la ville de Janéiro, au Brésil, laquelle mit le comble à sa gloire.

Pendant un séjour qu'il fit à Versailles, il apprit que le capitaine de vaisseau Duclerc, avait osé, avec mille soldats seulement, tenter la conquête de Rio-Janeiro, une des plus belles et plus opulentes villes du Brésil, grand pays de l'Amérique méridionale, situé le long de l'Océan atlantique; qu'il avait été fait prisonnier avec les trois quarts de sa troupe, et qu'après s'être rendu à composition, il avait été mis à mort. A cette nouvelle, il forme le projet de venger les droits de l'humanité et des gens, si indignement violés. Des hommes opulens, auxquels il en fait part, y applaudissent, et s'associent pour armer les vaisseaux dont il a besoin pour l'exécution. On lui fournit quinze gros bâtimens de guerre; il choisit les officiers dont la valeur lui est connue, se munit de vivres, de tentes et d'outils et de tous les objets nécessaires pour un campement et pour un siége, et part de la rade de la Rochelle, le 9 juin 1711.

Le 12 septembre suivant, il arriva dans la baie de Rio-Janéiro, et entra dans le port de cette ville, malgré le feu de quatre vaisseaux de ligne et de trois frégates qui en défendaient l'entrée. Après ce premier succès, il commença, dès le point du jour du lendemain, à bombarder la ville, défendue par sa situation, par plusieurs forts, par un camp retranché, et par une garnison de douze mille hommes. Après que le chevalier de Goyon, qu'il avait chargé d'attaquer et de prendre l'île des Chèvres, située à une portée de fusil de la ville, et bien fortifiée, se fut acquitté de sa commission, il fit descendre à terre trois mille trois cents hommes. La descente effectuée, il divisa cette petite armée en trois brigades, chacune de trois bataillons, et fit débarquer quelques pièces d'artillerie, qui furent placées au centre, et au milieu du plus gros bataillon. La brigade d'avant-garde alla occuper la hauteur qui regardait la ville, et celle de l'arrière-garde s'établit sur la montagne opposée. Duguay-Trouin se plaça au milieu avec celle du centre. Les Français étaient maîtres du bord de la mer, et leurs chaloupes leur apportaient tous les objets dont ils avaient besoin.

Le lendemain 15 septembre, Duguay-Trouin fit mettre ses troupes sous les armes, leur ordonna d'entrer dans la plaine, et poussa des partis jusqu'à une portée de fusil de la ville. Les ennemis, qui voulaient attirer les Français dans leurs retranchemens, ne firent aucun mouvement pour s'opposer au dégât qu'ils faisaient. Duguay-Trouin ne pouvant les attirer hors de leurs positions, fit retirer ses brigades.

Un normand, nommé Dubocage, qui, après avoir commandé plusieurs bâtimens armés en course, était passé au service du roi de Portugal, et avait obtenu le commandement de quelques vaisseaux de guerre, s'avisa d'un stratagème assez singulier, pour gagner la confiance des Portugais auxquels ils craignait d'être suspect : il leur proposa de se déguiser en matelot, et de le conduire à la prison où l'on avait mis des maraudeurs français, arrêtés la veille. On fit ce qu'il demandait. Lorsqu'il fut en prison, il se donna pour l'un des matelots d'une des frégates, et dit qu'après s'être écarté du camp des Français, il avait été pris par un détachement portugais. Les prisonniers, trompés par ses discours, n'hésitent point de lui dire ce qu'ils savent des forces des Français. Il en donne connaissance aux Portugais ; et sur son rapport, ceux-ci prennent la résolution d'attaquer le camp des ennemis.

Quinze cents hommes de troupes réglées sortirent de leurs retranchemens, à la faveur de la nuit, et s'avancèrent jusqu'au pied de la montagne occupée par la brigade d'avant-garde, sous les ordres de M. de Goyon. Un pareil nombre de soldats de milice les suivait à quelque distance pour les soutenir. Le poste avancé qu'ils voulaient emporter, était à mi-côte ; c'était une maison crénelée qui servait de corps-de-garde, et au-dessous de laquelle régnait une haie vive, qui était fermée par une barrière. Au point du jour, les Portugais font passer quelques bestiaux devant cette barrière. Un sergent et quatre soldats l'ouvrent pour se saisir de ces animaux ; mais à peine ont-ils fait quelques pas, que les embusqués font feu sur eux, et tuent le sous-officier et deux des siens. Ils passent ensuite la barrière et montent vers le corps-de-garde. L'officier qui gardait ce poste avec cinquante hommes, quoique surpris et vivement attaqué, tient ferme, et donne au chevalier de Goyon le temps de lui renvoyer du renfort. Celui-ci fait mettre aussitôt toute sa brigade sous les armes et prête à charger. Duguay-Trouin ne tarde pas à être averti de ce qui se passe : il fait d'abord partir deux cents grenadiers par un chemin creux, met toutes ses troupes en mouvement, et court ensuite lui-même avec une troupe d'élite vers le lieu du combat. A son arrivée, les Portugais prennent la fuite, laissant un nombre considérable de blessés.

Après ce succès, le brave Duguay-Trouin se dispose à battre la ville en brêche; mais avant d'exécuter son attaque, il fait sommer le gouverneur de se rendre. Sur son refus, il fait attaquer la ville par terre et par mer. Bientôt, il s'empare des forts et des retranchemens qui la défendent, et y fait son entrée. Il n'eut rien de plus pressé que de prendre les mesures les plus sévères pour arrêter le pillage; il fit même punir de mort plusieurs soldats et matelots qui s'y étaient livrés; mais l'envie de piller fut plus forte parmi ses troupes que la crainte du supplice.

Cependant le gouverneur et le commandant de la flotte s'étaient retranchés à une lieue de la ville, attendant un secours que devait leur amener des mines le général d'Albuquerque. Duguay-Trouin voyant qu'il allait bientôt manquer de vivres, et qu'il ne pouvait pénétrer dans les terres pour s'en procurer, fit dire au gouverneur que, s'il tardait à racheter la ville par une contribution, il allait la réduire en cendres et en sapper jusqu'aux fondemens; et pour lui faire une impression plus vive, il fit brûler, par deux compagnies de grenadiers, toutes les maisons de campagne à demi-lieue à la ronde. Aussitôt que cette troupe fut sortie de la ville, un corps nombreux de Portugais s'avança pour l'attaquer. Heureusement, elle fut soutenue par trois autres compagnies, et les ennemis furent mis en fuite après une perte considérable.

Le gouverneur, découragé par cet échec, se détermina enfin à offrir à Duguay-Trouin 600,000 crusades pour le rachat de la ville. Cette proposition ne fut point acceptée, et le vainqueur renouvela ses menaces. Dans le même temps, arrivait le général d'Albuquerque avec tous les hommes en état de se battre, qu'il avait rassemblés. Informé de son approche par des nègres déserteurs, Duguay-Trouin marche hardiment au-devant de lui, en silence et à la faveur des ténèbres, et lorsqu'il s'en trouve à une petite distance, il fait toutes ses dispositions pour l'attaque.

Étonné de l'activité des Français, d'Albuquerque envoya à leur général un jésuite et deux de ses officiers, pour lui offrir 10,000 crusades de plus, 500 caisses de sucre, et tous les bestiaux dont il pourrait avoir besoin. Duguay-Trouin, après avoir assemblé son conseil, dit qu'il fallait accepter ces offres. En conséquence, on lui demanda pour ôtages douze de ses principaux officiers; l'obligation de payer dans la quinzaine la somme convenue, et de fournir tous les bestiaux nécessaires à la subsistance des Français.

Les Portugais achevèrent le dernier paiement le 4 novembre, et ce même jour Duguay-Trouin évacua la ville, non sans garder quelques forts pour assurer son départ. Dès le premier jour qu'il y était entré, ce guerrier, aussi religieux que brave, avait fait placer dans de grands coffres les vases sacrés, l'argenterie et les ornemens des églises, et punir même de mort ceux qui les avaient profanés et qui en furent trouvés saisis. Lorsqu'il fut sur le point de partir, il chargea les jésuites de remettre ce dépôt à l'évêque du lieu.

Après avoir tout disposé pour son départ, et distribué sur les vaisseaux de son escadre les dépouilles des Portugais, il mit à la voile le 13 décembre 1711. A la hauteur des îles

Açores, où il arriva le 29 janvier de l'année suivante, une horrible tempête sépara tous ses vaisseaux les uns des autres. Le *Lis*, qu'il montait, fut démâté, et ses voiles déchirées et emportées. En vain il eut recours aux signaux et fit tirer plusieurs coups de canon; mais les autres bâtimens, non moins maltraités que le sien, ne purent le rejoindre. Cette tempête dura deux jours avec la même violence. Lorsqu'elle fut apaisée, il rejoignit cinq vaisseaux de son escadre et entra avec eux, le 6 février, dans la rade de Brest. Deux autres y arrivèrent le surlendemain. Le *Mars*, qui avait beaucoup souffert, se rendit au Port-Louis; l'*Aigle* relâcha à Cayenne avec une prise qu'il escortait; il y périt à l'ancre, et son équipage s'embarqua sur la prise pour retourner en France. Le *Magnanime* et le *Fidèle*, le premier de 74 canons et l'autre de 60, n'ont jamais donné de leurs nouvelles; sans doute la tempête les fit périr. Ils portaient environ douze cents hommes, sans compter un bon nombre d'officiers et de gardes-marine. Le *Magnanime* était chargé de plus de 600,000 francs en or et en argent, et de marchandises.

Le retour de deux vaisseaux, que Duguay-Trouin avait envoyés chargés de sucre, à la mer du Sud, joint à l'or et aux autres effets apportés de Rio-Janéiro, paya les frais de l'armement et rapporta aux actionnaires un bénéfice de près de cent pour cent. Ces richesses étaient peu considérables, comparées à la perte qu'éprouvèrent les Portugais, laquelle se montait à plus de vingt-cinq millions de ce temps-là.

Après s'être reposé quelque temps à Saint-Malo, au sein de sa famille, notre héros dont le nom volait de bouche en bouche, jusqu'aux extrémités de la France, se rendit à Versailles le 12 avril. Le roi, qui déja l'avait décoré de la croix de Saint-Louis, et élevé à la noblesse, l'accueillit avec la plus grande distinction, et lui donna une pension ; mais ce ne fut qu'en 1715 qu'il fut élevé au grade de chef d'escadre.

Après la mort de Louis XIV, le duc d'Orléans, régent du royaume, lui donna le département de Brest et de toutes les côtes de Bretagne et lui accorda toute sa confiance, dans ce qui était relatif à la marine et au commerce. Lorsqu'il eut perdu ce grand protecteur, Louis XV ne l'oublia pas. En 1728, il fut nommé commandeur de l'ordre de Saint-Louis, et quelques jours après lieutenant-général.

La carrière maritime de ce grand homme n'était pas encore terminée. En 1731, il prit le commandement de quatre vaisseaux de ligne, et se rendit avec cette escadre dans la Méditerranée, pour forcer les puissances barbaresques au respect qu'elles devaient à la France. Après avoir rempli cette mission avec le succès que le roi avait lieu d'en attendre, il visita successivement Alexandrie, Saint-Jean d'Acre, Seyde, qui est l'ancienne Sidon, Alexandrette, Tripoli de Syrie, l'île de Chypre, et la ville de Smyrne ; et dans cette expédition, il régla les affaires de sa patrie avec autant de sagesse, qu'il montrait de valeur dans les combats.

De retour en France, Duguay-Trouin reçut en 1733 le commandement d'une escadre de vingt vaisseaux de guerre que le roi fit équiper à Brest pour s'opposer aux armemens de la Grande-Bretagne. La paix ayant rendu inutiles ces préparatifs, il se rendit à Paris, où sa santé délabrée ne lui permit pas de jouir de la tranquillité après laquelle il soupirait. Il vit approcher sans frayeur son dernier moment. Ce grand homme expira le 27 septembre 1736, âgé de soixante-trois ans. Comme il ne s'était point marié, il mourut sans postérité. Il était généreux et désintéressé, et ne laissa qu'une médiocre fortune.

JEAN BART, CHEF D'ESCADRE FRANÇAIS.

JEAN BART naquit à Dunkerque en 1650. Son père, qui n'était qu'un pauvre pêcheur, ne lui fit apprendre ni à lire ni à écrire. Né avec de l'élévatiou dans l'âme, il ne tarda pas à quitter l'état de l'auteur de ses jours, pour se faire mousse sur un vaisseau Hollandais. Il servit sous les ordres du célèbre Ruyter, et bientôt il se fit remarquer par son activité, son courage et sa patience à supporter les fatigues de la mer. Il n'avait qu'un peu plus de vingt ans, lorsque la France déclara la guerre la Hollande, en 1671. On lui offrit alors de 'emploi pour combattre contre sa patrie. Il le refusa, se rendit à Dunkerque, et s'engagea sur un corsaire. Il se rendit si utile sur ce bâtiment, que les prises nombreuses qu'il fit sur l'ennemi, lui furent généralement attribuées, tant il montrait de valeur, et même d'habileté dans l'art de la manœuvre.

Du port de Dunkerque la réputation de notre jeune marin parvint bientôt jusqu'à la cour. La quatrième année de la guerre, il voulut, avec les sommes que sa part dans les prises du corsaire lui avait procurées, équiper un petit bâtiment qu'il arma de deux pièces de canon avec trente-six hommes déterminés. Son premier exploit fut la prise d'une frégate Hollandaise, devant la rade du Texel. Elle portait dix-huit canons et soixante-cinq hommes. Après s'en être emparé à l'abordage, il la conduisit au port de Dunkerque. Un si grand succès engagea plusieurs armateurs à se l'associer. Ils armèrent une frégate de dix canons dont il prit le commandement. La prise d'une autre frégate hollandaise de douze pièces de canon suivit presque immédiatement sa sortie du port. Devenu plus audacieux, il se rend dans la Baltique. Une nombreuse flotte marchande, escortée par deux frégates, a le malheur de le rencontrer. Des deux frégates, l'une est prise, l'autre s'enfuit;

une partie de la flotte est détruite, et l'autre devient la proie de l'heureux et intrépide vainqueur.

Encouragés par ce brillant succès, les associés de Jean Bart armèrent cinq frégates, dont ils lui confièrent le commandement. Après s'être emparé d'un bâtiment hollandais de dix pièces de canon, il attaqua; quelques jours après, huit vaisseaux marchands qui venaient des ports d'Angleterre, et qu'escortaient trois vaisseaux de guerre. Deux de ces derniers prirent la fuite, l'autre fut enlevé à l'abordage et conduit à Dunkerque avec tout le reste de la flotte.

Nous ne finirions pas si nous faisions le dénombrement de tous les vaisseaux hollandais et anglais que Jean Bart fit échouer, ou brûla, ou amena dans le port de Dunkerque jusqu'à la paix de 1678. Nous allons le voir et l'admirer sur un théâtre plus digne de son courage et de ses talens comme marin, que celui où il avait paru jusqu'alors comme simple capitaine dans la marine auxiliaire.

Louis XIV voulant le récompenser de ses exploits, le prit à son service, et l'envoya, avec une frégate de quatorze pièces de canon, croiser contre les pirates de Salé. Après s'être emparé d'un de leurs vaisseaux armé de seize canons, il fut créé lieutenant de vaisseau de la marine royale. Ce fut en cette nouvelle qualité que, lorsque l'Espagne eut déclaré la guerre à la France, en 1683, il alla croiser avec une frégate dans la Méditerranée. Ayant rencontré un gros vaisseau de guerre espagnol, il l'attaqua, le prit et le conduisit à Brest.

En 1689, la fortune, qui jusqu'alors avait secondé son courage, l'abandonna dans une affaire contre deux vaisseaux de guerre anglais. Il avait l'ordre, avec le chevalier de Forbin, de se rendre au Hâvre pour escorter vingt vaisseaux marchands prêts à partir. Au milieu de la Manche, ils rencontrèrent ces deux vaisseaux, qui portaient chacun cinquante pièces de canon, et qui arrivèrent au plus vite sur les bâtimens français. Jean Bart et Forbin armèrent trois des plus forts vaisseaux marchands et leur donnèrent l'ordre d'attaquer un des deux vaisseaux ennemis, pendant qu'ils combattraient contre l'autre. Jean Bart veut d'abord tenter l'abordage, mais le vent ayant cessé, son mât s'embarrasse dans les haubans de l'ennemi. Le chevalier de Forbin vient à son secours; il se dégage et tous deux attaquent le vaisseau anglais avec tant de fureur, qu'ils étaient sur le point de s'en rendre maîtres lorsque le second, que les trois vaisseaux marchands avaient abandonné, arrive sur eux. Le combat devient terrible; Jean Bart et Forbin se battent comme des lions pour donner à la flotte marchande le temps de prendre la fuite. Enfin les deux frégates françaises perdent la plus grande partie de leur équipage, et les deux capitaines couverts de blessures voyant leurs vaisseaux entièrement rasés, sont forcés de se rendre. Dans cette sanglante affaire, les Anglais perdirent un nombre considérable d'officiers, de soldats et de matelots.

Jean Bart et le chevalier de Forbin furent conduits à Plymouth avec leurs frégates. On dépouilla Forbin de ses habits, et on laissa à Jean Bart les siens parce qu'il parlait anglais. Après les avoir fait manger avec lui, le gouverneur les fit conduire à une petite auberge où on les enferma dans une chambre dont les fenêtres étaient grillées, et dont la porte fut gardée.

Jean Bart et Forbin parviennent à s'échapper de leur prison. — Circonstances de leur évasion.

Un matelot d'Ostende, parent de Jean Bart, conduisait un petit bâtiment de sa nation; une tempête le força de relâcher à Plymouth. Il y apprit que Jean Bart y était retenu prisonnier, et sur sa demande il obtint la permission de le visiter. Les deux prisonniers, qui cherchaient les moyens de sortir de captivité, lui offrirent une somme assez considérable s'il voulait leur prêter son secours. Il y consentit, et dans une seconde visite il leur apporta un instrument pour limer une des grilles de leurs fenêtres. Un chirurgien français, qui pansait leurs blessures, entra dans leur complot; deux mousses, qui les servaient, se laissèrent gagner par leurs promesses, et montrèrent beaucoup de zèle pour le succès de leur dessein. Au bout de quinze jours, ces mousses dirent à nos deux prisonniers qu'ayant trouvé un matelot ivre, étendu dans son canot, ils l'avaient transporté dans un autre et conduit le sien dans un endroit écarté du port; qu'ils pourraient s'y embarquer la nuit sans être aperçus.

Après avoir reçu cet avertissement, Jean Bart et Forbin prièrent le chirurgien de dire au matelot d'Ostende de porter quelques vivres, une boussole, un compas, une carte marine dans le canot que les mousses avaient mis à l'écart, et de tout tenir prêt pour minuit. Ils se hâtent ensuite de limer la grille d'une de leurs fenêtres, attachent leurs draps au bout inférieur de cette grille, descendent, trouvent le matelot qui les attendait, et se rendent promptement au canot avec le chirurgien et les deux mousses. Comme ils traversaient la rade, on leur cria de plusieurs vaisseaux : *Où va le canot ?* Jean Bart répondit en anglais : *Pêcheur*. Un brouillard épais favorisa leur fuite. Ils mirent deux jours et demi à traverser la Manche. Après avoir fait soixante-quatre lieues, ils abordèrent enfin aux côtes de Bretagne. A leur arrivée à Saint-Malo, plusieurs marchands leur offrirent l'argent dont ils avaient besoin.

Quelques jours après, le chevalier de Forbin se rendit à la cour. Le roi le nomma capitaine de vaisseau et lui fit donner quatre cents écus de gratification. Jean Bart, qui ne l'y avait pas accompagné, reçut le même grade et la même gratification.

Nouveaux exploits de Jean Bart.

L'année suivante, Jean Bart, se trouvant à Dunkerque, reçut l'ordre de se rendre à Brest, où se préparait un armement considérable sous les ordres du comte de Tourville, et de prendre le commandement de l'*Alcion*, vaisseau de quarante canons. La flotte mit à la voile le 23 juin 1690, et se porta vers les côtes d'Angleterre, pour les ravager. Le comte de Tourville cherchant quelqu'un qui fût assez hardi et assez adroit pour aller reconnaitre la flotte ennemie, Jean Bart se présenta. Il monta dans une petite chaloupe, où il avait fait mettre des filets, et s'avança pendant la nuit vers les vaisseaux anglais. On cria : *Qui vive ?* il répondit en anglais : *Pêcheur*; et on le laissa tranquille. Après avoir examiné attentivement la position des ennemis, il revint en rendre compte à M. de Tourville. En conséquence des renseignemens qu'il donna, on alla aux ennemis et on les attaqua à neuf heures du matin. Dans ce combat, qui fut des plus sanglans, les flottes anglaise et hollandaise firent une perte considérable en hommes et en vaisseaux.

Après sa victoire, le comte de Tourville regagna les côtes de France, pour faire réparer ses vaisseaux. A peine Jean Bart eut-il mis le sien en état de sortir, qu'il se remit en mer, et alla détruire la pêche des Hollandais, en coulant bas presque tous leurs bateaux pêcheurs. Il revenait à Dunkerque, lorsqu'il rencontra deux vaisseaux anglais. Les attaquer et les enlever ce fut pour lui l'affaire d'un instant. De retour à Brest, il fut détaché avec quatre autres bâtimens de guerre et deux brûlots, pour aller appuyer en Irlande les partisans de Jacques II.

Cependant les ennemis faisaient des préparatifs pour réparer les pertes qu'ils avaient éprouvées dans la Manche, l'année précédente. Le comte de Tourville reçut l'ordre de se disposer à leur résister, et de partir au plus tôt. Jean Bart prit alors le commandement de l'*Entendu*, de soixante-six canons; mais rien de remarquable ne s'étant passé entre les deux flottes ennemies, il se retira à Dunkerque. Il y attendait les ordres du roi, lorsque ce port fut bloqué par les forces réunies de l'Angleterre et de la Hollande. Ce blocus l'impatiente : il propose à M. de Pontchartrain, ministre de la marine, d'armer un certain nombre de petits bâtimens avec lesquels il passera à travers les vaisseaux ennemis. Le ministre désapprouve d'abord ce projet et finit par y donner son assentiment. Jean Bart travaille à son armement, et lorsqu'il est terminé, il se met en mer à la faveur de la nuit. La fortune seconde son audace. Le matin, il est hors de la vue des ennemis ; il aperçoit trois bâtimens anglais, richement chargés, qu'escortait un vaisseau de guerre ; il attaque celui-ci et s'en empare ainsi que des trois autres. Deux jours après, il enlève un autre vaisseau de guerre qui escortait une flotte hollandaise, chargée de harengs, et brûle tous les bâtimens de cette flotte. Il se porte ensuite sur les côtes d'Écosse, et y pille plusieurs villages.

Trait d'intrépidité de Jean Bart.

Le commissaire de l'intendant de Dunkerque avait fait conduire, à Bergues en Norwége, les trois bâtimens marchands et le vaisseau de guerre dont Jean Bart s'était emparé.

Après avoir quitté les rivages d'Écosse, celui-ci fit voile vers le port de Bergues. Après son arrivée, un Anglais, commandant de deux vaisseaux, y aborda, et aperçut dans un lieu public un homme dont l'air et la taille le frappèrent. Il demande quel est cet homme : on lui répond que c'est Jean Bart. *Bon ! c'est lui que je cherche.* Ausssitôt il lie conversation avec notre capitaine, et après quelques paroles, il lui dit : *c'est vous que je cherche et c'est avec vous que je veux me battre. — Rien n'est plus facile ; mais je manque de munitions et aussitôt que j'en aurai reçu je partirai. — Eh bien ! je vous attendrai.*

Jean Bart, ayant tout disposé pour son départ, avertit l'Anglais de l'instant qu'il mettrait à la voile. Celui-ci, avant de partir, l'invite à déjeûner sur son bord ; Jean Bart refuse d'abord et finit par se rendre à son invitation. Arrivé à bord du vaisseau anglais, il prend un petit verre d'eau-de-vie et se met à fumer. Bientôt après il dit au capitaine : *Partons. — Vous êtes mon prisonnier*, dit celui-ci ; *j'ai promis de vous conduire en Angleterre.* A ces mots, Jean Bart jette sur lui un regard terrible, allume sa mèche, et crie : *A moi!* même temps, il renverse quelques Anglais, et s'écrie : *Non je ne serai pas ton prisonnier, et le vaisseau va sauter.* En parlant ainsi, il s'avance avec sa mèche allumée vers un baril de poudre; l'équipage anglais est frappé de terreur, Cependant les Français des vaisseaux de Jean Bart ont entendu sa voix : ils descendent promptement dans leurs chaloupes; ils montent à l'abordage du vaisseau anglais, taillent en pièces une partie de l'équipage, et s'emparent du bâtiment. Le capitaine, devenu prisonnier de Jean Bart, est conduit à Brest.

Jean Bart est présenté à Louis XIV. — Traits curieux relatifs à ce sujet.

Jean Bart ayant été mandé à la cour de Versailles, pour se justifier des inculpations que l'intendant de Dunkerque avait envoyées contre lui au ministre Pontchartrin, Louis XIV voulut que ce brave marin lui fût présenté. Rendu à la cour, avant qu'il fût jour chez le monarque, il s'arrêta dans l'antichambre, et se mit à fumer. Les gardes du corps voulurent le faire sortir ; il leur répondit qu'ayant contracté cette habitude au service du roi, elle était devenue un besoin pour lui ; qu'il était trop juste pour trouver mauvais qu'il y satisfît, et il continua à fumer. Comme il était inconnu, pour n'avoir jamais paru à la cour, on alla dire au roi qu'un homme avait l'audace de fumer dans son palais, et refusait de sortir. *Je parie que c'est Jean Bart*, dit le monarque ; *qu'on le laisse faire.* Lorsqu'il entra, sa majesté l'accueillit avec bonté et lui dit : *Jean Bart, il n'est permis qu'à vous de fumer chez moi.* A ce nom et à l'accueil que le prince fit à celui qui le portait, les courtisans étonnés se rangèrent autour de Jean Bart, et lui demandèrent comment il avait fait pour sortir de Dunkerque, lorsque ce port était bloqué par une flotte anglaise ? A cette demande, il les fait tous ranger sur une seule ligne, les écarte du coude et à coups de poing, passe au milieu d'eux, se retourne et dit : *Voilà comme j'ai fait.*

Quelques uns de ces seigneurs étant allés raconter au roi ce qui venait de se passer, ce prince fit venir Jean Bart et lui demanda comment il avait passé au travers de la flotte Anglaise ? Il répondit avec les énergiques expressions d'un marin peu au fait de la politesse du langage, qu'il leur avait envoyé ses bordées de tribord et de babord. *Il me parle un peu grossièrement*, dit le roi aux courtisans qui témoignaient leur surprise, *mais il en agit bien noblement pour mon service.* Promenant ensuite ses regards sur eux, *en est-il un parmi vous*, ajouta-t-il, *qui soit capable de faire ce qu'il a fait?* A cette question, ils baissèrent tous la tête.

Louis XIV ne borna pas l'intérêt dont il honorait Jean Bart, à l'accueil plein de bonté qu'il lui avait fait. Il lui fit donner une rescription de trois mille livres tournois sur le trésor royal. Celui qui devait payer cette somme, se nommait Pierre Gruin, et demeurait rue du Grand-Chantier, à Paris. Jean Bart se rend dans cette rue, trouve la maison de ce payeur, et dit au portier : *N'est-ce pas ici que demeure Pierre Gruin?—Oui : c'est ici que demeure M. Gruin.* Jean Bart s'élance aussitôt vers l'escalier, monte, ouvre les portes, et entre dans une salle où M. Gruin était à table avec quelques amis. — *Lequel de vous,* demande-t-il, *se nomme Pierre Gruin? C'est moi qui suis M. Gruin. — Lisez ce papier.* M. Gruin prend la rescription, la lit, passe la main sur son épaule comme pour la lui rendre, et la laissant tomber, *vous repasserez*, dit-il *dans deux jours*. A ces mots, Jean Bart tire son sabre, et dit : *ramasse-la, et paye tout à l'heure*. Un des convives, reconnaissant Jean Bart, dit à Gruin : *Payez ; c'est Jean Bart ; il ne faut pas plaisanter avec lui*. Gruin se lève, ramasse la rescription, et dit à notre marin : *Suivez moi, je vais vous payer*. Il passe à son bureau, prend des sacs remplis d'écus, et se dispose à les peser. *Il me faut de l'or*, dit Jean Bart. Aussitôt M. Gruin le paye en pièces de ce métal.

Suite des exploits de Jean Bart.

Jean-Bart se déplaisait à la cour. Les dangers de la mer convenaient seuls à son courage. Il retourna donc à Dunkerque aussitôt qu'il eut remercié le roi de ses bontés. A son arrivée dans cette ville, il fut bien surpris d'apprendre que la flotte française, commandée par M. de Tourville, venait d'être défaite près de la Hogue par les flottes anglaise et hollandaise réunies.

Après leur victoire, les ennemis envoyèrent une flotte pour bloquer le port de Dunkerque.

Jean Bart trouva encore le moyen de sortir avec une escadre de frégates et de brûlots. Après sa sortie, il s'empare d'un grand nombre de vaisseaux marchands et va brûler un grand nombre de maisons sur les côtes d'Angleterre. Il revient à Dunkerque; peu de jours après il remet à la voile avec quatre frégates, et peu s'en faut qu'il n'attaque cinq vaisseaux anglais, sur l'un desquels était embarqué le prince d'Orange. S'il eût été informé que ce prince s'y trouvait, nul doute qu'il ne leur eût livré un combat, dont l'issue ne leur eût pas été favorable.

L'un des plus brillans exploits de cet intrépide marin est celui que voici : il était resté dans les différens ports du nord plus de cent bâtimens chargés de blé pour la France, que les glaces avaient empêchés de partir. Jean Bart se mit en mer avec six vaisseaux pour leur servir d'escorte. Cette flotte était déjà partie, escortée par trois vaisseaux danois et suédois. Elle fut rencontrée entre le Texel et la Flye, par Hidde de Vries, contre-amiral hollandais, qui commandait huit vaisseaux de guerre. Après une courte attaque, elle tombe au pouvoir de l'ennemi. Le lendemain, Jean Bart aperçoit cette flotte. Une corvette, qu'il a envoyée pour la reconnaître, lui rapporte que ce sont huit vaisseaux hollandais qui ont enlevé la flotte chargée de blé. Ne consultant alors que son courage : *Il faut avancer et combattre*, dit-il à ses officiers ; *l'intérêt de la France l'ordonne*. Lorsqu'il est à la portée du canon des ennemis : *Camarades*, leur dit-il, *point de canons, point de fusils ; seulement des coups de pistolet et de sabre. Je vais attaquer le contre-amiral et je vous en rendrai bon compte.* Il tient parole. Le contre-amiral se présente le premier pour faire face aux Français. Jean Bart, après avoir monté à l'abordage de son vaisseau, le renverse à ses pieds d'un coup de pistolet. Les autres Français suivent son exemple, remplissent le vaisseau de carnage et s'en rendent maîtres. Deux autres vaisseaux ennemis sont enlevés de la même manière, les cinq autres prennent la fuite, et toute la flotte chargée de blé continue paisiblement sa route vers les côtes de France.

Cette victoire de Jean-Bart répandit la plus vive allégresse dans toute la France. On frappa une médaille pour en conserver le souvenir.

Pour le récompenser, Louis XIV lui envoya des lettres de noblesse, et son fils, qui en avait porté la nouvelle à ce prince, fut nommé enseigne de vaisseau.

Ce héros enflammait le courage de tous les Dunkerquois. Ils désolaient les Anglais et les Hollandais par les prises qu'ils faisaient continuellement sur eux. Ceux-ci, voulant se venger des pertes qu'ils éprouvaient, résolurent de détruire la ville et le port de Dunkerque. A cet effet, ils s'en approchèrent avec un armement formidable, dont plusieurs galiotes à bombe faisaient partie ; mais toutes leurs tentatives furent inutiles. Ils furent obligés de se retirer après avoir lancé sur Dunkerque douze cents bombes, et n'avoir que légèrement endommagé cette ville et ses forts.

L'année suivante, 18 mai 1696, lorsque les mêmes bloquaient Dunkerque avec vingt-deux vaisseaux de guerre, Jean Bart, qui avait reçu un ordre du roi pour aller croiser dans la mer du Nord, passa encore au travers des vaisseaux ennemis avec plusieurs frégates et un brûlot, et alla se mettre en croisière sur la route par où devait passer une nombreuse flotte marchande hollandaise qui devait sortir de la Baltique, et qu'escortaient cinq vaisseaux de guerre. Le 18 juin, il la rencontre sur les côtes de la Hollande, aborde lui-même le commandant, le tue, et se rend maître de son vaisseau. Les capitaines des autres frégates suivent son exemple, et le reste des vaisseaux de l'escorte est pris à l'abordage. Pendant le combat, des armateurs dunkerquois, qui s'étaient joints à l'escorte de Jean-Bart, enlevaient quarante-cinq bâtimens marchands.

Le vainqueur ne put néanmoins garder sa conquête. Ayant rencontré, presque aussitôt après l'action, douze vaisseaux de guerre hollandais, qui escortaient une flotte vers le nord, il fut contraint de mettre le feu à quatre des vaisseaux qu'il avait pris, et ramena le cinquième à Dunkerque avec quinze bâtimens marchands, richement chargés.

En 1697, le roi nomma Jean Bart chef d'escadre. Ce fut en cette qualité qu'il sortit de Dunkerque avec sept vaisseaux de guerre, pour conduire sur les côtes du royaume de Pologne le prince de Conti, l'un des prétendans au trône de Jean Sobieski, mort l'année précédente. Dès le commencement de sa navigation, il échappa à dix-neuf vaisseaux de guerre ennemis, ensuite à onze autres entre la Meuse et la Tamise. Le danger passé, *s'ils nous avaient attaqués*, dit le prince de Conti, *ils auraient pu nous prendre.* — *Cela était impossible.* — *Comment auriez-vous fait ?* — *Plutôt que de me rendre, j'aurais fait mettre le feu au vaisseau ; nous aurions sauté en l'air. Mon fils avait ordre de se tenir à la Sainte-Barbe pour y mettre le feu au premier signal.* — *Le remède aurait été pire que le mal*, répliqua le prince tout effrayé ; *je vous défends d'en faire usage, tant que je serai sur votre vaisseau.* Quinze jours après, l'escadre arriva heureusement dans la rade de Dantzik. L'électeur de Saxe ayant été élu roi de Pologne par une assemblée des grands de ce royaume, Jean Bart ramena le prince de Conti à Dunkerque.

Après la paix de Riswick, ce grand homme prit au milieu de sa famille le repos qu'il avait bien mérité, après tant de glorieux travaux. Lorsqu'en 1702, la guerre se ralluma au sujet de la succession d'Espagne, il allait en sortir pour acquérir une nouvelle gloire par de nouveaux exploits ; mais une pleurésie, dont il fut attaqué, le fit descendre dans le tombeau, le 27 avril, dans sa cinquante-deuxième année. Il fut inhumé dans la principale église de Dunkerque. Tous les habitans de cette ville le pleurèrent; la France entière fut contristée de la perte d'un héros qui, pendant tant d'années, l'avait rendue triomphante sur les mers.

CASSARD (JACQUES), CAPITAINE DE VAISSEAU DANS LA MARINE ROYALE DE FRANCE.

Jacques Cassard naquit à Nantes, en 1672, d'un capitaine de la marine marchande, qu'une mort prématurée lui enleva. Il était encore fort jeune lorsqu'il se rendit à Saint-Malo pour y faire son apprentissage de marin. Bientôt il mérita d'être employé sur un bâtiment armé en course; il ne tarda pas à se faire remarquer par sa bravoure et son habileté dans l'art nautique.

M. de Pointis, ayant reçu, en 1697, l'ordre d'aller attaquer Carthagène, ville espagnole, située sur la mer des Antilles, proposa à Cassard de prendre part à cette expédition. En même temps le ministre de la marine envoya, au gouverneur de la partie française de

Saint-Domingue, l'ordre d'assembler douze cents flibustiers, hommes intrépides et féroces, et d'enrôler tous les habitans en état de porter les armes.

Dès que l'escadre française parut devant Carthagène, Cassard fut chargé du bombardement. Il s'en acquitta avec tant de succès, que les ennemis, qui, d'abord avaient fait un feu terrible, se ralentirent. Aussitôt il se met à la tête des flibustiers et les conduit à l'assaut du fort. Les Espagnols sont bientôt taillés en pièces, et la ville est forcée de capituler. A son retour en France, M. de Pointis, dans le compte qu'il rendit de cet événement, fit un bel éloge de la valeur de Cassard.

Peu de temps après, les Nantais équipèrent un vaisseau en course, et lui en confièrent le commandement. Il ne démentit point leur attente, et fit des prises qui enrichirent tous les intéressés dans l'armement. Louis XIV, informé de ses exploits, le manda à la cour.

« Monsieur, lui dit-il, vous faites beaucoup
» parler de vous; j'ai besoin dans ma marine
» d'un officier de votre mérite. Je vous ai
» nommé lieutenant de frégate, et j'ai or-

» donné que l'on vous remît deux mille livres
» de gratification. »

Cassard se rendit ensuite à Dunkerque, y prit le commandement d'un vaisseau de la marine royale, et partit pour aller croiser dans la Manche. Bientôt il eut débarrassé cette mer de tous les corsaires qui l'infestaient. Au mois de septembre 1708, il rencontra près des Sorlingues une flotte anglaise de trente-cinq bâtimens marchands, qu'escortait un vaisseau de guerre, beaucoup plus fort que le sien. Il n'hésite point, il l'attaque, et le force à prendre la fuite. Cinq navires de la flotte tombent entre ses mains. Après les avoir conduits à Saint-Malo, et y avoir radoubé son vaisseau, il retourne dans la Manche, et s'empare de huit bâtimens richement chargés.

En 1709, lorsque la disette était générale en France, la ville de Marseille chargea Cassard d'aller au-devant d'une flotte de vingt-six bâtimens qu'elle avait expédiés dans le Levant pour en amener des blés. Les deux vaisseaux de la marine royale, qu'on lui confia, n'étaient point armés : il les arma à ses frais. Ayant rencontré la flotte de Marseille, il revenait avec elle, lorsque le 29 avril, à la hauteur de Bizerte, il trouva une escadre de quinze vaisseaux anglais. La supériorité du nombre ne l'effraie pas ; il soutient, pendant douze heures, avec la plus grande intrépidité, le feu de l'ennemi, pour donner à la flotte le temps de prendre le large, et lui enlève le lendemain quelques vaisseaux dans des actions particulières. Victorieux, il continua sa route, et arriva enfin à Toulon, d'où il se rendit à Marseille et réclama le remboursement des sommes qu'il avait avancées pour armer ses deux vaisseaux. Chose inouïe ! les magistrats municipaux rejetèrent une si juste demande, sous prétexte que ce n'était pas lui qui avait ramené la flotte. Il les cita au parlement d'Aix ; mais il ne put obtenir un jugement.

Ce trait d'ingratitude ne l'empêcha pas de s'exposer encore une fois pour les intérêts de la ville de Marseille. En 1710, une flotte de quatre-vingt-quatre bâtimens marchands partit de Toulon pour aller acheter, dans le Levant, des blés dont le besoin se faisait généralement sentir en France. Envoyé avec quatre vaisseaux au-devant de cette flotte, il rencontre, dans les eaux de Sicile, une escadre anglaise, se bat contre elle avec le plus grand courage, lui prend deux vaisseaux, met les autres hors de combat, et ramène la flotte triomphante à Toulon.

Peu de temps après que la flotte fut rentrée, il alla croiser jusqu'à Smyrne. En revenant vers Gibraltar, il rencontra dix navires chargés, escortés par une frégate. Un léger combat le rendit maître de cette proie.

La disette, qui se fit sentir en 1711, rendait nécessaire une nouvelle importation, en France, des blés du Levant. Nommé capitaine de frégate, Cassard fut chargé d'aller, avec quatre vaisseaux, porter des présens au grand-seigneur, et lui demander un firman qui l'autorisât à acheter des blés dans ses états. Il partit avec un grand nombre de bâtimens qui devaient transporter le grain qu'il aurait acheté. Aussi habile négociateur que brave guerrier, il gagna la confiance du grand-vizir, et fut présenté au sultan, dont il reçut l'accueil le plus distingué, et qui lui accorda toutes ses demandes. Après son départ de Constantinople, il acheta une si grande quantité de blé, que tous les bâtimens de la flotte en furent chargés. Aussi, après son retour en France, l'abondance succéda-t-elle tout à coup à la disette.

L'année suivante, Cassard reçut l'ordre d'aller armer à Toulon une escadre destinée à attaquer les colonies portugaises. Étant arrivé aux îles du cap Vert, il se rendit maître de Saint-Yago, une de ces îles, et en livra la capitale au pillage et aux flammes, pour punir le gouverneur d'avoir manqué à la parole qu'il lui avait donnée de racheter du pillage la ville et les forts pour une somme de trois cent quinze mille livres. Il alla encore piller les richesses de plusieurs colonies d'Afrique, de la domination des Portugais. Des îles du cap Vert il fit voile pour l'Amérique. Après avoir réparé son escadre à la Martinique et l'avoir renforcée de plusieurs corvettes américaines, remplies de flibustiers, il se remit en mer, et prit ou força de se rendre l'île de Mont-Ferrat et celle d'Antigoa, colonies anglaises; la ville de Surinam dans la Guyane hollandaise, et les îles de Saint-Eustache et de Curaçao, deux autres colonies hollandaises, dans la mer des Antilles. Ces différentes expéditions lui valurent plus de neuf millions, tant en argent qu'en marchandises.

La paix d'Utrecht termina le cours de ses exploits. De retour en France, il passa le reste de ses jours dans un état voisin de la pauvreté, où il n'était soutenu que par les faibles secours que trois sœurs, qu'il avait à Nantes, lui faisaient passer en se gênant beaucoup elles-mêmes.

Cet homme, qui avait rendu de si grands services à l'état, restait sans considération par un extérieur négligé et une figure peu remarquable. Un jour que Duguay-Trouin se promenait avec plusieurs seigneurs dans l'antichambre du roi, il aperçut un homme qui se tenait à l'écart, et dont les vêtemens n'annonçaient pas l'opulence. Après l'avoir considéré avec attention, il reconnaît Cassard. Aussitôt il se sépare de sa compagnie, va l'embrasser et s'entretient long-temps avec lui. Les courtisans étonnés lui ayant demandé quel homme c'était : *C'est*, leur répondit-il, *le plus grand homme de mer que la France ait aujourd'hui : c'est Cassard. Je donnerais toutes les actions de ma vie pour une des siennes. Il n'est pas connu ici*, ajouta-t-il, *mais il est redouté chez les Portugais, les Anglais et les Hollandais, dont il a ravagé les possessions en Afrique et en Amérique. Avec un seul vaisseau, il faisait plus qu'une escadre entière.*

Cassard avait une dureté de caractère qui augmentait de jour en jour par les injustices qu'il avait éprouvées. On lui offrit une pension : *Je ne veux pas*, répondit-il, *que pour me dédommager et me récompenser, on me donne les dépouilles du peuple. Je demande le remboursement de trois millions que j'ai avancés, et que je suis en droit d'exiger.*

Avec ce ton dur, et sa négligence à chercher des protecteurs à la cour, il n'obtint rien. Ce n'était pourtant pas une raison pour lui refuser la justice qui lui était due.

Lorsque le cardinal de Fleury devint premier ministre, Cassard en obtint une audience. Au lieu de s'exprimer avec la politesse et le respect qu'il doit à cette éminence, il lui parle avec hauteur et d'un ton exigeant. Le ministre offensé lui répond avec froideur. Alors il perd patience, et se permet des paroles injurieuses au ministre et à l'état. Il n'en fut que trop rigoureusement puni : le cardinal, qui aurait dû lui pardonner son emportement, le fit enfermer au château de

Ham, en Picardie. Il y mourut de langueur en 1740, à l'âge de soixante-huit ans.

LE CAPITAINE THUROT, MARIN FRANÇAIS.

François Thurot naquit, à Nuits en Bourgogne, d'un maître de la poste aux chevaux de cette ville. Il eut des maîtres de bonne heure. Il n'avait que huit ans lorsqu'il perdit l'auteur de ses jours. Placé par sa mère au collége des jésuites de Dijon, il y fit ses études avec distinction. On le voyait souvent à la tête de sa classe former des plans, régler l'ordre des combats, employer des ruses étonnantes pour son âge.

Le goût décidé qu'il avait pour les armes détermina sa mère, qui craignait de le perdre, à lui faire apprendre la profession de chirurgien. Il se soumit, et entra chez un maître en 1748. Il était trop ardent pour vivre dans la tranquillité que les études exigent. Une étourderie lui fit quitter la ville de Dijon; il avait alors dix-sept ans. Un jour qu'il était allé voir une tante qui le chérissait, il aperçut des couverts d'argent, les emporta, et alla les mettre en gage, pour en donner à sa mère, qui se trouvait alors dans le besoin, la somme qu'il en devait retirer. Ces couverts n'appartenaient point à sa tante, mais à un conseiller au parlement qui les lui avait prêtés. Celui-ci les redemande en vain ; il les croit perdus, et menace de poursuivre la personne qui les a pris. Thurot, effrayé de ses menaces, va retirer les couverts, les rend à sa tante, et le même jour il prend la résolution de quitter Dijon pour n'y plus revenir.

En partant, il n'avait pour tout équipage que l'habit qui le couvrait, deux chemises, et vingt-quatre francs. Il dirigea ses pas vers Calais, avec l'intention de servir sur mer. A la vue de cette vaste étendue d'eau, il voit s'agrandir devant lui le cercle de l'espérance; au désir de servir sa patrie, il joint celui de satisfaire sa passion pour la gloire. La guerre était alors allumée entre la France et l'Angleterre. Il obtint la permission de s'embarquer à Dunkerque sur un corsaire, en qualité de chirurgien. A peine le vaisseau était en mer, qu'il fut enlevé par les Anglais. Conduit prisonnier à Douvres, il étudia les Anglais, et apprit leur langue. Comme il n'avait pas été pris sur les vaisseaux de l'état, le ministère ne s'occupa nullement de lui.

Vers le mois de novembre de la même année (1744), le maréchal de Belle-Isle et le comte, son frère, furent faits prisonniers en traversant le Hanovre, et conduits en Angleterre. Instruit de cet événement, Thurot trouve le moyen de voir le maréchal et le supplie de s'intéresser à sa liberté, et de le faire mettre au nombre des prisonniers français qui doivent être échangés. Malheureusement pour lui, la préférence fut accordée aux soldats et aux matelots qui avaient servi l'état avant lui.

Peu de temps après le départ du maréchal de Belle-Isle en France, Thurot résolut de tout entreprendre pour recouvrer sa liberté. Un jour qu'après avoir erré long-temps, il avait attendu la nuit pour se rendre au port, il aperçut une chaloupe à l'écart. S'y précipiter, la détacher, et se faire une voile de sa chemise, c'est l'affaire d'un instant. Livré seul, en cet état, à l'inconstance des vents, à la fureur des flots, il vogue, il rame avec tant de vigueur, qu'à la pointe du jour, il se trouve à une grande distance des côtes d'Angleterre. Il se dirige vers Calais, et après avoir couru mille dangers il entre dans le port de cette ville, quelques heures après le maréchal de Belle-Isle.

La hardiesse de son évasion fit du bruit: le maréchal voulut le voir. Enchanté du ton d'assurance avec lequel il lui raconta son aventure, il le prit en amitié, lui conseilla de s'appliquer à l'étude, et lui promit sa protection. Encouragé par cet accueil, il s'appliqua avec toute l'ardeur dont il était capable, aux mathématiques, à l'étude de la carte marine, et à celle de la manœuvre. Pour joindre la pratique à la théorie, il ne négligea aucun emploi. Il fut successivement mousse, matelot, pilote, et sa valeur jointe à ses talens lui procura enfin le grade de capitaine. A peine a-t-il fait deux campagnes, qu'il est brave capitaine, pilote habile, et soldat intrépide.

Après la paix de 1748, il se livra entièrement au commerce. Comme ses prises lui avaient procuré des sommes assez considérables, il équipa à ses frais un vaisseau, fit des courses dans différens pays, et s'appliqua surtout à bien connaître les côtes et les ports de la Grande-Bretagne. Ses voyages lui procurèrent un bénéfice considérable. Malheureusement, comme il conduisait souvent en Angleterre des marchandises de contrebande, les Anglais se saisirent un jour de son vaisseau et le confisquèrent. Un procès qu'il eut à Londres à ce sujet, et qu'il perdit, lui inspira une haine implacable contre cette nation.

La guerre de 1755 lui présenta bientôt l'occasion d'exercer sa vengeance. Après avoir pris le commandement de plusieurs bâtimens armés en course par des armateurs, il coula bas, fit échouer, brûla, ou enleva un grand nombre de bâtimens ennemis. Louis XV, informé de ses exploits, voulut l'avoir à son service, et lui fit expédier un brevet d'officier dans la marine royale. Ce fut en cette qualité qu'il prit le commandement de la corvette la *Friponne*. Avec ce petit bâtiment, il alla croiser dans la Manche, y livra plusieurs combats, et y fit plusieurs prises considérables.

Sa réputation s'accrut et prit de la consistance : à la cour et à la ville, il n'était question que du capitaine Thurot. Croyant le moment favorable, il se rendit à Paris dans l'espérance d'y faire adopter un projet qu'il avait formé contre l'Angleterre. Après avoir long-temps attendu, il obtint enfin une audience du ministre de la marine. Il donna des mémoires, les étaya des plans les plus exacts, et déclara qu'il se chargeait de l'exécution de son projet. Ce terrible projet n'était rien moins que de réduire en cendre le port et les chantiers de Portsmouth. malheureusement des commis du ministre le dévoilèrent aux Anglais, et le cabinet de Saint-James mit en usage toutes les précautions propres à en empêcher le succès.

Le maréchal de Belle-Isle, qui joignait à son amitié pour Thurot une grande confiance dans ses talens, le recommanda au ministre de la marine avec tant de chaleur, qu'on lui donna le commandement de deux frégates, la *Belle-Isle* et le *Chauvelin*; et de deux corvettes, le *Bastien* et le *Gros Thomas*. L'objet de ce petit armement était de faire tout le mal possible au commerce anglais, et surtout de s'emparer d'une flotte chargée de riches fourrures, venant d'Archangel, et qui devait relâcher aux Orcades.

Thurot sortit le 12 juillet 1757 de la rade de Saint-Malo. Le *Bastien*, qu'il avait envoyé à la découverte, ne tarda pas à être pris, sous ses yeux, par un vaisseau de ligne anglais, sans pouvoir le secourir. C'était un mauvais présage pour le succès de l'expédition ; aussi Thurot eut-il autant à combattre contre les tempêtes que contre les vaisseaux de l'ennemi qu'il rencontra, et ne fut-ce que depuis le mois de mai de l'année suivante que sa petite flottille fut utile à la France.

Après avoir couru les mers du Nord, et pénétré jusqu'auprès de l'Islande, il était venu à Gothembourg pour s'y préparer et s'y approvisionner de vivres. Le 11 mai, il remit à la voile, et, le 17, il se trouva à la vue de Newcastle, en Angleterre. Ses premières prises furent sept bâtimens chargés de charbons de terre. Le 26 mai, à huit lieues d'Édimbourg, il donnait chasse à quatre vaisseaux anglais qu'il croyait marchands, lorsque les deux derniers, qui étaient les frégates le *Dauphin* et le *Solébay*, virent de bord et fondent sur lui. En un instant, il se trouve entre deux feux, et à la portée du pistolet. On le somme de baisser pavillon : il refuse et se dispose, malgré la grande infériorité de ses forces, à vendre cher la victoire. Pendant sept heures, il se défend avec le plus grand courage contre les efforts de l'ennemi. Enfin, par un bonheur inespéré, le feu prend aux poudres d'une des frégates anglaises; et l'autre, totalement désemparée, se hâte de gagner le large.

Après avoir fait changer ses voiles, qui étaient criblées, et réparer ses manœuvres, Thurot continua sa croisière, qui chaque jour fut marquée par de nouveaux succès. Pendant plus de six mois il désola le commerce britannique dans les mers septentrionales, sous le pavillon danois. L'hiver faisant sentir sa rigueur dans ces parages, il vint mouiller le 5 décembre à Ostende; il y fit un mois de séjour pour vendre ses dernières prises, et vint ensuite désarmer à Dunkerque, épuisé de fatigues et couvert de gloire.

Quelque temps après, il se rendit à Versailles. Il y fut parfaitement accueilli; mais le désir qu'il avait d'aller combattre les ennemis de son pays ne lui permit pas d'y rester long-temps.

Il avait proposé au gouvernement le projet d'une descente en Angleterre. Le ministre trouva ses plans si bien conçus, qu'il crut devoir en parler au roi avec intérêt. Il lui confia en même temps le commandement d'une escadre qu'on équipait alors à Dunkerque, et dont les opérations devaient concourir à l'exécution du projet de descente. Les vaisseaux qui se trouvaient dans les ports de Rochefort, de Brest et à Port-Louis, devaient se réunir sous les ordres de M. de Conflans; et dans plusieurs autres ports on avait préparé des bateaux plats et des bâtimens de transport.

L'escadre de Thurot était forte de cinq frégates, qui portaient douze cents hommes de troupes de terre, commandés par M. de Flobert. Elle mit à la voile le 15 octobre 1759, de la rade de Dunkerque, et le soir elle vint mouiller à la grande rade d'Ostende, d'où elle se rendit dans un port de l'île *Stromoé*, une des îles *Féro*. Nous nous arrêterons ici, parce que c'est dans ces îles qu'il éclata, entre M. de Flobert et Thurot, par la jalousie et la morgue du premier, une mésintelligence qui fit manquer le succès de cette expédition, dont l'issue fut la défaite et la mort de Thurot, à la proximité de l'île de *Man*, et la prise de la frégate la *Belle-Isle*, qu'il montait. Dans ce funeste combat, qui eut lieu le 28 février

1760, il se défendit long-temps seul avec la plus grande intrépidité contre deux grosses frégates anglaises, jusqu'à ce qu'il fut frappé dans l'estomac d'une balle de pierrier. Aussitôt qu'il fut tombé, la *Belle-Isle* et deux autres frégates se rendirent aux Anglais.

La mort de ce héros excita en France de vifs regrets. On pouvait avec justice regarder comme l'espérance de son pays, un homme qui, à l'âge de trente-trois ans, avait parcouru une carrière aussi brillante et aussi rapide. Louis XV témoigna toute l'estime qu'il faisait de ses talens, en faisant à sa veuve une pension de quinze cents francs.

La malheureuse issue de la dernière expédition de ce brave marin n'ôta rien à sa réputation; personne n'ignorait qu'elle n'avait échouée que par l'humeur et la mauvaise volonté de M. de Flobert et autres chefs des troupes de terre, et l'abandon des frégates qui l'accompagnaient.

BYNG (JOHN), AMIRAL ANGLAIS.

Ce marin, célèbre par sa fin tragique, était fils de Georges Byng, d'une ancienne famille du comté de Kent. Il était fort jeune quand il entra dans la marine. Ses talens et quelques succès le firent bientôt parvenir au grade d'amiral.

Vers le commencement de 1756, le ministère anglais se voyant menacé d'une invasion par les grands préparatifs qui se faisaient dans les ports de France, et par les rassemblemens de troupes qui avaient lieu sur les côtes de la Manche, crut devoir appeler à son secours plusieurs régimens allemands mis à sa solde par le prince de Hesse-Cassel. Mais tandis qu'il ne paraissait craindre que pour les côtes d'Angleterre, des avis réitérés l'instruisirent que l'on armait dans le port de Toulon un grand nombre de vaisseaux, et que de nombreuses troupes s'y rassemblaient.

Dans le dessein de s'opposer aux projets de cette flotte, dont ils jugeaient que le port Mahon, situé dans l'île de Minorque, était le but, les Anglais firent partir pour la Méditerranée l'amiral Byng avec dix-huit bâtimens de guerre, tant vaisseaux de ligne que frégates, avec des troupes et des vivres pour renforcer et rafraîchir la garnison du fort Saint-Philippe. Le 6 avril 1756, cette flotte appareilla de la rade Sainte-Hélène, et sans aucun obstacle elle entra dans la Méditerranée, après s'être arrêtée à Gibraltar. Ce fut là que Byng apprit qu'une flotte française de douze vaisseaux de ligne et d'un nombre proportionné de frégates, avec des transports chargés de dix-neuf mille hommes de débarquement, avait fait voile le 10 avril de la rade d'Hyères; que les troupes de terre s'étaient emparées de l'île de Minorque, et qu'elles faisaient le siége du fort Saint-Philippe. A cette nouvelle, l'amiral anglais assemble le conseil de guerre. Après une mûre délibération, il est décidé qu'il ne fallait pas sacrifier à la vaine espérance de reprendre Minorque des forces nécessaires à la conservation de Gibraltar; et dans le moment même, Byng informe son gouvernement des difficultés de sa position, et se plaint avec amertume d'avoir été envoyé trop tard, du mauvais état de la flotte, et de l'impossibilité de secourir la garnison du fort Saint-Philippe.

Cependant il fallait nécessairement former une tentative. Le 8 mai, Byng appareilla de Gibraltar, et le 19 il aperçut l'île de Minorque. Le pavillon britannique flottait encore sur le fort Saint-Philippe. Alors il se hâte d'expédier trois frégates, avec ordre de tenter l'établissement d'une chaîne de communication entre la flotte et la citadelle, de reconnaître l'entrée du port et de faire parvenir au commandant du fort une lettre qui l'informait de l'arrivée de l'escadre et du secours qu'elle lui amenait. Dans cet intervalle, la flotte française, commandée par le marquis de la Galissonière, vient à paraître. Il était cinq heures de l'après-midi, et Byng n'avait pu encore former sa ligne, ni distinguer les mouvemens des Français.

Le 20 mai, au point du jour, les deux flottes se trouvaient hors de vue l'une de l'autre. Enfin elles s'aperçoivent; et s'avancent, chacune de son côté, en ordre de bataille. Le marquis de la Galissonière avait pris le vent; mais, vers deux heures après midi, la flotte anglaise l'eut à son tour. Ce fut alors que la bataille commença. Les deux flottes étaient à peu près d'égale force, si ce n'est que celle de France avait un vaisseau de moins que celle de l'ennemi. Le combat s'engagea avec beaucoup de vivacité de part et d'autre. Il avait duré près de quatre heures, sans que l'on pût prévoir de quel côté la victoire se déclarerait. Il paraît que l'amiral Byng montra de l'hésitation. Craignant que l'*Intrépide*, un de ses gros vaisseaux, qui, après avoir perdu son mât de Beaupré, ne pouvait plus entrer en ligne, ne vînt à être pris, il fit cesser le feu, et laissa la victoire aux Français.

La flotte anglaise souffrit beaucoup plus dans le combat que celle de France, qui ne perdit qu'environ cent cinquante hommes. C'était dans leurs agrès que les vaisseaux anglais avaient le plus souffert. Il y en eut trois des plus gros qui furent endommagés au point de ne plus pouvoir tenir la mer.

Le jour suivant, les deux flottes étaient déjà hors de vue. M. de la Galissonière, qui n'avait aucun intérêt à poursuivre l'ennemi, alla reprendre sa station devant Mahon, et l'amiral Byng continua sa route vers Gibraltar.

A la nouvelle du mauvais succès de cette expédition, le gouvernement de la Grande-Bretagne ordonna aux amiraux Hawke et Saunders de prendre le commandement de la flotte, et fit arrêter et transférer l'amiral Byng à l'hôpital de Greenwich.

Le procès commença, le 28 décembre 1356, devant une cour martiale, composée de cinq amiraux et de neuf capitaines, à bord du vaisseau le *Saint-Georges*, dans la baie de Portsmouth. Après avoir entendu une foule de témoins, ce tribunal décida : « que dans le » combat du 20 mai, l'amiral Byng n'avait » pas fait tous ses efforts pour prendre, saisir » et détruire les vaisseaux du roi de France, » et qu'il n'avait pas employé tout ce qui était » en son pouvoir pour secourir le fort Saint- » Philippe; que, en conséquence, l'article XII » du code maritime, qui dans ce cas prononce » la peine de mort, sans laisser aucune option » à la discrétion des juges, lui était applicable; » que, cependant, persuadé que sa mauvaise » conduite n'était ni l'effet de la lâcheté, ni » de la perfidie, il se reposait dans son juge- » ment sur la clémence du roi. »

Les juges sollicitèrent cette clémence dans

un écrit adressé à l'amirauté ; de son côté, Byng envoya sa justification aux ministres ; mais rien ne put arrêter la résolution de le sacrifier. Dans le cours des débats qui précédèrent son jugement, cette infortunée victime montra un sang-froid bien opposé à la faiblesse de son caractère. Avant de subir son arrêt de mort, Byng remit à l'officier de l'amirauté un écrit, par lequel il déclarait qu'il éprouvait dans sa conscience la satisfaction d'avoir rempli son devoir avec fidélité, selon son jugement et ses moyens. Il alla au supplice avec une contenance calme, et fut fusillé le 14 mars 1757.

MARQUIS DE LA GALISSONIÈRE (ROLLAND MICHEL), LIEUTENANT GÉNÉRAL DES ARMÉES NAVALES DE FRANCE.

LE marquis de la Galissonière naquit à Rochefort, le 11 novembre 1693, d'un père qui avait rendu dans la marine d'éclatans services à l'état. Il fut envoyé fort jeune à Paris pour y faire ses études ; et il y eut le bonheur d'avoir pour maître l'illustre Rollin. A l'âge de dix-sept ans, il entra dans la marine, et s'y distingua jusqu'à la paix d'Utrecht. Nommé capitaine de vaisseau en 1738, il fut chargé, quelque temps après, de convoyer la flotte de la compagnie des Indes ; ce qu'il fit avec beaucoup de succès. En 1745, il passa dans le Canada en qualité de gouverneur. Il s'occupa non-seulement d'assurer à l'extérieur cette colonie contre les entreprises des Anglais, mais à la faire fleurir et à la rendre utile à la France par d'importans travaux.

Après son retour en France, le gouvernement le nomma directeur du dépôt des cartes de la marine. Il s'appliqua à en augmenter les richesses, et encouragea les officiers à l'étude de l'astronomie, en leur facilitant les moyens de se rendre habiles dans cette science, si utile aux navigateurs. Ce fut principalement par ses soins que furent entrepris les voyages de Chabert, de Bory et de l'abbé de la Caille.

En 1754 et 1755, il prit le commandement des escadres d'évolution, dont le but était d'instruire les officiers de la marine royale des grands principes de la tactique navale. Il eut bientôt l'occasion de les leur faire mettre en pratique. Le récit que nous avons fait plus haut de la bataille qu'il gagna contre l'amiral Byng prouve combien les élèves de cet habile maître avaient profité de ses leçons.

Les Anglais, sans déclaration de guerre et sans avoir été provoqués, s'emparaient des vaisseaux marchands français, et même de ceux des étrangers qui apportaient des marchandises dans les ports de France. Une escadre nombreuse fut armée dans le port de Toulon pour protéger le débarquement d'une armée, avec laquelle le duc de Richelieu devait attaquer l'île de Minorque. M. de la Gallissonière, chargé du commandement de cette escadre, partit de Toulon le 10 avril 1756, et le 18 du même mois il mouilla devant Minorque. Après avoir protégé la descente de l'armée navale, il alla croiser entre cette île et Majorque, pour empêcher que Mahon ne reçût, pendant le siége, des secours par mer. Le 17 mai, on lui donne avis qu'une flotte anglaise de treize vaisseaux de ligne et de cinq frégates, commandée par l'amiral Byng, s'approche à toutes voiles. Aussitôt il range ses vaisseaux en bataille et marche à l'ennemi. Le 20 mai au matin, il était parvenu à prendre le vent sur les Anglais, et il se disposait à les attaquer, lorsque à midi le vent changea tout à coup. Il prend alors le parti de les attendre. Le combat s'engage avec beaucoup de vivacité et dure près de quatre heures. Plusieurs vaisseaux anglais sont ou désemparés ou considérablement maltraités dans leurs agrès. L'amiral Byng se retire du champ de bataille et le laisse aux Français. Après cette victoire, la Galissonière, qui aurait pu poursuivre l'ennemi en désordre, retourna devant Minorque pour continuer à mettre obstacle à de nouvelles tentatives qu'il aurait pu faire pour secourir Mahon. La prise de cette forteresse fut le fruit de la défaite de la flotte britannique.

La Galissonière s'était chargé de cette expédition contre les avis de ses médecins. De retour à Toulon, sa santé délabrée l'obligea de se démettre du commandement. Il se rendait à Fontainebleau, où Louis XV se trouvait alors avec toute sa cour, lorsque l'affaiblissement de ses forces l'obligea de s'arrêter à Nemours, où il mourut le 26 octobre 1756. Louis XV témoigna hautement les regrets que sa mort lui causait. *Je l'attendais*, dit ce monarque, *pour lui donner moi-même le bâton de maréchal de France, comme la récompense d'une campagne si glorieuse et si utile à la France.*

GUICHEN (LUC URBIN DU BOUEXIC, COMTE DE), LIEUTENANT GÉNÉRAL DES ARMÉES NAVALES DE FRANCE,, GRAND CROIX DE L'ORDRE DE SAINT-LOUIS, ET CHEVALIER DU SAINT-ESPRIT.

Cet illustre marin naquit en Bretagne en 1712. A l'âge de dix-huit ans, il entra dans les gardes de la marine, et sa bonne conduite jointe à ses talens le fit monter de grade en grade jusqu'à celui de capitaine de vaisseau. Il n'y avait qu'un an qu'il avait été élevé à ce grade, lorsqu'en 1757 il se distingua sur la frégate l'*Atalante*, dont il avait pris le commandement, par la défaite de quatre corsaires anglais et la prise de neuf vaisseaux marchands. A l'époque où la France se déclara contre l'Angleterre en faveur des insurgés américains, il fut nommé chef d'escadre, et en cette qualité il fut employé sur la flotte aux ordres du comte d'Orvilliers. Le 27 juillet 1778, il prit part au combat que cette flotte livra à l'amiral anglais Keppel dans les eaux d'Ouessant, combat qui aurait pu être plus décisif pour la France, et après lequel notre flotte rentra dans le port de Brest.

M. Duchaffaut, qui commandait une des trois divisions dont la flotte était composée, avait été blessé dans l'action. Ce commandement fut donné à M. de Guichen, quand, au mois d'août suivant, notre armée navale se remit en mer. Il montait alors la *Ville de Paris*. Lorsque la flotte française se réunit, en 1779, à celle d'Espagne, il continua de commander, sur le même vaisseau, l'une de ces trois divisions. Dans la même année, ses services lui méritèrent le grade de lieutenant général et le commandement de la marine de Brest. L'année suivante, il partit de ce port à la tête d'une escadre pour escorter un grand convoi de bâtimens marchands, destiné pour les îles françaises d'Amérique. Après un séjour de quelques semaines à la *Martinique*, il en sortit avec une flotte de vingt-sept vaisseaux de ligne ou frégates, pour tenter une expédition contre quelques-unes des îles anglaises.

Cet armement portait cinq mille soldats sous les ordres du marquis de Bouillé. Malheureusement l'ennemi se tenait sur ses gardes, et il venait de recevoir de nombreux renforts ; ce qui mit obstacle à l'expédition.

Le 17 du mois d'avril, la flotte française rencontra sous le vent de la *Dominique* celle d'Angleterre, commandée par le célèbre amiral Rodney. Il s'engagea entre elles un combat très-vif, dont les Français eurent tout l'avantage. Environ un mois après, deux combats successifs furent livrés entre les deux flottes. Le dernier fut des plus sanglans. Enfin l'habileté des manœuvres du comte de Guichen triompha de la bravoure anglaise, et l'amiral Rodney, après avoir perdu un de ses gros vaisseaux, qui coula bas avec tout son équipage, se vit forcé à la retraite. Après sa victoire, l'amiral français rassembla tous les navires marchands des îles françaises, et les convoya jusques dans les ports de France.

Le 10 décembre 1781, notre habile et brave général, chargé d'escorter un immense convoi chargé de troupes, de munitions de guerre et de vivres, destiné pour les Grandes-Indes et pour l'Amérique, fit voile de Brest avec dix-neuf vaisseaux de ligne. Le 2 du même mois, l'amiral anglais Kempenfeld était sorti des ports britanniques avec treize vaisseaux, pour tenter quelque entreprise contre les bâtimens de commerce qui devaient sortir des ports de France. Il profita d'une brume qui, accompagnée d'un coup de vent, avait mis du désordre dans la flotte française, et il s'empara de quinze navires chargés de troupes. Le comte de Guichen s'avança promptement pour lui livrer combat, mais il ne put l'atteindre.

En 1782, Guichen, qui commandait la flotte de Brest, se réunit à l'amiral espagnol Cordova, afin de protéger le siége de l'importante forteresse de Gibraltar, en croisant depuis le cap Finistère jusqu'au cap Saint-Vincent. Les vents rendirent cette croisière infructueuse, et l'amiral anglais Howe put avec trente-trois vaisseaux de ligne forcer l'entrée du détroit et ravitailler Gibraltar. Lorsque la paix eut été signée, au mois de janvier 1783, M. de Guichen quitta une carrière où il avait montré autant de valeur que de talens. La mort, qui l'enleva en 1790, l'empêcha d'être témoin, et peut-être victime, des fureurs révolutionnaires qui précipitèrent Louis XVI du trône sur l'échafaud.

M. DE LA CLOCHETTERIE, CAPITAINE DE VAISSEAU.

Combat de la *Belle-Poule*.

Dès le commencement de la guerre d'Amérique, la France apprit avec les plus vifs transports de joie le combat glorieux d'une de nos frégates. Le lieutenant la Clochetterie, qui commandait la *Belle-Poule*, de vingt-six canons, et un lougre, s'aperçut, le 17ᵉ juin 1778, qu'il était près de tomber dans une escadre anglaise : il sut l'éviter; mais l'*Aréthuse*, grosse frégate ennemie, se mit à sa poursuite. Il osa l'attendre, refusa de se soumettre à sa visite; se tira par la vivacité de sa manœuvre d'une position défavorable, répondit au premier coup de canon par toute sa bordée; soutint pendant plusieurs heures un choc meurtrier; fut sauvé par un calme, qui survint, de l'approche de deux vaisseaux anglais; mit en fuite l'*Aréthuse*, évita l'escadre anglaise, et vint débarquer à quelques lieues de Brest. Ce brave officier avait eu cinquante-sept hommes blessés et quarante hommes tués. Le roi le nomma capitaine de vaisseau. Pendant toute la guerre, il ne cessa de répondre à la gloire qu'il s'était acquise. Enfin, il termina sa carrière dans la funeste journée du 11 avril 1782, où le comte de Grasse fut entièrement défait par l'amiral Rodney.

LE COMTE DUCHAFFAUT, LIEUTENANT GÉNÉRAL DES ARMÉES NAVALES DE FRANCE.

Ce célèbre marin naquit dans la province de Poitou. Il signala sa bravoure et ses talens pendant plus de soixante-dix ans, dans de nombreuses campagnes sur mer. En 1756, avec la seule frégate l'*Atalante*, il osa se mesurer, dans la mer des petites Antilles, avec le *Warwik*, vaisseau de ligne anglais, de soixante-quatre pièces de canon, et s'en rendit maître. Lorsque la grande flotte de Brest, sous les ordres du comte d'Orvilliers, sortit de Brest, le 8 juillet 1778, il en commandait l'avant-garde. Il se distingua au combat d'Ouessant contre la flotte anglaise sous les ordres de l'amiral Keppel, et, quoique blessé à l'épaule, il continua de commander la manœuvre de sa division avec une intelligence qui contribua beaucoup au salut de l'armée. Son fils tomba à ses côtés blessé comme lui dangereusement, et la douleur du père ne dérangea point les opérations du chef d'escadre.

L'année suivante, il remplaça le comte d'Orvilliers dans le commandement général des flottes combinées de France et d'Espagne. Mais à la fin de cette campagne, des contradictions, qu'il ne put supporter, lui firent donner sa démission. Il vivait retiré dans son château près Montaigu, et livré aux soins paisibles de l'agriculture, lorsqu'en 1793, le comité révolutionnaire de Nantes le fit conduire au château de Luzançai, qui avait été transformé en une maison d'arrêt pour les étrangers. Des Américains, des Irlandais, des Suédois, des Allemands, détenus avec lui, furent bientôt les objets de ses soins et des services que les débris de sa fortune lui permettaient de rendre à ses compagnons d'infortune. Ce vieux marin était robuste et vigoureux ; il avait de beaux cheveux blancs et une figure vénérable. Un soldat de l'armée révolutionnaire eut un jour l'insolence de s'asseoir dans sa chambre, et de lui dire, en fumant sa pipe et en le tutoyant avec la plus grossière arrogance : « Ton château vient d'être « brûlé ; les trésors que tu avais enfouis ont « été découverts et confisqués. » Le bon vieillard parut recevoir cette nouvelle avec indifférence ; mais il ne pouvait s'accoutumer aux cris affreux des victimes que l'on engloutissait en masse dans la Loire. C'était sous les fenêtres de sa prison qu'avaient lieu les *noyades* ordonnées par le monstre Carrier. Il tomba malade le dixième mois de sa captivité, et mourut quelques jours avant le fameux 9 Thermidor, âgé de quatre-vingt-sept ans.

ESTAING (CHARLES-HECTOR, COMTE D'), VICE-AMIRAL DE FRANCE.

LE COMTE D'ESTAING naquit en Auvergne, au château de Ruicel, en 1729. Il commença par servir dans les troupes de terre ; cependant, en 1763, il fut élevé an grade de lieutenant-général des armées navales ; avancement précipité qui fut loin de lui concilier l'estime des officiers de la marine royale.

Au commencement de la guerre d'Amérique, il fut élevé au grade de vice-amiral, et envoyé avec douze vaisseaux de ligne pour soutenir les insurgés américains. Tourmenté par des vents contraires, il ne put se présenter dans la Delaware qu'après que l'armée anglaise, sous les ordres de l'amiral Howe, instruite de son approche, se fût rembarquée et retirée à New-York. Ce fut alors qu'il chercha à reprendre quelques-unes de nos colonies. Lorsqu'il parut devant Rhode-Island, pour en faire la conquête de concert avec le général américain Sullivan, l'amiral Howe, renforcé par quelques vaisseaux de l'escadre du commodore Byron, se présenta pour le combattre : un moment allait décider à laquelle des deux nations allait rester l'empire des mers du Nouveau-Monde. Fier de la force de ses vaisseaux, d'Estaing s'avançait avec peu de précaution, et sans avoir fortement établi sa ligne. Celle de Howe était parfaitement ordonnée. Le combat venait de s'engager, lorsqu'une brise qui s'élève, devient bientôt une horrible tempête qui déconcerte les manœuvres, et trouble pilotes et amiraux ; de moment en moment on entend le bruit des voiles qui se déchirent, des mâts qui se fracassent. Les deux flottes se séparent, et les vaisseaux se dispersent. Le vaisseau amiral français, le *Languedoc*, de quatre-vingt-dix canons, errait, sans mât, sans gouvernail, rasé comme un ponton. Un des plus petits vaisseaux anglais, mais un de ceux que la tempête avait le moins maltraités, rencontre et ose attaquer ce colosse tout à l'heure si formidable. Le vaisseau amiral, qui ne peut plus manœuvrer, et qui n'a plus qu'un petit nombre de canons en état de servir, est sur le point de devenir la proie d'un vaisseau dont la force surpasse à peine celle d'une frégate. Pour échapper à cet affront, d'Estaing n'a pas d'autre moyen que d'être secouru par la fortune. Le vent continue avec violence, et son ennemi n'est pas moins acharné à le poursuivre ; la nuit vient et il est encore là. Enfin, l'aube du jour montre à d'Estaing son salut : ce sont des vaisseaux français qui s'approchent. Le vaisseau anglais prend la fuite sans avoir porté la peine de sa témérité. Par un jeu singulier de la fortune, le second vaisseau de l'escadre française, le *Tonnant*, de quatre-vingts canons, rasé comme le *Languedoc*, avait aussi été long-temps poursuivi par un vaisseau de cinquante-quatre, et devait son salut à la même cause. D'Estaing eut le bonheur de rallier successivement tous les bâtimens de son escadre, et revint prendre le mouillage de Newport, qu'il n'aurait jamais dû quitter. Il aurait pu encore tenter la conquête de cette ville, mais il n'était point un de ces hommes audacieux qui s'éloignent des règles communes pour suivre les inspirations du génie.

Cependant il brûlait de profiter de la supériorité qu'il conservait encore sur l'escadre anglaise. Après avoir réparé ses vaisseaux à Boston, il apprit que l'amiral Hotham et le général Graunt étaient partis le 2 novembre de Sandy-Hook avec cinq vaisseaux de ligne et un convoi portant cinq mille hommes de débarquement, et que cet armement prenait la route des Antilles. Tout impatient qu'il était de la combattre, il ne put prévenir son arrivée aux Antilles; il trouva les Anglais débarqués à Sainte-Lucie, et lorsqu'il se présenta devant le port de cette île, il le vit occupé par six vaisseaux de ligne ennemis et trois frégates, qui se sont embossés. Il veut les attaquer, mais les voyant protégés par les batteries de terre, il fait débarquer ses troupes et se met à leur tête. Arrivé sous le feu du canon ennemi, il ne put le faire cesser; les Français s'élancent dans les retranchemens, et un grand nombre d'entre eux y trouvent la mort; quinze cents hommes sont tués ou blessés dans trois assauts, et d'Estaing revient à la Martinique pour y attendre des renforts.

Lorsque ces renforts furent arrivés, il remit en mer avec vingt-cinq vaisseaux de ligne, dans le dessein de réparer l'échec de Sainte-Lucie par la conquête des îles de Saint-Vincent et de la Grenade. Quelques frégates suffirent pour s'emparer de la première; mais il n'était pas aussi facile de prendre la seconde. Le 2 juillet 1779, d'Estaing débarque à la tête de quelques milliers d'hommes, qu'il forme en trois colonnes; il se dirige vers un morne qui domine la forteresse, la ville et le port, ordonne l'assaut, s'élance le premier dans les retranchemens de l'ennemi ; tous ses soldats le suivent, les retranchemens sont emportés, et le lendemain, le fort se rend par capitulation.

Bientôt la fortune présente au vainqueur de la Grenade l'occasion de se signaler par un plus grand exploit. Le 6 juillet, la flotte anglaise, forte de vingt-un vaisseaux de ligne, se présenta devant la Grenade. Dès que son commandant, lord Byron, s'aperçut que cette île était au pouvoir des Français, il ne pensa plus qu'à engager le combat de manière à s'assurer la retraite. Il fut battu, mais le vent lui devenant favorable, il parvint, sans être poursuivi à se retirer sur Saint-Christophe. d'Estaing alla lui présenter le combat ; il le refusa constamment, et laissa dominer les Français dans les Antilles.

Cependant les Américains se plaignaient hautement des entreprises, inutiles à leur salut, que formaient les Français, leurs alliés. Pour dissiper leur mécontentement, d'Estaing tourna ses voiles vers Savanah, capitale de la Géorgie. S'il arrachait cette ville aux Anglais, il délivrait toute la partie méridionale des États-Unis. Le 15 septembre, cinq mille Français opérèrent leur débarquement sous la protection de trois mille Américains, et mirent le siège devant Savanah. Après quelques jours de bombardement, d'Estaing ordonne l'assaut : les troupes s'avancent sous le feu de l'artillerie anglaise ; mais tous leurs efforts sont inutiles ; la plus vive canonnade porte de tous côtés la mort dans leurs rangs ; le général et plusieurs officiers de distinction sont blessés ; la retraite devient nécessaire, et l'on a à regretter la perte de onze cents hommes tués, blessés, ou pris. Après cet échec, d'Estaing regagna ses vaisseaux et revint en France. En 1781, il fut chargé de ramener notre flotte de Cadix à Brest, et ne fut plus employé jusqu'à l'année 1783 ; il se trouvait à Cadix à la tête des flottes combinées de France et d'Espagne, prêtes à partir pour une grande expédition, lorsque la paix se conclut entre la France et l'Angleterre.

Le comte d'Estaing, après avoir quitté le théâtre des combats maritimes, parut quelques années après sur celui des débats politiques. A l'assemblée des notables, il fut membre du quatrième bureau, présidé par le prince de Condé. Pendant la révolution, il tint la conduite la plus équivoque, et se fit peu d'honneur lorsqu'il fut appelé en témoignage pendant le procès de la reine. Ce qui n'empêcha pas qu'il ne fût condamné à mort par le tribunal révolutionnaire le 28 avril 1794. Il était alors âgé de soixante-cinq ans.

LA MOTHE-PIQUET (LE CHEVALIER DE), CHEF D'ESCADRE.

Ce marin est un des généraux des armées navales de France qui se sont acquis le plus de gloire, pendant la guerre de l'indépendance américaine. Au combat d'Ouessant, en 1778, il commandait l'arrière-garde de la flotte française, qui paraissait être sous les ordres du duc de Chartres, et montait avec ce prince le vaisseau le *Saint-Esprit*, de 80 canons. Cette division, composée de neuf vaisseaux de ligne, fut la première attaquée par les Anglais. Il ne dépendit pas de Lamothe-Piquet de couper deux vaisseaux de la ligne ennemie : opération qui, sans doute, aurait procuré un succès décisif aux Français.

En 1781, l'amiral Rodney s'était emparé

en Amérique, après le départ de M. de Guichen pour l'Europe, des îles de Saint-Eustache, de Saint-Martin et de Saba, et avait chargé vingt bâtimens des dépouilles enlevées aux marchands de la première : le brave et vigilant La Mothe-Piquet, monté sur son vaisseau l'*Annibal*, lui ravit la plus grande partie de cette riche proie.

M. de Guichen reçut l'ordre la même année de concourir avec les Espagnols à l'attaque de l'île Minorque, que les Anglais possédaient depuis l'année 1763. Sa flotte était forte de dix-huit vaisseaux de ligne, et il avait avec lui La Mothe-Piquet. Cette expédition eut le plus heureux succès, et notre brave chef d'escadre n'y démentit point la valeur et l'habileté dont il avait donné des preuves dans les affaires auxquelles il avait déjà pris part.

Mais ce fut à Gibraltar que La Mothe-Piquet se couvrit de gloire, dans un combat contre la flotte anglaise, commandée par l'amiral Howe. Il commandait une division de celle de France, réunie à celle d'Espagne. Après que l'Anglais, favorisé par la tempête, eut ravitaillé la forteresse de Gibraltar, il se porta sur lui avec impétuosité, et l'attaqua avec une extrême vigueur. Howe, qui avait atteint le but de son expédition, ne cherchait qu'à se débarrasser. Après avoir soutenu ce choc, il prit le parti de se retirer : ce qu'il effectua avec beaucoup d'ordre.

La Mothe-Piquet était alors un des officiers les plus distingués de la marine française. Plein d'ardeur dans le combat, il donnait ses ordres avec une vivacité et des gestes qui auraient surpris quiconque ne l'aurait pas connu. Tout en conservant, au plus haut degré, sa présence d'esprit, il s'agitait de tous ses membres, et souvent on lui vit prendre et jeter sa perruque, dans les momens où ses ordres n'étaient pas exécutés aussi promptement qu'il les avait donnés.

LE BAILLI DE SUFFREN, LIEUTENANT GÉNÉRAL DES ARMÉES NAVALES DE FRANCE.

La France eut à s'enorgueillir des campagnes de cet habile marin dans les Indes-Orientales, et elle eut à regretter que l'élite de nos forces navales ne lui eût pas été confiée. Il commandait, en 1782, dans la mer des Indes une escadre de onze vaisseaux de ligne, suivie d'un convoi qui portait trois mille hommes, et destinée à protéger nos établissemens et ceux des Hollandais, nos alliés. Depuis que les Européens se disputaient l'empire de cette mer et la possession des contrées dont elle baigne les côtes, il n'y avait point eu d'actions ni plus vivement ni plus savamment disputées, que les quatre batailles navales qui, dans l'année 1782, furent livrées par le Bailli de Suffren à l'amiral anglais Hughes. Quoique le premier n'y remportât pas d'avantages décisifs, il sut presque toujours en profiter comme de victoires complètes. Jamais la discipline ne fut mieux observée sur les vaisseaux français. Dès le premier coup de canon, Suffren communiquait à tous ses équipages sa fermeté, son courage indomptable. Ce qu'il y eut de vraiment extraordinaire, c'est que les Anglais, habitués depuis si long-temps aux mers des Indes, paraissaient connaître beaucoup moins que lui une navigation qui demande tant d'études et d'observations.

Le premier de ces combats fut livré le 15 février 1782. Lorsqu'il fut terminé, le Bailli de Suffren alla se présenter devant Pondichéry; mais y voyant flotter le pavillon britannique, il se rendit à Porto-Novo, pour y prendre un renfort de troupes, avec lequel Hyder-Ali pût faire la conquête de l'importante place de Goudelour. Le second et le troisième combats furent si heureux, qu'il parvint à reprendre Trinquemalé dans l'île de Ceylan. Ses succès firent respirer les Hollandais.

Le fort de Goudelour dépendait d'une cinquième bataille navale. Elle eut lieu le 20 juin 1783, et mit le sceau à la gloire de Suffren. Avec quinze vaisseaux, il maltraita et força à prendre la fuite dix-huit vaisseaux anglais, qui tâchaient de lui fermer l'entrée de la rade de la place de Goudelour. Il était monté à bord d'une frégate afin de mieux surveiller les mouvemens de son escadre. La paix était signée lorsque cette glorieuse affaire se passait.

LE COMTE DE GRASSE, LIEUTENANT-GÉNÉRAL DES ARMÉES NAVALES DE FRANCE.

Le comte de Grasse naquit en 1723. Il passa successivement par tous les grades de la marine. Après avoir servi en Amérique, en 1779, sous le comte d'Estaing, et en 1780 sous le comte de Guichen, il revint à Brest. Le 24 mars de l'année suivante, il partit de Brest pour les Antilles, à la tête de vingt-un vaisseaux de ligne et d'un immense convoi. Il se montra si habile dans la conduite de cette flotte, et les vents lui furent si favorables, qu'à peine trente jours s'étaient écoulés lorsqu'il parut en vue du Fort-Royal de la Martinique. Une escadre anglaise l'attendait dans ces parages. Le vice-amiral Hood, qui la commandait, engagea le combat, dans l'espérance de s'emparer d'une partie du convoi. Le commandant français songe d'abord à faire entrer ce convoi dans la rade, et quand il l'a mis en sûreté, il se présente à l'ennemi. Hood cède peu à peu, mais dans sa feinte retraite il épie le moment où les Français garderont moins d'ordre dans leur ligne. Lorsqu'il aperçoit un dérangement dans l'avant-garde, il revient à la charge. Dans ce moment, le comte de Grasse, dont le but est atteint, entre dans le port de la Martinique.

La flotte remit bientôt à la voile. En paraissant menacer Sainte-Lucie, elle vint se présenter devant Tabago. Cette île fut bientôt soumise. Pendant la durée du siége du fort la *Concorde*, le comte de Grasse avait repoussé huit vaisseaux anglais, qui en venaient secourir la garnison. Après cette conquête, ce général alla relâcher à Saint-Domingue et à la Havane; ensuite il entra dans la baie de Chésapéack, pour seconder les opérations des généraux Wasingston, Rochambeau et La Fayette. Il ne tarda pas à y être attaqué par l'amiral Grâves, qui après s'être réuni à l'amiral Hood, avait pris, par droit d'ancienneté, le commandement de la flotte britannique. Le général français était moins disposé à prendre l'offensive qu'à recevoir la bataille. Le choc des deux avant-gardes fut terrible; mais celle des Anglais fut repoussée, et l'amiral Grâves se retira vers New-York, laissant deux frégates au pouvoir des Français. Après cette victoire, et la prise d'York-Town, qui s'ensuivit, le comte de Grasse remit à la voile vers les Antilles.

Après avoir pris un peu de repos à la Martinique, la flotte française, forte de trente-deux vaisseaux de ligne, qui portaient six mille hommes de troupes, commandés par le marquis de Bouillé, se présenta, le 11 janvier 1782, devant le port de Saint-Christophe. Le comte de Grasse se laissa tromper par un stratagème de l'amiral Hood, dont les forces étaient inférieures aux siennes, et fut obligé de se retirer. M. de Bouillé répara avantageusement la faute qu'il avait commise, en se rendant maître du fort de l'île, avec les troupes qu'il avait eu le temps de débarquer.

Le manque d'habileté que le comte de Grasse avait montré dans cette circonstance, en laissant prendre à l'ennemi la position qu'il occupait, et en n'employant pas les moyens qui pouvaient l'en chasser, était d'un mauvais augure pour le succès de ses opérations subséquentes.

Grande bataille navale, perdue par le comte de Grasse, contre l'amiral Rodney, le 12 avril 1782.

La France et l'Espagne avaient tout disposé pour enlever la Jamaïque à l'Angleterre. Après sa mésaventure à Saint-Christophe, le comte de Grasse, à la tête de trente-trois vaisseaux de ligne, était parti de la Martinique pour aller chercher l'escadre espagnole à *Saint-Domingue*. Il avait à bord une petite armée, et il allait la renforcer de seize mille Espagnols. L'amiral Rodney, avec une flotte de trente-cinq vaisseaux, croisait dans le canal de Sainte-Lucie, pour empêcher cette jonction. Le 9 avril, il rencontra les Français qui, après avoir dépassé *la Dominique*, se développaient pour couvrir un nombreux convoi. Il résolut de les attaquer, et un vent frais secondait son dessein. Les premis vaisseaux français qui furent engagés, reçurent avec une grande intrépidité le choc du *Formidable* et de deux vaisseaux de quatre-vingt-dix canons. Après quelques heures de combat, l'amiral anglais, voyant son avant-garde extrêmement maltraitée, laissa M. de Grasse continuer sa route, mais en le suivant de près. Le 11 avril, un accident, dont il n'était pas aisé de prévoir les suites, donna lieu le lendemain à une des plus sanglantes batailles navales que les Français et les Anglais se fussent livrées depuis long-temps. Le *Zélé*, un des vaisseaux du comte de Grasse, qui, dans un choc contre l'amiral, la *Ville de Paris*, avait perdu ses mâts de misaine et de beaupré, tomba sous le vent de la flotte anglaise. Le 12, au point du jour, l'amiral français ne voit plus ce vaisseau, et veut le rallier. Il arrive sur les Anglais, le *Zélé* se dégage, et la bataille devient inévitable.

Les deux flottes étaient à peu près de même force, et le convoi du comte de Grasse était en sûreté. A sept heures du matin le combat s'engage. Le *Formidable*, vaisseau amiral anglais, de quatre-vingt-dix-huit canons, et la *Ville de Paris* de cent-dix, lâchèrent, pendant douze heures, quatre-vingts fois leur épouvantable bordée. Rodney ne semblait s'occuper que de percer la ligne française : à dix heures tous ses efforts avaient été inutiles. Enfin le vent, qui jusqu'alors lui avait été contraire, lui étant devenu favorable, quatre de ses vaisseaux vinrent assaillir le *Glorieux* qui avait déjà beaucoup souffert : ce vaisseau se retire, et la ligne des Français est coupée. A l'instant tous les vaisseaux ennemis, au signal de Rodney, suivent la ligne que leur

*

montre le *Formidable* ; les Français sont réduits à se battre séparément et sans ordre, et plusieurs de leurs vaisseaux se rendent successivement, après avoir perdu presque tout leur équipage et leurs agrès. Après s'être vaillamment défendu sur la *Ville de Paris*, assaillie par plusieurs vaisseaux ennemis, le comte de Grasse, dont la plus grande partie de l'équipage a été mise hors de combat, se voit dans l'impossibilité de résister davantage : il baisse son pavillon et se rend prisonnier.

Ce funeste combat et ses suites coutèrent aux Français sept vaisseaux de ligne ; le comte de Grasse y fit preuve d'un grand courage. Le vaisseau qu'il montait, fut si maltraité, qu'il coula à fond avant d'arriver dans les ports d'Angleterre. A son arrivée à Londres, il fut présenté au roi Georges III qui l'accueillit avec beaucoup de distinction. Après son retour en France, les uns attribuèrent sa défaite à son incapacité, les autres à l'animosité de plusieurs de ses officiers qui n'avaient point obéi à ses signaux ; mais cette affaire, après avoir assez long-temps occupé la cour et la ville, n'eut aucune suite. Le comte de Grasse mourut à Paris, le 11 janvier 1788, avec la réputation d'un brave marin, d'un médiocre général, et d'un heureux courtisan.

TRAITS REMARQUABLES DES MARINS FRANÇAIS, ET AUTRES, PENDANT LA GUERRE DE LA RÉVOLUTION.

Comme plusieurs des marins, généraux, officiers ou même simples soldats, qui se sont distingués dans les nombreux combats, livrés sur mer, pendant la révolution française, sont vivans, et qu'il ne nous a pas été possible de nous procurer des notions exactes sur ceux qui sont morts, nous avons cru devoir prendre le parti de rassembler sous cette dénomination les actions glorieuses qui leur sont propres, comme celles qui appartiennent à plusieurs d'entre eux, et même à toute une armée ou division.

Bataille navale entre les Français, sous les ordres de l'amiral Villaret-Joyeuse, et les Anglais, sous ceux de l'amiral Howe. — Sublime dévouement de l'équipage du vaisseau français *le Vengeur*.

Au commencement du printemps de l'année

1794, la flotte de Brest, forte de vingt-six vaisseaux de ligne, reçut l'ordre de sortir de ce port. Le but de cet armement était d'aller à la rencontre d'un riche convoi de blé, qui était parti des États-Unis, sous l'escorte de deux vaisseaux de ligne, que commandait le général Vanstabel. L'horrible famine qui désolait la France, rendait ce secours infiniment précieux. Villaret-Joyeuse montait le vaisseau la *Montagne*, sur lequel se trouvait aussi Jean-Bon-Saint-André, membre et commissaire de la convention. La flotte, favorisée par les vents, s'avança en pleine mer, sur trois lignes et dans le plus bel ordre. Elle devait se rendre aux Açores, pour se joindre au convoi qui venait des ports américains, et la conduire sans danger à Brest. Si alors elle rencontrait les Anglais, elle avait ordre de les combattre; elle avait celui de les éviter, avant d'avoir vu le convoi.

Le commandant de la flotte suivait ponctuellement ces instructions, lorsqu'on aperçut la flotte Britannique, forte de vingt-six gros vaisseaux de ligne. Aussitôt tous les équipages demandent à grands cris qu'il les mène au combat. Villaret résiste à cet enthousiasme, et commence à manœuvrer pour éviter l'ennemi; mais le conventionnel Jean-Bon-Saint-André lui ordonne de se préparer à une bataille.

Aussitôt l'armée se forme sur une seule ligne et s'avance vers l'ennemi. L'arrière garde anglaise se porte contre celle de Villaret ; au lieu de chercher à la couper, cet amiral fait à son avant-garde le signal de forcer de voiles, mouvement qui est suivi par tout le corps de bataille. Cependant les vents, qui contrariaient les manœuvres des deux flottes, empêchèrent que l'engagement ne devînt général. Le vaisseau amiral, la *Montagne*, qui occupait le centre de l'armée française, et sa distance des eaux dans cette affaire qui dura plus d'une heure, était telle qu'en apercevant le feu des canons et des boulets rouges, son équipage n'entendait aucune détonation. Il ne parut pas que les Anglais eussent éprouvé beaucoup de mal ; le vaisseau français le *Révolutionnaire* fut très-maltraité; cependant, quoique démâté et privé de presque toutes ses voiles, il put être remorqué jusqu'à Rochefort. La nuit mit fin au combat.

A la pointe du jour, les deux flottes, comme pour s'essayer, défilèrent deux fois l'une sur l'autre, mais presque hors de la portée du canon. Enfin Villaret donna l'ordre d'arriver, et fit le signal qu'il voulait une action décisive. le combat se soutint sans trop d'ardeur des deux côtés, jusqu'à ce qu'une brume épaisse, qui s'éleva le soir sur l'Océan, fût venue tout à coup répandre les ténèbres au milieu des combattans, et les forcer à cesser tout engagement. Cette brume dura deux jours, et ne commença à se dissiper que le 1.er juin au matin.

Quand le jour parut, on put voir que les forces de l'ennemi étaient augmentées, et qu'il avait profité de la brume pour gâgner le vent. A sept heures, sa flotte arrive à pleines voiles sur celle de France, de toutes parts et sur tous les bords, les Français s'animent par des chants guerriers à combattre vaillamment et à mourir pour la patrie.

Bientôt l'action s'engagea et devint générale. Les vaisseaux s'approchèrent à portée de pistolet, et s'envoyèrent de nombreuses décharges d'artillerie. Les Anglais s'attachèrent à notre centre et à notre arrière-garde. Bientôt, conformément aux ordres de l'amiral Howe, chaque vaisseau Anglais attaque un vaisseau français. La mêlée devient horrible, la confusion est telle que le Français tire sur le Français et l'Anglais sur l'Anglais, et que les signaux ne peuvent plus être aperçus ni compris. Le feu de l'artillerie était si terrible, et servi avec une si prodigieuse activité, qu'il eût été impossible d'entendre le bruit du tonnerre au milieu de plus de quatre mille pièces de canon, qui vomissaient ensemble la destruction et la mort.

De tous les vaisseaux français qui furent attaqués avec le plus de fureur, ce fut la *Montagne*. Entourée de tous côtés par les Anglais, elle demeura pendant deux heures, invisible au reste de la flotte. Bientôt la *Reine Charlotte*, vaisseau amiral anglais, de 120 canons, veut tenter l'abordage. Les deux colosses se choquent et s'entrouvrent, et leurs canonniers, manquant d'espace, se battent à coup d'écouvillons. Villaret avait prévu le dessein de l'amiral Howe : il donne à ses gens l'ordre d'aborder avant que les Anglais aient réussi à en faire autant. Les grapins se balancent, mais Howe se retire sous le vent, à la distance de plusieurs toises.

Il est inconcevable que les forces anglaises ne fussent pas encore venues à bout de couler bas le terrible la *Montagne*, après avoir lancé plus de deux cent-cinquante boulets à fleur d'eau contre son seul tribord. Le spectacle de la destruction se montrait de tout côté sur ce vaisseau, dont l'entrepont était jonché de cadavres, et dont les canons, démontés et privés de leurs canonniers, ne tiraient plus. Enfin, la *Reine Charlotte* l'abandonna.

Tandis que la *Montagne* donnait à l'ennemi un si bel exemple de la bravoure des Français, le combat n'était pas moins violent entre les autres vaisseaux des deux flottes. La plupart avaient perdu leurs mâts et la moitié de leurs équipages. Les canons étaient démontés, les agrès détruits, et plusieurs avaient amené leurs pavillons. Un autre vaisseau, le *Vengeur*, avait rivalisé de gloire avec la *Montagne* et venait de donner au monde un exemple d'héroïsme, inconnu jusqu'alors.

Ce vaisseau qui, dans le combat du 29 mai, avait commis la faute de trop s'écarter de la ligne, avait juré de la réparer à force de dévouement. Abordé par le vaisseau anglais le *Brunswick*, et bientôt entouré par deux autres vaisseaux, il soutint long-temps, contre ces forces supérieures, un combat que l'excès de la valeur pouvait seul rendre égal. Les Anglais faisaient contre lui un feu si meurtrier, que bientôt son équipage fut réduit de moitié. Ces braves, emportés par la mitraille, périssaient après avoir fait des prodiges de valeur.

Ce spectacle de la valeur qui périssait avec gloire, enflamme tous les cœurs et leur inspire un enthousiasme digne d'un meilleur sort. L'équipage du *Vengeur* redouble son feu, oppose à l'attaque toujours plus vive des Anglais, une défense toujours plus opiniâtre. Les décharges de l'artillerie sont servies avec tant d'activité et dirigées avec tant de précision, que le vaisseau le *Brunswick* qui, le premier avait abordé, est forcé à la retraite. Mais les deux autres vaisseaux redoublent d'efforts. Le *Vengeur* voit toute sa mâture abattue. Criblé de coups de canons, il reçoit l'eau de toutes parts dans son fond de cale; les guerriers généreux qui le montent, prennent alors une résolution d'un patriotisme au désespoir. Au lieu de chercher à sauver sa vie en se rendant prisonnier, l'équipage, au moment où le vaisseau menace de couler bas, et quand les canons sont déjà à fleur d'eau, décharge sa bordée; les marins remontent ensuite sur le pont, clouent le pavillon français de peur qu'il ne surnage, et les bras levés vers le ciel, agitant en l'air leurs chapeaux, ils descendent comme en triomphe, aux cris de *Vive la patrie!* dans l'abîme, qui devient pour eux la plus glorieuse des sépultures. Le capitaine du vaisseau, Renaudin, son frère, quelques autres officiers et une quarantaine d'autres s'étaient jetés dans des chaloupes, et recueillis par les Anglais, ils échappèrent seuls à ce désastre volontaire.

Cependant l'arrière-garde de la flotte française, composée de six gros vaisseaux de ligne, était toujours aux prises avec les Anglais, dont tous les efforts s'étaient portés de ce côté. Six vaisseaux, serrés de près par une escadre entière, étaient dans l'impuissance de se défendre. Les signaux de détresse apprenaient à Villaret-Joyeuse le danger qu'ils couraient et en même temps la facilité de les dégager. « Il suffisait, dit M. de Kerguelen, pour rallier ces six vaisseaux et pour en prendre deux anglais, qui étaient démâtés, de virer simplement de bord. » Aussi l'amiral français s'était empressé de faire signal à cette arrière-garde, qu'il allait voler à son secours. Déjà l'avant-garde, qui jusque-là avait paru voguer à pleines voiles, se préparait à revirer pour combattre. Six vaisseaux français pouvaient être ainsi ravis aux Anglais, qui semblaient eux-mêmes s'étonner qu'on leur abandonnât une si riche proie; mais Jean-Bon-Saint-André sortit de la première batterie où il s'était réfugié pendant le combat de la *Montagne*, et fit défense à l'amiral de retourner au combat. L'équipage, indigné de cette lâcheté, ne put s'empêcher d'éclater en murmures, et plusieurs braves, couverts d'honorables blessures, furent tentés de jeter à la mer le député de la convention.

L'arrière-garde française, se voyant ainsi abandonnée du reste de la flotte, et après que tous ses équipages, officiers et soldats eurent fait tous les prodiges de valeur et tout ce que prescrivait l'amour et l'honneur de la patrie, fit signal qu'elle se rendait. Les Anglais l'amarinèrent au moment où il n'y avait plus sur les vaisseaux ni pavillon ni bâton de pavillon; tous étaient rasés comme des pontons. Les six vaisseaux restés prisonniers étaient le *Juste*, l'*América*, l'*Achille*, le *Northumberland*, le *Sans-Pareil* et l'*Impétueux*. Ce dernier brûla deux mois après dans le port de Portsmouth. Les Anglais avaient eux-mêmes perdu plusieurs vaisseaux ; ils avaient éprouvé une perte énorme dans leurs équipages; enfin, leur flotte était si maltraitée, que l'amiral Howe, à la seule apparence du renouvèllement du combat, se serait hâté de gagner le large.

L'amiral Villaret-Joyeuse ramena le reste de la flotte dans la rade de Bertheaume, et quelques jours après, le capitaine Vanstabel, n'ayant rencontré aucun vaisseau ennemi, entra avec son convoi dans le port de Brest.

Villaret-Joyeuse était né à Auch, en 1746, d'une famille noble. Avant la révolution il s'était déjà distingué dans l'Inde, sous le bailli de Suffren, et s'était fait la réputation d'un des meilleurs officiers de la marine royale. Quoiqu'on lui connût une façon de penser anti-révolutionnaire, les dominateurs de la France le mirent à la tête des armées navales sur l'Océan. On vient de voir qu'il ne tint pas à lui d'éviter le désastre de la flotte française. En 1796, il déploya le plus grand courage, dans un combat qui fut livré sous l'île de Groix, contre des forces plus que doubles de celles qu'il commandait. Son vaisseau fut même entouré par l'ennemi, et peu s'en fallut qu'il ne fût pris. Consulté quelques temps après sur la grande expédition d'Irlande, qui fut confiée au général Humbert, il prédit les malheurs qui en seraient la suite et donna sa démission. En 1797, il fut nommé député du Morbihan au conseil des Cinq-Cents. Il déploya des talens oratoires et une vive opposition au système des terroristes; proscrit par le directoire au 18 fructidor, il eut le bonheur d'échapper aux poursuites dirigées contre lui. En 1802, il prit le commandement de la flotte, destinée contre Saint-Domingue, et réunit sous ses ordres toutes les forces navales de la France, de l'Espagne et de la Hollande. Ensuite, il fut nommé capitaine-général des îles de la Martinique et de Sainte-Lucie, qu'il gouverna comme un père. Les Anglais l'y attaquèrent en 1809, et l'obligèrent de rendre la Martinique, après lui avoir fait éprouver dans le fort Bourbon un long et terrible bombardement. En 1811, Napoléon Bonaparte le nomma au gouvernement général de Venise et au commandement de la quatrième division militaire. Il y mourut, en 1812, avec la réputation d'un bon marin et d'un homme de bien.

Glorieux combat de deux frégates françaises et d'un brick, contre deux vaisseaux de ligne anglais.

Pendant que notre marine éprouvait sur nos côtes le plus terrible échec, nos vaisseaux combattaient avec plus de bonheur dans une autre partie du monde. Quelques-uns de nos bâtimens de guerre, sortant à propos des ports de l'île de France, faisaient des irruptions dans les mers de l'Inde, fondaient à l'improviste sur les convois qui venaient de ce pays ou de la Chine ; enlevaient une partie des riches navires qui les composaient, et ruinaient le commerce de la Grande-Bretagne. Dans ces expéditions lucratives, notre marine militaire était puissamment secondée par une multitude de corsaires qui amenaient dans les ports de l'île de France leurs nombreuses captures. On évaluait déjà à cent cinquante millions de francs les prises que l'on y avait introduites depuis le commencement de la guerre.

Afin de mettre un terme à ces calamités, le gouverneur de l'Inde anglaise prépara vers la fin de 1794, une expédition destinée à faire la conquête de l'île de France, de vive force ou par un blocus. Dans ce dessein, des vaisseaux avaient été armés à grands frais à Madras et à Bombay ; tous les autres préparatifs étaient achevés, et le rendez-vous avait été fixé à l'île Rodrigue, où l'on devait se réunir aux forces envoyées d'Europe, sous le commandement du général Méadows. Déjà le commodore Niewcome avait été détaché en avant avec une escadre qu'il partagea en deux divisions. L'une reçut l'ordre de se porter dans les détroits, au devant du convoi qui amenait des troupes d'Angleterre ; et l'autre, composée des deux vaisseaux de ligne, *le Centurion* et *le Diomède*, vint établir sa croisière sur les côtes de l'île de France.

La position de la colonie pouvait devenir critique ; les habitans, pleins de courage, ne craignaient pas qu'elle fût prise par l'ennemi ; mais ils redoutaient les effets d'un blocus. Les subsistances commençaient à être rares, et l'on appréhendait la perte presque inévitable des corsaires, qui, étant alors en croisière, ne trouveraient à leur retour aucun refuge ni pour eux ni pour leurs prises. Dans un grand conseil qui fut tenu à ce sujet, on décida, d'une voix unanime, que la division française, composée des deux frégates, la *Prudente* et la *Cybèle*, et du brick le *Coureur*, mettrait sur le champ à la voile, pour aller attaquer les deux vaisseaux de ligne ennemis, et tâcher au moins de les maltraiter, de manière que, pour aller réparer leurs avaries, ils fussent obligés de lever le blocus.

Malgré l'effrayante disproportion entre les forces françaises et celles de l'ennemi, l'intrépide *Renaud*, qui commandait les premières, reçut avec joie l'ordre d'aller combattre, et jura de périr ou de forcer les deux vaisseaux à s'éloigner des côtes. Les équipages partagent l'ardeur patriotique de leur chef, et le 22 octobre, on appareille aux cris de *Vive la France! mort aux Anglais!* Bientôt on découvre les deux vaisseaux ennemis, au vent, à environ huit lieues de la côte; et à trois heures et demie, on s'en trouve à un quart de portée de canon, *la Prudente* par le travers *du Centurion*, et la *Cybèle* par le travers du *Diomède*. Alors commence un combat terrible, où pour racheter l'infériorité de nos forces, et pour atteindre le but proposé de faire aux vaisseaux anglais des avaries telles qu'ils soient contraints de s'éloigner de l'île pour se réparer, nos canonniers s'attachent peu à tuer du monde à l'ennemi ; ils dirigent au contraire tous leurs coups, en rivalisant d'adresse, les uns sur les mâts et les vergues du vaisseau qu'ils ont par le travers, d'autres sur son gouvernail, d'autres enfin sur le même point de sa coque, au-dessous de la flottaison, pour le percer à l'eau. Malgré cette habile manœuvre, le combat était encore trop inégal, et après une heure du feu le plus nourri et le mieux dirigé, les frégates se trouvant elles-mêmes un peu maltraitées dans leurs agrès, le commandant, dont le guidon était déployé à bord de la *Prudente*, fit forcer de voiles à cette frégate, en faisant le signal de s'éloigner de l'ennemi, pour s'assurer le temps de se regréer, afin de revirer ensuite de bord, et tâcher de gagner le vent aux vaisseaux. La *Cybèle*, qui avait le plus souffert dans son gréement, tenta vainement d'obéir à cet ordre ; elle ne put réussir à dépasser le *Centurion*. Ce fut encore en vain que le commandant lui fit alors le signal de laisser arriver, en faisant lui-même cette manœuvre. Couverte par le feu et la fumée de trois bâtimens, elle ne l'aperçut pas ; d'ailleurs son capitaine sentit bien toute l'imprudence qu'il y aurait à exécuter ce mouvement, qui lui ferait présenter l'arrière à l'ennemi dont tous les boulets enfileraient sa batterie. Cette frégate se vit donc seule forcée de continuer le combat le plus périlleux, la retraite de la *Prudente* la laissant aux prises avec deux vaisseaux, dont l'un la canonnait par la hanche, tandis que l'autre la foudroyait par le travers. Pendant un assez long espace de temps, elle essuya tout leur feu, et y riposta de la manière la plus vigoureuse, soutenue par le petit brick qui la seconda avec une audace d'autant plus admirable qu'une seule volée du *Diomède*, qu'il avait osé approcher, l'aurait coulé à fond ; mais sa petitesse le déroba aux coups, et le bon état de son gréement lui permit de prendre une position avantageuse pour faire du mal à l'ennemi sans courir beaucoup de dangers. Enfin le *Centurion*, démâté de deux de ses mâts, démonté de son gouvernail, et faisant eau de toutes parts, quitta la ligne. La *Cybèle* put alors effectuer son mouvement d'arrivée, et força de voiles. En vain le *Diomède* veut lu donner la chasse, en lui tirant quelques volées : il est trop désemparé pour la suivre, et bientôt ses boulets n'arrivent plus à bord. En ce moment, la *Prudente*, qui a reviré pour retourner au feu, rejoint la *Cybèle*, lui donne la remorque, et cette petite division rentre triomphante dans le port de l'île de France, aux acclamations des colons qui couvraient le rivage. La *Cybèle* eut vingt-deux hommes tués et soixante-deux blessés; la *Prudente*, quinze tués et vingt-huit blessés; le *Coureur*, un tué et cinq blessés. Le brave commandant Renaud fut renversé de son banc de quart et reçut quelques légères blessures.

Parmi les nombreux traits de courage auxquels ce beau combat donna lieu, nous citerons les deux suivans.

Le Hire, capitaine en second d'une des frégates, tombe blessé d'un biscaïen au talon. Des matelots veulent l'enlever pour le porter dans l'endroit où l'on pansait les blessés. *Non,* leur dit-il, *j'ai juré de mourir à mon poste; je ne le quitterai pas.* Peu d'instans après un boulet ramé lui coupe les reins, et il meurt en s'écriant : *Courage, mes amis, vengez-nous.*

Le nommé Sixte Brunet, chargeur, a une main emportée au moment où on lui présente le refouloir : il le saisit de la main qui lui reste, achève de charger sa pièce, et va se faire panser.

Après cette glorieuse action, les vaisseaux anglais disparurent, les subsistances que l'on attendait arrivèrent, et tous les corsaires qui étaient en mer, rentrèrent avec les riches prises qu'ils avaient faites.

Expédition contre l'île de Corse. — Une frégate française force un vaisseau de ligne anglais à se rendre. — Combat glorieux du vaisseau français le *Ca-ira*, contre une escadre anglaise.

Le 3 mars 1795, la flotte de Toulon, composée de quinze vaisseaux de ligne, dont un de cent-vingt canons, trois de quatre-vingts, et onze de soixante-quatorze, avec six frégates et trois corvettes, mit à la voile pour tenter un débarquement dans l'île de Corse, dont les Anglais s'étaient rendus maîtres. Le 7, on était en vue de l'île, lorsqu'on aperçut le *Berwick*, vaisseau anglais de soixante-quatorze, qui sortait du golfe de Saint-Florent, et cherchait à rejoindre son escadre, qui était à l'ancre devant Livourne. On le fit chasser par trois frégates que toute la flotte suivit à une certaine distance. Bientôt les frégates le joignirent, et l'*Alceste* l'attaqua la première avec beaucoup de résolution. Un quart-d'heure après, le vaisseau amena son pavillon, parce que toute l'armée française approchait, et d'ailleurs que son capitaine avait eu la tête emportée d'un boulet de canon. Quoi qu'il en soit, ce fut un événement très-singulier qui fit beaucoup d'honneur au capitaine Lajoille. Les jours suivans, le *Mercure* ayant été démâté, fut obligé de quitter la flotte; et le *Sans-Culotte*, vaisseau de cent vingt canons, s'en sépara aussi, sans qu'on sût la cause de cette séparation.

Le 13, on aperçut l'escadre à une très-grande distance sous le vent. Elle était supérieure à la française en vaisseaux et en artillerie, et l'on y comptait quatre vaisseaux à trois ponts. A l'approche des ennemis, l'amiral Martin fit former la ligne de bataille. Le *Ça-ira*, en manœuvrant, aborda la *Victoire*. Dans cet abordage, il perdit ses deux mâts de hune. Il tomba bientôt sous le vent et en queue de la ligne. L'amiral anglais fit alors avancer son avant-garde pour le combattre. La frégate l'*Inconstante* l'attaqua la première, et fut bientôt soutenue par le vaisseau l'*Agamemnon*, commandé par le capitaine Nelson.

Le *Ça-ira* repoussa vigoureusement ces deux attaques. Martin ordonna ensuite à la frégate la *Vestale* d'aller le prendre à la remorque, et fit en même temps au *Censeur* le signal de faciliter cette manœuvre en se portant au feu. Cependant toute l'avant-garde anglaise s'était approchée, et les deux vaisseaux français ayant à soutenir le feu de toute cette division ennemie, le *Ça-ira* fut mis hors d'état de manœuvrer, et le *Censeur* se trouva presque aussi maltraité. Enfin les Anglais les abandonnèrent.

Le lendemain 14, malgré l'attention que l'on avait eue de faire peu de voiles pendant la nuit, ces deux vaisseaux se trouvaient encore séparés des autres. Comme la veille, les Anglais s'avancèrent pour les entourer et les réduire. Ces deux vaisseaux, coupés du reste de l'escadre, combattirent néanmoins encore assez long-temps avec un courage admirable contre les forces qui les accablaient. Ils succombèrent enfin; mais ce ne fut qu'après avoir épuisé toutes leurs munitions qu'ils se rendirent.

Après la prise de ces deux vaisseaux, le vent força les deux escadres à se séparer, sans que l'une songeât à poursuivre l'autre.

Expédition du contre-amiral Gantheaume. — Prise d'un grand convoi anglais par le chef de division Richery, dans les mers du Levant.

Au mois de septembre 1796, le gouvernement français ordonna qu'une division navale sortît de Toulon pour aller dans les mers du Levant attendre au passage les bâtimens anglais partis de Smyrne, de Constantinople et des différens ports de l'Archipel. Cette division, composée d'un vaisseau de ligne, de quatre frégates et de deux petits bâtimens, sous les ordres du chef de division Gantheaume, partit de Toulon vers la fin de septembre 1795. Elle se trouva bientôt fort près d'une escadre anglaise supérieure en forces; mais la précision de ses manœuvres et l'obscurité de la nuit la sauvèrent du danger. Le lendemain, elle n'avait en vue aucune voile étrangère; mais les vents étant contraires, Gantheaume devait s'attendre à revoir bientôt l'ennemi. En effet, peu de jours après, l'*Aga-*

memnon, que commandait Nelson, passa, pendant la nuit, à cent toises d'une des frégates. On le poursuivit, mais il parvint à s'échapper. La navigation de Gantheaume fut très-heureuse; elle occupa deux escadres ennemies, celle du vice-amiral Man, et celle du contre-amiral Hyde-Parker. Cependant les retards qu'elle éprouva, permirent à la plus grande partie du convoi du Levant de lui échapper, et ce fut Richery qui le prit. Après une croisière de cinq mois dans les mers du Levant, Gantheaume parvint à rentrer à Toulon, sans avoir éprouvé la moindre perte.

Glorieux combat de la frégate la *Virginie*, sous les ordres du capitaine Bergeret, contre un vaisseau de ligne anglais.

La frégate la *Virginie*, de quarante pièces de canon, sortit de Brest pour remplir une mission, sous les ordres du jeune capitaine de vaisseau Bergeret, qui s'était déjà distingué dans plusieurs affaires. Le 22 avril 1796. cette frégate se dirigeait vers le point de croisière qui lui avait été assigné sur les côtes d'Irlande, et se trouvait près du cap Lézard. A la pointe du jour, on aperçoit six voiles;

à huit heures, elles ne sont plus qu'à quatre lieues de distance, et on les reconnaît pour une division ennemie. C'étaient le vaisseau rasé l'*Indéfatigable*, commandé par le commodore Pellew; les frégates l'*Amazone*, la *Concorde*, la *Révolutionnaire*, l'*Argo* de 64, armé en flûte; et l'*Unité*, frégate, prise peu de jours auparavant. Aussitôt la *Virginie* prend chasse et se prépare au combat.

Les trois premiers bâtimens de la division anglaise se détachent à la poursuite de cette frégate, tandis que les autres continuent leur route vers l'Angleterre. Le vaisseau rasé eut seul, pendant la journée, un peu d'avantage de marche sur elle. Sur les onze heures et demie du soir il parvint à la joindre. Dès lors le combat fut inévitable. Les premiers coups partirent de la *Virginie*. Elle sut manœuvrer de manière à présenter toujours le travers à l'ennemi. Quand les deux bâtimens se furent approchés, l'action devint terrible. Dès la seconde décharge, l'ennemi fut démâté de son mât de perroquet de fougue, et désemparé de ses voiles de l'arrière; mais bientôt il fit éprouver à la frégate toute la supériorité de son artillerie, à laquelle elle ne pouvait répondre que par des pièces de huit. Cette immense infériorité ne l'empêcha pas de soutenir le combat avec un grand acharnement. L'action dura ainsi jusqu'à trois heures du matin. Alors, soit que l'*Indéfatigable* fût privé de ses manœuvres courantes, ou qu'il fût contraint de se retirer du feu, il ne put modérer sa vitesse et dépassa la frégate, de manière à se trouver hors de la portée de son artillerie.

Déjà on s'occupait à bord de la *Virginie* à réparer les avaries, à reboucher tous les trous faits par les boulets à la flottaison, et à repasser des manœuvres, lorsque tout à coup, elle fut assaillie par les deux frégates la *Concorde* et l'*Amazone*. Dès lors tout espoir de salut fut perdu. Trop maltraitée pour fuir, la *Virginie* ne put opposer à ses nouveaux ennemis qu'une vaine résistance. Elle avait en ce moment quatre pieds d'eau dans la cale; de toute sa mâture, le mât de misaine seul, quoique criblé de boulets et haché, tenait encore debout; la batterie des gaillards était entièrement démontée, et une grande partie de l'équipage était entièrement hors de combat. Dans cette fâcheuse situation, le capitaine

Bergeret, après avoir consulté ses officiers, prit le parti de céder à des forces aussi supérieures, et amena avec douleur un pavillon qu'il avait défendu avec la plus grande bravoure.

Après quelque temps de séjour en Angleterre comme prisonnier, ce brave marin avait obtenu la permission de se rendre à Paris, pour solliciter son échange contre le commodore anglais Sidney Smith, alors détenu dans la tour du Temple ; mais le gouvernement directorial ayant refusé d'y consentir, fidèle à sa parole, il retourna en Angleterre. Lorque Sidney Smith se fut évadé du temple, il fut renvoyé dans sa patrie.

EXPLOITS DU CAPITAINE SURCOUF DANS LES MERS DE L'INDE, EN 1796.

Ce brave marin, âgé alors de vingt-huit ans, naviguait pour le compte du commerce. Il sortit vers la fin du mois d'août d'un port de l'île de France, avec le navire l'*Émilie*, pour aller prendre des bois de construction aux îles Séchelles. Deux bâtimens ennemis qu'il trouva sur sa route l'ayant fait renoncer à cette expédition, il se décida à aller faire son chargement en riz dans un des ports de l'Inde. Chemin faisant, il rencontre trois bâtimens marchands, escortés par un shooner, bateau pilote, armé. Il se persuade que ces navires sont chargés de la denrée qu'il va chercher, et aussitôt il se décide à attaquer le shooner qui avait un fort équipage. Il s'en empare ainsi que des vaisseaux marchands.

Ce premier succès enhardit notre corsaire. Il passe avec dix-neuf hommes sur le shooner et continue de tenir la mer. Bientôt il a connaissance d'un grand navire de la compagnie des Indes, le *Triton*, armé de vingt-six pièces de canons de douze, et monté par cent cinquante Européens. Aussitôt il défend à ses gens de se montrer, paraît seul sur le pont, et s'avance vers le bâtiment anglais, qui le laisse approcher sans défiance. Lorsqu'il est bord à bord, son équipage se montre, il envoie au *Triton* une décharge de mitraille et de mousqueterie, et en un clin-d'œil il est sur le pont ennemi avec son monde, le sabre d'une main et le pistolet de l'autre. Un combat acharné commence aussitôt. Dès le commencement, le capitaine anglais tombe, dix hommes de son équipage éprouvent le même sort, cinquante autres sont blessés, et Surcouf se rend maître du bâtiment sans avoir qu'un homme tué et deux blessés. Après ce brillant combat, il fait signer à ses prisonniers un cartel d'échange, et les renvoie à Madras sur son shooner, dont il enlève tout l'armement. Ensuite, il fait voile vers l'île de France, avec ses quatre prises.

Surcouf était sorti de l'île sans lettres de marque; les tribunaux, ne lui reconnaissant pas le droit de courir sus aux vaisseaux marchands de l'ennemi, prononcèrent la confiscation de ses prises au profit de l'état; mais le gouvernement français, sans déroger aux règlemens établis au sujet de la course, lui adjugea, pour le récompenser, une somme équivalente au produit de la vente de ses prises, qui furent estimées un million sept cent mille francs.

Malheureuse expédition d'Irlande, commandée par l'amiral Morard de Galles, en 1796.

Le gouvernement français, comptant sur une révolte générale des habitans de l'Irlande contre celui de la Grande-Bretagne, résolut d'envoyer dans cette île un corps de troupes dont il espérait que le débarquement sur ses côtes hâterait cette révolution. On arma pour cette grande entreprise une flotte nombreuse dont l'amiral Morard de Galles, ancien marin, prit le commandement.

Cette flotte appareilla de la rade de Brest, le 16 décembre 1796, et le lendemain elle leva l'ancre de la baie de Camaret. A peine était-elle en mer, que le vaisseau le *Séduisant* échoua sur un rocher. Le 17 elle était déjà toute dispersée. Heureusement les contre-amiraux Bouvet, Nielly et Richery parvinrent à en rallier la majeure partie. La journée du 20 fut extrêmement brumeuse. Pendant les deux suivantes, l'armée louvoya, sans beaucoup avancer, dans la baie de Bantry où le débarquement devait avoir lieu ; mais comme cette baie était peu connue de la plupart des capitaines, et que d'ailleurs le vent était fort et la mer grosse, la flotte se dispersa encore une fois, et il ne resta dans la baie que huit vaisseaux de ligne, deux frégates, quatre corvettes et un seul bâtiment de transport : ce qui n'empêcha pas que le débarquement ne fût résolu par les principaux officiers de terre et de mer; mais un vent très-violent qui présageait une tempête le rendit impossible, et força le contre-amiral Bouvet de sortir de la baie pour retourner à Brest, où il arriva le 1er. janvier 1797.

Pendant que ce général était dans la baie de Bantry, l'amiral Morard de Galles, et le général Hoche, qui commandait en chef les troupes embarquées sur la flotte, étaient entraînés loin de l'Irlande. Dès le 20 la frégate la *Fraternité*, qui les portait, avait été séparée de la flotte; et poursuivie par un vaisseau ennemi, elle n'avait pu la rejoindre. Quand, chassée fort loin, elle lui eut échappé par l'habileté de sa manœuvre, et que le vent eut changé, elle se dirigea vers la baie de Bantry. Quelle fut la surprise des deux généraux lorsqu'ils apprirent des deux vaisseaux qu'ils rencontrèrent, la *Révolution* et le *Scévola*, qu'il ne restait pas un seul bâtiment dans cette baie! Le *Scévola* était plein d'eau; et l'autre, voyant qu'il allait couler bas, se hâtait de recueillir son équipage et quatre cens soldats qu'il portait. Malgré cette déclaration, l'amiral continua de se diriger vers Bantry avec la *Résolution*. Ces deux bâtimens faisaient route depuis vingt-quatre heures, lorsque la crainte de voir périr le second, qui était chargé de seize cents hommes et en mauvais état, détermina l'amiral et le général en chef à faire voile pour le port de Brest.

Glorieux combat du vaisseau les *Droits de l'Homme*, commandé par le chef de division Lacrosse, contre deux vaisseaux anglais dont chacun lui est supérieur en forces. — Perte de ce vaisseau.

Voyant la descente manquée dans la baie de Bantry, le chef de division Lacrosse, au lieu de retourner à Brest, se porta vers la rivière de Shannon, autre point qui avait été désigné pour le débarquement. Après y avoir croisé huit jours, assuré que la flotte avait fait voile pour la France, il se décida à opérer son retour.

Le 13 janvier 1797, comme il s'estimait à vingt-cinq lieues de terre, il fut attaqué par deux vaisseaux anglais dont le plus gros était l'*Indéfatigable*, vaisseau rasé, sous les ordres du commodore Pellew. Le combat commença entre les *Droits de l'Homme* et ce vaisseau à cinq heures un quart du soir, et il avait duré jusqu'à six heures trois quarts, lorsqu'un second bâtiment ennemi, la frégate l'*Amazone*, vint à portée de pistolet lâcher une bordée dans la hanche du vaisseau français. Le feu fut très-vif de part et d'autre jusqu'à sept heures et demie. Alors celui-ci obligea les deux bâtimens ennemis à l'abandonner et à prendre le large pour réparer leurs avaries. Pendant cet intervalle, Lacrosse fit rafraîchir son équipage, dont l'enthousiasme et le courage n'avaient cessé de se manifester.

Quand tout fut disposé pour une nouvelle attaque, on ne fut pas long-temps à l'attendre. A huit heures et demie, les deux bâtimens anglais s'étant rapprochés, ils recommencèrent leur feu, auquel on répondit avec la même vigueur. Alors ils vinrent se placer, un de chaque côté, vers l'avant des *Droits de l'homme*, et en augmentant à propos leur vitesse, ils l'enfilaient tour à tour. Dans une position aussi désavantageuse, le commandant Lacrosse ne pouvait continuer long-temps un combat au canon. Il fallait donc tenter un moyen plus prompt de terminer une action qui devenait de plus en plus meurtrière : c'était l'abordage. Le succès en était certain; accrocher les bâtimens ennemis, c'était les prendre. En effet, outre six cents matelots intrépides, le vaisseau français était monté par un pareil nombre de soldats de la légion des Francs, commandés par le brave général Humbert. Lacrosse présenta donc tour à tour l'abordage à l'*Indéfatigable* et à l'*Amazone;* mais ceux-ci, profitant du bon état de leur mâture, manœuvrèrent constamment pour l'éviter. Toutefois ces mouvemens procurèrent aux *Droits de l'homme* des positions avantageuses pour les enfiler de l'avant et de l'arrière.

Le combat s'était prolongé jusqu'à une heure du matin, sans qu'aucun officier de marine eût été grièvement blessé. En ce moment, le lieutenant de vaisseau Châtelain, officier de manœuvre, reçut dans le bras un coup de biscaïen. A deux heures, le commandant étant à examiner la position de la frégate ennemie, et concertant avec son maître d'équipage les moyens de passer de nouvelles manœuvres, il fut atteint d'un boulet mort au genou gauche. Il tomba sur le coup, et comme on le transportait au poste, il assura son équipage que l'on n'amènerait pas le pavillon, quelle que fût la situation où l'on se trouverait. *Non, jamais! capitaine*, lui cria-t-on de toutes parts; *vaincre ou mourir!* Ce cri retentit à bord des bâtimens ennemis.

Naufrage du vaisseau les *Droits de l'Homme*.

Le capitaine de frégate Prévost-Lacroix, qui prit le commandement, le reçut en jurant aussi de n'amener jamais, et continua le combat avec la même ardeur jusqu'au delà de six heures du matin. Peu d'instans après, un cri se fit entendre, que l'on voyait la terre en avant du vaisseau que les ennemis venaient d'abandonner. Lacrosse se fit alors porter sur le pont. On changea de route pour s'écarter de la côte; mais comme le vaisseau était considérablement endommagé dans ses agrès, et que son ancre était trop faible pour l'empêcher d'aller en avant, il finit par toucher sur un fond de sable. Au second coup de talon, le grand mât s'étant rompu, on tira quatre ou cinq coups de canon d'alarme, et pour alléger le bâtiment et le maintenir droit, on jeta une partie de ses canons à la mer.

Le vaisseau les *Droits de l'homme* était

alors rasé de tous mâts. Il avait soutenu un combat de treize heures contre deux bâtimens dont le moindre avait une artillerie supérieure à la sienne. Il avait épuisé toute sa mitraille, ses boulets ramés, et à peine lui restait-il cinquante boulets ronds. Au moment qu'il échoua, il avait eu sept officiers de marine blessés, trois tués de la légion des Francs, et plusieurs autres blessés, cent hommes de l'équipage et des troupes tués, et un égal nombre mis hors de combat. La frégate anglaise l'*Amazone* fit côte une demi-heure avant lui. Ses officiers et son équipage furent faits prisonniers.

Le vaisseau les *Droits de l'homme* échoua le 14 janvier, à sept heures du matin, dans la baie d'Audierne. On s'occupa d'abord de mettre les canots à la mer. Les deux premiers furent emportés par les lames avant que personne s'y fût embarqué; ils furent jetés à la côte et se brisèrent contre des rochers. On essaya ensuite d'établir un *va-et-vient* (corde fixée par un bout à la côte et par l'autre au vaisseau). On fit donc à la hâte, avec des vergues de rechange, une espèce de radeau, qu'on laissa aller en dérive à la côte, attaché au bout d'une corde qu'on lâchait peu à peu du vaisseau; mais le poids de cette corde empêcha le radeau de dériver assez promptement, et les lames ayant emporté quelques-uns des hommes qui étaient dessus, les autres coupèrent la corde et gagnèrent la terre. On renouvela cette tentative, mais avec aussi peu de succès. Le maître voilier du vaisseau, homme du plus grand courage et habile nageur, s'offrit pour aller porter à terre une corde légère, sur laquelle on eût pu ensuite en faire passer une plus grosse et capable de former le *va-et-vient;* mais rendu à moitié chemin du rivage, il fut obligé de renoncer à cette périlleuse entreprise, et on le tira à bord à l'aide de sa corde.

L'équipage passa ainsi la première journée sans eau et sans vivres, la mer ayant enfoncé l'arrière du vaisseau et rempli la cale. Le 15, on construisit encore des radeaux, sur lesquels on essaya de débarquer le plus d'hommes qu'il était possible. Quelques-uns arrivèrent à terre, mais on eut la douleur d'en voir périr plusieurs sans pouvoir les secourir. On parvint avec beaucoup de peine à mettre le grand canot à la mer; vingt-cinq à trente hommes s'y embarquèrent et gagnèrent le rivage; malheureusement le vent ne permit pas de le ramener au vaisseau pour l'y charger de nouveau. Le troisième jour, on essaya de mettre la chaloupe à l'eau, et l'on y réussit. On destinait cette embarcation à sauver les blessés, deux femmes et six enfans qui avaient été pris sur un bâtiment anglais. On les fit embarquer avant que la chaloupe fût descendue à la mer, et soixante à quatre-vingts hommes s'y jetèrent en même temps; mais au moment où elle arrivait à l'eau, une lame la soulève et la porte avec violence contre le vaisseau. Elle se brise et tout est englouti dans les flots. Quelques hommes revinrent sur l'eau et gagnèrent le bord.

Ces affreux malheurs n'étaient que le prélude de ceux du lendemain. Les vents soufflaient encore du large avec violence, et rendaient impossible tout secours de la côte. Enfin, dans la nuit du 16 au 17 le vent changea. A la pointe du jour, cinq chaloupes partirent d'Audierne, abordèrent le vaisseau, et reçurent le reste des blessés avec environ cent hommes en bonne santé. A midi, le cutter l'*Aiguille* aborda pareillement et prit à peu près trois cents hommes. A quatre heures, tous ces bâtimens s'éloignèrent, laissant à bord du vaisseau environ quatre cents hommes aux prises avec la mort et le besoin.

Le Cutter l'*Aiguille* n'avait pu fournir au commandant Lacrosse que quelques bouteilles d'eau. Ce secours le rendit à la vie, ainsi qu'une vingtaine de malheureux. C'était une bien faible ressource pour soutenir l'existence d'un aussi grand nombre d'hommes. Comme la nuit était froide, et qu'ils étaient sans cesse mouillés, le délire s'empara de plusieurs d'entre eux, et soixante, au moins, expirèrent dans d'horribles convulsions. Quatre jours s'étaient écoulés dans ces tourmens ; enfin, le cinquième, l'*Aiguille* reparut avec la corvette l'*Arrogante*. Lacrosse y fit embarquer les déplorables restes de son équipage, et lorsqu'il se fut assuré qu'il ne restait plus personne à bord de son vaisseau, il s'embarqua lui-même.

Ce brave marin, de retour à Brest, fut accablé de témoignages d'estime de la part de ses chefs et de ses camarades. Peu de temps après il fut promu au grade de contre-amiral.

Combat de la *Vestale*, frégate française, contre la frégate anglaise la *Terspsychore*, supérieure en force. — Bravoure d'un enseigne de vaisseau, etc. en 1796.

Une escadre partie le 29 novembre 1796 de Toulon, sous les ordres du contre-amiral Villeneuve, arrivait sur les côtes de Bretagne, lorsque celle de Brest, qu'elle devait rejoindre, était sur les côtes d'Irlande. De tous les bâtimens qui la composaient, la frégate la *Vestale*, était le seul qui fût resté en arrière.

Cette frégate, dans un coup de vent que reçut l'escadre sur les côtes d'Espagne, avait été démâtée de ses mâts de misaine et de beaupré, et, d'après les ordres du commandant, elle fit route pour gagner Cadix. A quatre lieues de ce port, dans le mauvais état où elle était, et avec une faible batterie, elle eut à combattre la frégate anglaise la *Terpsychore*, qui lui était de beaucoup supérieure en forces. Elle se défend avec courage; mais ayant été entièrement démâtée, elle est forcée de se rendre après une perte de plus de soixante hommes tués ou blessés. Au nombre des morts se trouva un jeune enseigne, nommé Tissot. Ce marin, qui, par ses talens et sa valeur, faisait concevoir les plus belles espérances, avait reçu une blessure dès le commencement du combat; il n'avait pas voulu abandonner son poste, qui l'appelait auprès du capitaine. Pendant tout le temps qui précéda sa mort, il ne cessa d'exciter son commandant de la manière la plus pressante à aborder la frégate ennemie. Un boulet vint le frapper à la hanche, pendant qu'il était occupé à transmettre un ordre à l'officier qui commandait la batterie. Se sentant blessé à mort, il dit à un contre-maître qui aidait à le porter au poste du chirurgien : *Je meurs avec plaisir pour la patrie. Embrassez le capitaine et l'état-major pour moi. Vive la France!*

Comme la mer était fort grosse lorsque la *Vestale* amena son pavillon, la *Terpsychore* ne put y faire passer que peu d'hommes pour l'amariner, et se tint près d'elle pour l'observer; mais le temps étant devenu affreux, la frégate anglaise fut obligée de prendre le large pour éviter d'être jetée à la côte. Les français profitèrent de cette occasion pour se révolter, et les Anglais mis à leur bord furent faits prisonniers à leur tour. Peu de temps après que la *Vestale* eut arboré le nouveau pavillon français, quelques chaloupes, expédiées de Cadix à son secours, vinrent lui donner la remorque, et la conduisirent dans le port.

Brillant combat du corsaire français l'*Unité*, contre un bâtiment de guerre anglais, en 1797.

Le corsaire l'*Unité* de six canons de quatre, commandé par le capitaine Carry, de Boulogne, et armé à la fin de l'année 1796, avait déjà fait plusieurs prises aux Anglais, lorsque dans les premiers jours de janvier de l'année suivante il se vit forcé de soutenir le combat contre le *Swan*, bâtiment ennemi armé de quatorze canons et doublé en cuivre. Dès que le capitaine Carry s'était aperçu qu'il était poursuivi, il avait abandonné un navire marchand qu'il venait de capturer, et qu'il emmenait à la remorque, pour fuir à toutes voiles. Voyant que le *Swan* le gagnait considérablement, il se décida à revirer pour le combattre, dans l'espérance que, par quelque coup de la fortune, il le mettrait hors d'état de le poursuivre. Le combat fut opiniâtre pendant huit heures et presque bord à bord. Loin d'avoir pu désemparer le cutter, le corsaire français avait été si maltraité par celui-ci, que tout espoir de se dérober à sa poursuite était perdu. Dans cette extrémité le brave capitaine, résolut de tenter un effort audacieux. *Mes amis*, crie-t-il à ses gens, *pas de milieu; il faut aborder le cutter ou aller au ponton* (1). *Abordons, abordons*, répondent les matelots. A l'instant, le capitaine porte d'un coup de barre son navire sur le *Swan*. Les Français s'y élancent, en hommes décidés à vaincre ou à périr. Le capitaine anglais tombe mort sous leurs coups; cinq ou six de ses gens sont sabrés, les autres demandent quartier à genoux, et le cutter est aux Français. Après ce brillant exploit, le capitaine Carry répare à la hâte le gréement des deux bâtimens, et se dirige vers le Havre, où il entre triomphant avec sa prise. Le gouvernement français lui décerna, pour le récompenser, une hache-d'armes d'honneur.

---

(1) Ou être prisonnier en Angleterre sur un vaisseau rasé, qui servait de prison aux Français, pris sur mer par les Anglais.

Combat du corsaire le *Prodige*, contre neuf bâtimens marchands armés, en 1797.

Parmi les corsaires qui, dans la guerre de la révolution, causèrent le plus de dommage au commerce anglais, on doit citer le capitaine Vandezande, qui, non-seulement fit beaucoup de prises sur l'ennemi, mais encore déploya en diverses rencontres, la plus grande valeur. Ce brave marin montait le *Prodige*, petit bâtiment, armé de quatorze canons de quatre, et de quatre-vingts hommes d'équipage. Le 21 juin, il partit de la rade de Dunkerque pour aller en croisière. Le 28 à midi, il découvre un convoi de neuf bâtimens. Aussitôt il se dirige sur eux; mais au lieu de se couvrir de voiles et de se disposer à l'approche du corsaire, ces navires se forment, pour l'attendre, en ligne de bataille. Ils étaient tous armés, et ils offraient un total de quarante canons et de quelques caronades. Ils avaient deux commandans, l'un en chef, et l'autre en second, et se faisaient des signaux comme des bâtimens de guerre.

A une heure et demie, le *Prodige* les joignit : ayant mis en travers au-devant de leur ligne, il commença l'action. Pendant les six heures qu'elle dura, le capitaine Vandezande tira sur les bâtimens ennemis cinq cent soixante coups de canon. Ceux-ci ne firent pas un feu moins terrible. Le corsaire reçut quatre boulets à fleur d'eau; il eut sa vergue de misaine rompue, tous ses haubans coupés, ses voiles criblées et toutes ses manœuvres hachées. Néanmoins, à huit heures du soir, deux navires ennemis avaient amené leur pavillon.

De part et d'autre, on employa la nuit suivante à se réparer, et le capitaine Vandezande amarina ses deux prises. Le lendemain vers les huit heures, une brise s'étant élevée, le *Prodige* mit toutes ses voiles dehors pour chasser les sept autres bâtimens ennemis; mais le vent ayant cessé, il fut forcé de border ses avirons, et ne parvint à les atteindre qu'à deux heures. Alors, il s'engagea un combat plus terrible encore que le premier, à la portée du pistolet. Le corsaire fut bientôt enveloppé par les Anglais, et dans cette position, il éprouva de grandes avaries. Il fut encore presque entièrement désemparé; la plupart de ses affûts furent brisés, et il faisait eau de toutes parts. Cependant par son intrépidité et la hardiesse de sa manœuvre, Vandezande contraignit encore trois navires ennemis à baisser pavillon.

Les cinq navires, pris de la sorte par le *Prodige*, comme ceux qui parvinrent à s'échapper, appartenaient à des armateurs de Londres, et venaient de la Baltique chargés de chanvre, de toiles, de fer, de bois de construction et de pelleteries. Ils étaient assuré pour des sommes considérables. Tous auraient été pris, si le *Prodige* avait eu assez de monde; mais, après en avoir fourni à ses cinq prises, il ne lui restait à bord que vingt-huit hommes, mousses et blessés compris. Vandezande escorta ses prises jusqu'à la vue du Texel, et fit ensuite route pour Dunkerque, où il mit à terre soixante-quatre prisonniers.

Trait inouï d'audace et d'intrépidité de quelques marins français.

La corvette la *Bonne-Citoyenne* faisait partie d'une division expédiée de Rochefort le 4 mars 1796, pour les Indes-Orientales, sous les ordres du contre-amiral Sercey. A la hauteur du cap Finistère, cette division reçut, vers le milieu de la nuit, un coup de vent qui brisa le petit mât de hune de la corvette et son grand mât de perroquet. Ainsi démâtée et séparée de la division, la *Bonne-Citoyenne* fut rencontrée par des forces ennemies supérieures, prise et renvoyée à Portsmouth. L'équipage fut retenu prisonnier dans ce port.

Félix et Thierry, le premier chef de timonnerie, et le second pilote-côtier de la corvette, furent envoyés à Pétersfield, où pendant sept mois on les traita avec beaucoup de rigueur. Résolus enfin de sortir de cette dure position, ils allèrent pendant la nuit sur les côtes de Portsmouth, dans le dessein de s'y emparer d'une embarcation qui pût les porter sur les rivages de leur patrie; mais ils furent arrêtés par les gardes-côtes, et conduits comme déserteurs dans les prisons de Portsmouth. Ils furent bientôt enlevés de ces prisons avec six autres Français, et transportés, sans aucune forme de jugement, au dépôt des prisonniers condamnés à être déportés à Botany-Bay.

Ils restèrent dans ce dépôt environ trois semaines, pendant lesquelles la triste perspective du sort qui les attendait, leur fit tenter toutes sortes de moyens pour s'y soustraire. Ils s'échappèrent une seconde fois avec leurs six camarades d'infortune, et se rendirent sur les côtes de Douvres, toujours dans l'intention de gagner celles de France. Ils furent encore saisis par les fencibles. Conduits sur un vieux bâtiment, lieu de rassemblement pour les déportés, ils essuyèrent pendant huit mois, avec la rigueur de la saison, une disette affreuse et les traitemens les plus inhumains.

Enfin le 28 mars 1797, on les embarqua sur un vaisseau de la compagnie des Indes. Ce bâtiment, nommé *Lady-Shore*, de cinq cents tonneaux, et armé de vingt-deux canons, était chargé de cent dix-neuf prisonniers pour Botany-Bay, de vingt-six hommes d'équipage et de cinquante-huit soldats bien armés. Ces braves Français n'avaient d'autres moyens de recouvrer leur liberté qu'en se rendant maîtres du bâtiment. Ils conçoivent ce hardi dessein ; mais réduits au nombre de huit, sans armes, sans espoir de secours, devaient-ils compter sur le succès ?

Cependant ils confient leur résolution à trois Allemands et à un Espagnol, condamnés comme eux à la déportation. Leurs forces ainsi augmentées, ils tiennent conseil, forment leur plan d'attaque, conviennent du moment, se distribuent à chacun leurs fonctions, et jurent tous de mourir à leur poste.

Le moment de l'exécution fut fixé à deux heures du matin, le 1er. août. Le navire se trouvait alors par le 19°. de latitude sud et le 36°. de longitude ouest. Ils se rendent furtivement, et un par un, dans le panneau de la force armée, saisissent les armes des soldats endormis, et attendent en silence le signal convenu, qui était le cri de *Vive la France!* A ce cri, tous s'élancent avec la rapidité de l'éclair, un sur le panneau où couchaient les femmes, deux aux côtés du panneau des soldats, avec ordre de tuer quiconque se présenterait pour sortir, deux autres sur les passavants pour faire feu sur tous les soldats ou matelots qui se trouveraient sur le pont et qui refuseraient de se rendre; deux se portent au panneau de derrière où couchaient les officiers; deux se rendent chez le capitaine et le somment de rendre son bâtiment et sa personne; deux tiennent en arrêt l'officier de quart avec deux autres officiers de service et les forcent de garder le plus profond silence;

enfin le douzième force une caisse de munitions, en distribue à tous les postes, et veille à ce que ses frères d'armes ne soient pas pris entre deux feux.

L'officier de quart les voyant armés et courir à la fois sur tous les points du bâtiment, saisit ses pistolets et en blesse un mortellement; mais lui-même est tué sur-le-champ. Le capitaine, qui ne voit devant lui que deux hommes armés, veut faire résistance; à l'instant, il reçoit trois coups de baïonnette, et crie, en tombant du pont dans l'entre-pont : *Rendez le bâtiment aux Français !* Effrayé des menaces qui lui sont faites, le commandant de la troupe répète le même cri.

Cependant les soldats prennent leurs armes et veulent s'élancer hors du panneau; mais un Français s'empare d'un tonneau de salaisons, et le fait tomber dans le panneau sur un caporal, qui jette un si grand cri, que tous les soldats effrayés et ignorant le nombre des insurgés qui combattent sur le pont, s'écrient qu'ils se rendent prisonniers. Devenus maîtres de tous les postes, et assurés du bâtiment, les Français répètent en signe de victoire le cri de *Vive la France !* mais dans la crainte d'une révolte, ils ferment tous les panneaux, et désarment ensuite officiers, soldats, matelots : enfin ils nomment Sélis capitaine et Thierry lieutenant de la prise. Ces deux officiers publièrent aussitôt, pour leur propre sûreté et la conservation de leur prise, un règlement sévère en langue française, qui fut ensuite traduit en anglais, publié et affiché. Les chefs des prisonniers furent contraints de signer le certificat de prise, dans les formes établies par les lois de la guerre.

Cependant les vainqueurs craignaient, avec raison, que le peu de moyens qu'ils avaient ne fussent insuffisans pour contenir leurs nombreux prisonniers. Ils saisirent donc l'occasion d'en débarquer vingt-neuf, presque tous chefs ou soldats, sur les côtes du Brésil, après leur avoir donné des vivres et des instrumens pour se diriger. Comme ils ne se trouvaient pas en assez grand nombre pour la manœuvre du bâtiment, ils proposèrent aux matelots anglais de continuer leur service avec promesse de récompense. Ceux-ci acceptèrent, et l'on fit voile pour *Monte-Video*, dans la rivière de la Plata, où l'on arriva le 31 août.

Sélis et Thierry espéraient vendre leur prise à *Monte-Video*, et trouver ensuite les moyens de repasser en France avec leurs compagnons; mais quoique l'Espagne fût l'alliée de la France, le gouverneur de la ville contesta la validité de leur capture, et les traita même avec rigueur. Ils protestèrent contre cette injustice vis-à-vis du vice-roi de la province, et, sans attendre sa réponse, ils surent faire parvenir à l'ambassadeur français à Madrid, toutes les pièces qui constataient leurs droits sur le navire anglais *Lady-Shore*. L'ambassadeur réclama auprès du prince de la Paix, et des ordres furent expédiés pour que les Français restassent maîtres de disposer à leur gré du bâtiment et de la cargaison, que les Allemands et l'Espagnol qui les avaient si bien secondés, fussent traités comme eux, et que les prisonniers qu'ils avaient faits, considérés comme appartenant à la France, ne pussent être échangés que par elle et suivant le mode des échanges.

Exploits de deux corsaires de Boulogne, en 1797.

Deux bâtimens, du port de Boulogne, l'*Espiègle*, de dix canons de quatre, et le *Rusé*, de huit canons du même calibre, commandés par les capitaines Duchesne et Fourmentin, pénétrèrent, dans la nuit du 20 au 21 décembre, au milieu d'un convoi qui filait vers la côte d'Angleterre, sous l'escorte d'une frégate et de plusieurs bâtimens de guerre. Le capitaine de l'*Espiègle* s'approche d'un navire écarté qu'il croit marchand, et prend la résolution de s'en rendre maître. Bientôt il reconnaît son erreur en voyant un brick canonnier, portant des canons de dix-huit et des caronades de trente-deux. Point de moyen de fuir sous le feu de ce redoutable ennemi : il faut se rendre ou l'enlever à l'abordage. Duchesne et son équipage s'arrêtent à ce dernier parti ; et leur courage s'accroît à la vue du *Rusé* qui vient à leur secours. Renonçant presque à se servir de leurs petits canons, les braves Français font sur le brick ennemi un feu de mousqueterie bien nourri, en même temps qu'ils cherchent à l'accoster bord à bord. Après plusieurs tentatives infructueuses, l'*Espiègle* parvient à jeter quatorze hommes à bord du navire anglais. A leur tête était le nommé *Tack*, de Dunkerque, capitaine en second du corsaire. Un coup de sabre qu'il avait reçu dans le flanc n'avait fait qu'augmenter la fureur avec laquelle il chargeait l'équipage ennemi, lorsqu'une balle l'atteignit au cou, et le mit hors de combat. Malgré cet accident, les Français se rendirent bientôt maître du brick, dont l'équipage, fort de plus de soixante hommes, cessa de se défendre lorsqu'il eut vu tomber plusieurs des siens, entre autres le capitaine et son second, qui furent grièvement blessés. Le lendemain, les deux corsaires entrèrent à Boulogne avec leur prise, et furent accueillis au bruit des fanfares et des acclamations de tous les habitans.

Bataille navale d'Aboukir, perdue au mois d'août 1798, par l'amiral français Brueys, contre l'amiral anglais Nelson.

Après que la flotte, qui portait l'armée française en Égypte, eut opéré son débarquement à Aboukir, sous les ordres de l'amiral Brueys, elle demeura près d'un mois dans la baie de ce nom, ouverte aux vents et à l'ennemi. Pendant cet intervalle, ses vivres s'épuisaient, et bientôt elle en eût manqué totalement, s'il ne lui eût été envoyé de Rosette une petite quantité de riz.

Cette flotte avait été vainement poursuivie

par Nelson. Enfin, après des informations certaines, il sut qu'elle s'était dirigée vers l'Égypte. Déterminé à la combattre, il prit cette route, et arriva, le 1er. août, en vue d'Alexandrie. Peu d'heures après, il eut connaissance de la flotte française mouillée dans la rade d'Aboukir, située à neuf lieues à l'orient d'Alexandrie, et prit aussitôt le parti de l'aller attaquer.

Ce fut le vaisseau de ligne l'*Heureux* qui signala le premier l'escadre anglaise : il était deux heures. La première chose faite fut de rappeler à bord tous les canots et les chaloupes, avec les marins qui avaient reçu l'ordre de creuser des puits, et vingt-cinq soldats qui les protégaient. Les équipages des frégates passèrent en même temps sur les vaisseaux de ligne. A trois heures et demie, l'ennemi s'étant considérablement approché, l'amiral Brueys fit le signal de *branle-bas* ou de se préparer au combat.

Lorsque la manœuvre de l'ennemi ne permit plus de doute que son intention ne fût d'attaquer le soir même, l'amiral français signala son intention de combattre non à voile, mais à l'ancre. A cinq heures l'escadre anglaise se forma en ligne de bataille et se dirigea dans un ordre admirable vers la ligne française. Ce ne fut qu'à cinq heures et demie, que tous les pavillons furent arborés de part et d'autre et que le feu commença. Les vaisseaux ennemis le reçurent sans riposter, et continuèrent à pousser leur pointe. Bientôt, par une savante et audacieuse manœuvre de Nelson, l'avant-garde et le centre de l'armée de France furent entourés par les vaisseaux ennemis, et ne durent plus s'attendre qu'à succomber. L'arrière-garde demeura paisible spectatrice de leur défaite.

Le soleil allait disparaître sous l'horizon, lorsque les deux escadres se trouvèrent ainsi engagées. De chaque côté l'acharnement était égal, et lorsque la nuit se fut répandue sur la baie, le combat continua avec une ardeur extraordinaire. Deux vaisseaux, que Nelson avait détachés pour reconnaître le port d'Alexandrie, et qui n'avait pu le rejoindre avant le soir, arrivèrent, comme il était déjà nuit, et se placèrent de manière à ajouter à l'avantage des assaillans. Mais c'était en vain que les vaisseaux français se défendaient avec un courage héroïque dans la malheureuse position où ils se trouvaient. L'inaction de l'arrière-garde les condamnait à la destruction ou à devenir la proie de l'ennemi. Le *Guerrier* et le *Conquérant*, qui avaient vu défiler sur eux, au vent et sous le vent, cinq gros vaisseaux ennemis, étaient totalement démâtés peu après sept heures, et la plus grande partie de leur équipage ayant été mise hors de combat, ils durent succomber les premiers. Parmi les autres qui opposèrent une résistance glorieuse à leurs nombreux adversaires, se distinguèrent le *Spartiate* et le *Franklin*.

Le *Tonnant* et l'*Orient* furent d'abord plus heureux que les vaisseaux qui les précédaient; et ils obtinrent un avantage marqué sur ceux des ennemis qui, les premiers, se présentèrent pour les attaquer. Le premier fit le plus grand mal au *Majestic*, dont le capitaine fut tué et presque tous les officiers furent mis hors de combat, ainsi que deux cents matelots. Le *Bellérophon* fut presque écrasé par l'*Orient*. Deux bordées de plus l'auraient coulé bas, si, après avoir coupé son câble, il ne se fût laissé dériver vers l'embouchure du Nil.

Depuis le commencement du combat, l'amiral Brueys se tenait sur la dunette de son vaisseau l'*Orient*, avec tous les officiers de son état-major, son capitaine de pavillon Casa-Bianca, et l'ordonnateur de l'escadre Joubert. Dans la première heure de l'action, il avait été blessé légèrement au visage et à la main; peu après huit heures, il est atteint d'un boulet qui le coupe presque en deux. On s'approche pour l'enlever et le transporter au poste des blessés; mais il s'y oppose et prononce d'une voix ferme ces paroles remarquables: *Un amiral français doit mourir sur son banc de quart.* Un quart d'heure après, il avait cessé de vivre. Soit que l'équipage de son vaisseau ignorât ce malheur, ou que son courage fût plus grand encore que la perte qu'il venait de faire, il continua à se battre avec acharnement.

L'amiral anglais n'était guère plus heureux que les commandans français: Nelson fut atteint à la tête d'un morceau de mitraille. Croyant sa blessure mortelle, il se fit descendre au poste du chirurgien, et demanda le chapelain pour l'assister dans ses derniers momens; mais la plaie n'était que superficielle: ce n'était qu'un large morceau de la peau du front qui lui retombait sur la figure;

cependant il demeura dans le faux pont, occupé à dicter le commencement de ses dépêches et à régler quelques promotions. Ce fut là qu'il reçut, des mains de son capitaine de pavillon, l'épée du commandant du *Spartiate*.

Vers neuf heures, la tête de la ligne française avait considérablement ralenti son feu. Peu après, ce feu ayant cessé tout-à-fait, ce silence fit pressentir au reste de l'escadre qu'elle s'était rendue. Bientôt, il ne fut plus permis d'en douter, quand on vit les vaisseaux ennemis refluer vers le centre et l'arrière garde.

À neuf heures et quelques minutes, le feu éclata sur la dunette et dans la chambre du conseil de *l'Orient*. Dès ce moment les Anglais cessèrent de tirer sur ce vaisseau, et s'en éloignèrent pour se réunir en plus grand nombre contre le *Franklin* et le *Tonnant*, dont les équipages continuèrent de se défendre avec une extrême bravoure, malgré la perte énorme que chacun d'eux avait déjà essuyée.

Cependant les flammes dévoraient successivement toutes les parties élevées de *l'Orient*.

À la vive clarté qu'elles répandaient, on distinguait parfaitement la position des deux escadres et la couleur de leurs pavillons. Bientôt tout espoir d'arrêter l'incendie fut perdu, et néanmoins l'équipage du vaisseau continuait de tirer sur ceux de l'ennemi qu'il pouvait découvrir. Enfin, quand le feu menaça d'atteindre ces braves marins, ils se précipitèrent à la mer, pour gagner la terre ou un des vaisseaux les plus proches, soit à la nage, soit en s'accrochant aux nombreux débris qui flottaient autour du vaisseau. Par le bonheur le plus rare, le chef d'état-major Gantheaume trouva le moyen de se jeter dans un canot, et gagna le brick le *Salamine*, puis le fort d'Aboukir et de là Alexandrie. Casa-Bianca ne fut pas si heureux. On a rapporté dans le temps, que son fils, encore très-jeune, mais qui voulait périr ou se sauver avec son père, l'ayant placé sur l'un des débris de la mâture de l'*Orient*, ils furent tous deux engloutis dans les flots, quand ce vaisseau vint à sauter. Selon un autre rapport, Casa-Bianca était demeuré au poste des blessés, et périt, lors de l'explosion, dans les bras de son fils, qui n'avait pas voulu l'abandonner.

De quelque manière que le père et le fils aient péri, ce trait de tendresse filiale du jeune Casa-Bianca n'en est ni moins héroïque, ni moins certain.

A dix heures trois quarts le vaisseau l'*Orient* sauta en l'air. Il s'élança de ses flancs embrasés une immense gerbe de feu, avec un bruit semblable à celui de cent tonnerres. Elle s'éleva jusqu'à une hauteur prodigieuse, et tout l'horizon fut éclairé de son affreuse lueur. A cette clarté éblouissante, à cette détonation épouvantable succédèrent une profonde obscurité et un effrayant silence. Ce silence solennel ne fut d'abord interrompu que par la chute des mâts, des vergues, des canons, des débris de toute espèce, qui, lancés à une grande hauteur, retombaient, les uns après les autres, dans la mer, avec fracas.

L'espèce de stupeur dans laquelle cette explosion avait plongé les deux escadres, dura environ un quart d'heure. Après ce court intervalle, le feu, qui avait cessé des deux côtés, recommença. Le combat qui, jusqu'alors, avait été peu vif à l'arrière-garde, devint plus acharné. Le *Tonnant*, l'*Heureux* et le *Mercure* avaient, peu de temps avant l'explosion, coupé leurs câbles pour se dérober aux dangers dont l'*Orient* les menaçait : ils furent attaqués avec vigueur. Les deux derniers étaient échoués. De tous les vaisseaux placés en avant d'eux dans la ligne, le *Franklin* seul, quoique démonté de deux mâts, et ayant toutes les pièces de ses deux batteries démontées, résistait encore. Les braves défenseurs de ce vaisseau, entourés de cinq bâtimens anglais, s'obstinèrent néanmoins à combattre avec le petit nombre de pièces de trente-six, pour l'honneur du pavillon. *Tirez toujours*, leur criait leur brave capitaine Duchayla, tout blessé qu'il était, *notre dernier coup de canon peut être funeste à l'ennemi*. Cependant plus des deux tiers de l'équipage étaient tués ou blessés. Le reste, excédé de fatigues, eût bientôt éprouvé le même sort. Dans cette extrémité, le capitaine de frégate Martinet, rendit le vaisseau au moment où les Anglais montaient à l'abordage.

Le feu de l'ennemi se ralentit peu à peu, et cessa tout-à-fait à trois heures et demie, après minuit, après que le *Tonnant*, démâté de tous mâts et criblé de boulets, eut été obligé de couper son câble une seconde fois et de s'échouer.

Le 2 août, au point du jour, six vaisseaux français, et trois frégates déployaient encore leurs pavillons. La frégate la *Justice* avait mis à la voile pour être plus en état d'exécuter les ordres de l'amiral Villeneuve. Son capitaine, s'apercevant que le *Bellérophon* arborait son pavillon, quoiqu'elle l'eût amené la veille, voulut s'en approcher. Il paraissait échoué à la côte, mais comme il présentait le travers au large, et qu'on le vit mettre quelques canons au sabord, la *Justice* revira et vint se rapprocher du *Guillaume-Tell*.

De trois heures et demie à six, les Anglais s'étaient occupés à regréer leurs vaisseaux les moins désemparés. Nelson ne put détacher d'auprès de lui que le *Goliath* et le *Theseus*, pour aller renforcer ceux qui avaient lutté pendant la nuit contre l'arrière-garde française, et qui avaient besoin de ce renfort pour recommencer le combat. Ces deux vaisseaux s'approchèrent à six heures et demie de l'*Heureux* et du *Mercure*, se mirent à les canonner, et les obligèrent à amener leur pavillon.

Les ennemis attaquèrent ensuite l'*Artémise* qui, dès le commencement de l'action, avait quitté son poste auprès de l'*Orient*, pour se rapprocher de l'arrière-garde. Après avoir lâché une bordée au *Theseus*, cette frégate amena son pavillon; mais le capitaine mit ensuite le feu à son bâtiment, et s'enfuit à terre avec tout ce qui restait de l'équipage, dont une partie avait été envoyée à bord d'autres vaisseaux.

Lorsque la *Justice* leva son ancre, le matin, le *Zéalous*, le seul des vaisseaux anglais en état de mettre à la voile, appareilla également. Pendant toute la matinée, il se mit à courir des bords, par le travers, mais hors de la portée du canon de l'arrière-garde française. Nelson, dont les vaisseaux étaient délabrés, ne put inquiéter d'aucune manière les tristes restes de l'escadre républicaine. Villeneuve mit à profit le repos que lui laissait cet amiral, occupé à remettre ses vaisseaux en état de combattre promptement les siens. Il répara ses avaries qui étaient peu considérables, et à onze heures et demie, il fit le signal d'appareiller. Peu de temps après, le *Guillaume Tell*, le *Généreux*, la *Diane* et la *Justice* mirent sous voiles, et se formèrent en ligne de bataille, courant au large. Villeneuve gagna bientôt le large sans être poursuivi, les vainqueurs n'ayant pas deux vaisseaux en état de manœuvrer; et en quelques jours il atteignit l'île de Malte.

La victoire qu'obtint Nelson à Aboukir, fut peut-être la plus décisive qui eût encore été remportée sur mer depuis l'invention de la poudre. Les Français perdirent dans cette bataille onze vaisseaux de ligne, sur treize, brûlés ou pris, plusieurs milliers de marins et quantité de bons officiers. Sur cinq amiraux, le commandant en chef fut tué, le commandant en second eut le nez emporté, et le chef d'état-major fut exposé à périr dans les flammes.

L'amiral Brueis, qui périt sur son vaisseau l'*Orient*, était né à Uzès, d'une ancienne et noble famille, vers le milieu du dix-huitième siècle. Dès sa plus tendre jeunesse, il avait servi dans la marine militaire.

Casa-Bianca était d'une famille distinguée de l'île de Corse. Il était entré fort jeune dans le service de mer, et s'y était distingué par sa bravoure; il avait été membre de l'assemblée conventionnelle, et ensuite des Cinq-Cents.

Combat de la frégate *la Seine*, contre trois frégates anglaises, en 1799.

Cette frégate, revenait de l'île de France, chargé de six cent-dix hommes, et le 29 juin, elle découvrait la côte de Bretagne, aux environs de Lorient, lorsqu'on aperçut trois gros bâtimens qui s'avançaient sur elle couverts de voiles. C'était une division anglaise, composée des frégates le *Jason*, la *Pique* et la *Mermaid*. Le lieutenant Bigot, commandant de la *Seine*, voyant que ces bâtimens pouvaient lui couper le chemin de Lorient, prit chasse vers Rochefort, pour tâcher d'atteindre le Pertuis-Breton. La chasse dura toute la journée. Bigot ne désespérait pas d'atteindre le Pertuis avant la nuit close, lorsque, étant arrivé à la hauteur de l'*Ile-Dieu*, il vit une autre division, mouillée entre cette île et la côte, appareiller pour lui couper la terre. Il tint le large et prolongea la chasse; mais le soir, il fut atteint par le Jason.

Le combat commença vers dix heures. Il fut d'abord favorable à la *Seine*, qui mit un moment le feu au *Jason*. La *Pique*, remplaça ce bâtiment ; et dès la seconde bordée elle fut forcée à se retirer. Le *Jason*, après avoir éteint le feu qui avait pris à son bord, se présenta une seconde fois pour combattre la *Seine*. Il en fut reçu aussi vigoureusement que la première fois, et la *Pique* fut obligée de venir à son secours. Pendant que la frégate française combattait contre deux frégates ennemies, la *Mermaid* s'approchait pour se joindre à celles-ci. Dans un si grand danger le capitaine Bigot prend la résolution de s faire échouer. Il dirige sa route, en conséquence, et vient prendre terre à une heure et demie du matin sur les côtes de la Vendée, près d'un lieu nommé le *Grouin-de-la-Tranche*. La frégate la *Pique*, qui suivait la *Seine* à portée de pistolet, s'échoue presque aussitôt qu'elle ; le *Jason* ne tarde pas à en faire autant ; et la *Mermaid*, voyant le feu de ces bâtimens, ne soupçonne pas qu'ils sont à la côte, et va aussi s'échouer.

Dans cette position, le combat ne cessa pas. Pour achever d'accabler la *Seine*, l'autre division ennemie, composée d'un vaisseau de ligne et de deux frégates, s'approcha pour la canonner; mais la crainte d'échouer aussi la faisant tenir au large, son feu ne fut ni vif ni long. Celui de la *Seine* ne se ralentissait qu'à mesure que ses pièces étaient démontées, et il ne cessa que lorsqu'il n'y eut plus que trois canons en état de tirer. Il était trois heures, et déjà la *Pique* entièrement écrasée ne tirait plus. La frégate française, démâtée de tous ses mâts, avait neuf pieds d'eau dans la cale; toutes ses poudres étaient submergées ; la moitié de son monde était hors de combat : il fallut donc céder. Le capitaine Bigot se rendit au *Jason* pour conserver le reste de son équipage, qu'il lui était impossible de faire sauver à terre.

Quand le jour fut venu, l'autre division anglaise se porta au secours des quatre frégates échouées. Ce ne fut qu'avec un extrême difficulté qu'on releva le Jason, dont toute la mâture était endommagée, toutes les manœuvres hachées, et toutes les voiles en lambeaux.

Le brave capitaine Bigot fut conduit en Angleterre, où il reçut, des ennemis mêmes, les éloges dus à l'éclatante bravoure qu'il avait déployée dans le combat, et par une distinction particulière, l'amirauté anglaise consentit à le comprendre dans le premier échange qui aurait lieu. Quelques mois après, il rentra dans sa patrie pour y être élevé par le gouvernement directorial du grade de lieutenant à celui de capitaine de vaisseau, sans passer, contre l'usage, au grade de capitaine de frégate.

Combat glorieux du brick *le Lodi*, sous les ordres du lieutenant de vaisseau Sénequier, contre le brick anglais *l'Aigle*, d'une force très-supérieure; en 1799.

Le brick le *Lodi*, portant des dépêches et quelques passagers à la destination de l'Égypte, sortit du port de Livourne dans la matinée du 4 juillet. Poussé par un vent favorable, il courut jusqu'au soir sans rencontrer un seul ennemi. A neuf heures trois quarts, il se trouva tout à coup à une petite distance d'un bâtiment qui le héla : c'était l'*Aigle*, brick de la marine britannique, auquel il était bien inférieur en force. Le bâtiment ennemi s'avançant sur le sien, Sénequier fit amener toutes ses petites voiles et manœuvra pour lui présenter le travers.

Au moment où ce capitaine faisait faire un mouvement pour enfiler son adversaire par l'avant, l'*Aigle* plein de confiance dans la supériorité de son artillerie, s'approcha du *Lodi* jusqu'à engager son beaupré dans la brigantine de celui-ci. Alors commence entre les deux bâtimens un feu roulant de mousqueterie. Celui du *Lodi* l'emporte bientôt sur celui de l'*Aigle*, parce que tous les officiers passagers se sont armés de leurs fusils, et que mêlés à l'équipage ils tirent contre l'ennemi avec autant d'adresse que de vivacité.

Pendant presque toute l'action, qui fut très-meurtrière, les deux bâtimens restèrent presque bord à bord, et l'acharnement avec lequel on se battait de part et d'autre ne faisait espérer la fin du combat qu'après qu'un des deux bâtimens aurait été enlevé à l'abordage. Deux fois l'*Aigle* essaya, mais sans succès, de jeter du monde à bord du *Lodi*. L'abordage, ordonné par Sénequier, malgré la bravoure de l'équipage et des passagers, n'est pas plus heureux; l'*Aigle*, plus élevé que le *Lodi*, pouvait mieux défendre l'invasion de son pont.

Après ces inutiles tentatives d'abordage,

les deux bâtimens demeurèrent acostés, sans cesser de tirer l'un sur l'autre. Mais quelque temps après minuit, le feu de l'*Aigle* cessa tout à coup; Sénequier s'imaginant que ce brick manquait de munitions, cria aux Anglais de se rendre; vaine sommation. Pour toute réponse, l'équipage ennemi recommence un feu vif de mousqueterie, accompagné de quelques coups de canon; mais en même temps il cherche à gagner le large. Dans ce moment, le *Lodi* lui envoie une volée qui fait tomber son mât de misaine et le grand mât de hune. Privé de la plus grande partie de ses voiles, le capitaine de l'*Aigle* n'a plus pour s'échapper d'autre ressource que la rame, et renonçant à tirer, il met tout son équipage aux avirons.

Le *Lodi* avait aussi ses manœuvres dans un mauvais état; mais il ne cessa pas de poursuivre son adversaire, qui fut obligé de se retirer vers la côte neutre de Toscane, en faisant des signaux de détresse. Sénequier le voyant sous le canon d'un fort où les lois de la neutralité défendaient de l'attaquer, l'abandonna, reprit le large, répara ses avaries et fit voile vers l'Égypte. Dans le combat, qui dura plus de quatre heures, ce brave capitaine fut blessé, ainsi que deux officiers de marine et quelques officiers de terre.

Prise de la frégate anglaise l'*Embuscade*, par la corvette française la *Baïonnaise*, sous les ordres du lieutenant de vaisseau Edmond Richer, en 1799.

La corvette la *Baïonnaise*, portant vingt canons de huit, revenait de Caïenne, où elle avait été envoyée par le gouvernement. Le 14 décembre, elle n'était plus qu'à environ trente lieues des côtes de France lorsqu'elle fut chassée par l'*Embuscade*, frégate anglaise armée de quarante-deux bouches à feu de différens calibres. Après avoir fait d'inutiles efforts pour échapper à un ennemi si supérieur en force, il fallut combattre. La grande disproportion de forces qui existait entre les deux bâtimens n'empêcha pas l'action de durer trois heures, sans nul avantage marqué de part ni d'autre. La frégate ennemie, voulant enfin décider l'affaire, força de voiles et se rapprocha jusqu'à portée de pistolet de la corvette française, cherchant à la tourner tantôt par l'avant, tantôt par l'arrière. La supériorité de son artillerie se faisant

mieux sentir depuis qu'elle s'était rapprochée, il devenait impossible à la *Baïonnaise* de soutenir plus long-temps une lutte si désavantageuse; il fallait ou succomber ou terminer par un coup hardi ce combat trop inégal. Tout l'équipage est pénétré de la nécessité d'aborder, et de tout côté se fait entendre le cri : *à l'abordage! à l'abordage!* Richer, après un moment d'hésitation, s'écrie enfin : « *Mes amis, je compte assez sur votre bra-*
» *voure et sur votre attachement à la patrie*
» *pour me rendre à vos désirs.* » Ces paroles sont accompagnées des plus vives acclamations, et chacun se jette sur les haches, sabres, pistolets, piques et autres armes, et tout l'équipage se dispose à sauter à l'abordage de la frégate, dont le capitaine essaie en vain de s'opposer à cette généreuse résolution. Les deux bâtimens se heurtent, ce choc ébranle la mâture de la *Baïonnaise*, déjà criblée, et son mât de misaine tombe sur le gaillard d'arrière de l'*Embuscade*; c'est un pont qui s'offre aux braves Français pour s'élancer à bord du bâtiment ennemi; ils le franchissent malgré une grêle de balles de fusils et de pistolets qui tombe sur eux. Lorsqu'ils ont at-

tent le bord, une haie de piques leur barre l'entrée de la frégate; cet obstacle ne ralentit point leur ardeur, et cède à leur intrépidité. Dans un instant, ils se rendent maîtres du gaillard d'arrière de la frégate. Chassés de ce poste, les Anglais se retranchent sur les passavans et sur le gaillard d'avant, et recommencent sur les Français une vive fusillade; ceux-ci font les plus grands efforts pour pénétrer dans ce dernier retranchement. Deux passages très-étroits se présentent; mais ils sont barricadés et défendus avec toute la bravoure du désespoir; plusieurs tentatives pour les forcer sont d'abord infructueuses, et pendant près d'une demi-heure les assaillans sont alternativement repoussés, et reviennent à la charge avec une fureur toujours nouvelle. Le carnage est affreux; enfin la valeur française triomphe, le gaillard est emporté et les Anglais mettent bas les armes. Aux acclamations des vainqueurs répondent celles de leurs camarades restés sur la corvette.

À peine les Français avaient-ils amené l'*Embuscade*, que le reste des mâts de la *Baïonnaise* tomba à la mer. On fut donc obligé de la faire remorquer par la frégate anglaise, sur laquelle passa la plus grande partie de l'équipage français. Ce fut ainsi qu'elle fit son entrée dans la rade de Rochefort. Les blessés des deux équipages furent également bien soignés dans ce port. Parmi eux se trouvaient le capitaine français et le capitaine anglais; le premier avait reçu une blessure à la main droite et l'autre à la cuisse.

La nouvelle de cette victoire de la *Baïonnaise* fut reçue avec transport à Paris et dans toute la France. Le lieutenant de vaisseau Richer fut élevé au grade de capitaine de vaisseau, sans passer par le grade intermédiaire de capitaine de frégate. Les autres officiers reçurent aussi un avancement, et l'équipage fut récompensé avec toute la générosité qu'il méritait.

Expédition de l'amiral Gantheaume dans la Méditerranée, en 1801.

Une armée anglaise était rassemblée aux îles de Majorque, de Minorque et d'Iviça, sous les ordres du général Keith. Bonaparte, informé que cet armement était destiné pour l'Égypte, fit armer dans le port de Brest, avec autant de secret que de célérité, une escadre de sept vaisseaux de ligne, deux frégates et un brick, dont le commandement fut confié à l'amiral Gantheaume.

Cette escadre appareilla de Brest, le 7 janvier 1801, et alla mouiller à la rade de Bertheaume. Elle remit à la voile le lendemain; mais ayant aperçu une forte croisière anglaise, elle alla reprendre ce mouillage, et attendit que le gros temps forçât cette croisière de s'éloigner. Le 23 janvier, une tempête ayant rendu le passage libre, Gantheaume profita de l'éloignement des vaisseaux anglais pour appareiller pendant la nuit, et prévoyant que quelques-uns de ses bâtimens se disperseraient, il leur indiqua pour point de ralliement le cap Gata, sur la côte d'Espagne, entre Gibraltar et Carthagène.

Ce que cet amiral avait prévu ne manqua pas d'arriver, chaque bâtiment fit route selon l'inégalité de sa marche, et le plus ou moins d'avaries que lui causa le mauvais temps. A la hauteur du cap Finistère, la frégate la *Bravoure* fut rencontrée par une frégate anglaise dont le capitaine manœuvra pour éviter l'abordage.

Après avoir échappé à la flotte anglaise de

la Manche; l'amiral Gantheaume ne pouvait guère éviter celle de la Méditerranée, sous les ordres de l'amiral Keith. La fortune parut d'abord lui sourire, tous ses vaisseaux dispersés se réunirent le 10 février au cap Gata, sans que les Anglais s'y fussent opposés.

Après avoir rallié toute sa flotte, il se dirigea vers l'Égypte, en longeant la côte d'Afrique. Le même jour, il s'empara d'un cutter anglais, et trois jours après de la frégate le *Succès*. Ayant appris par ces deux prises qu'il avait été devancé sur les côtes d'Égypte par des forces ennemies bien supérieures aux siennes, il ne jugea pas à propos de s'avancer vers cette destination, et songeant à se délivrer du péril dont il était menacé, il changea de route, se dirigea sur le golfe de Lyon, et entra dans le port de Toulon avec les prises qu'il avait faites, sans que l'amiral Warren, qui s'était mis à sa poursuite, eût pu l'atteindre.

Combat sanglant de la frégate française l'*Africaine*, contre la *Phébé*, frégate anglaise. — Mort du brave capitaine Saulnier.

Dans le même temps que l'amiral Gantheaume longeait les côtes d'Afrique, une division de frégates, chargées de troupes de débarquement pour l'Égypte, sortait du port de Rochefort sous les ordres du capitaine Saulnier, qui montait l'*Africaine*, de quarante-quatre canons. Dès le lendemain de son départ, ce capitaine fut séparé par un coup de vent des autres frégates de sa division. Deux frégates et un brick anglais qu'il rencontra à la hauteur du cap de la Roca, sur la côte du Portugal, lui donnèrent chasse; mais il leur échappa, et parvint jusqu'au détroit sans avoir pu rallier un seul de ses bâtimens. Comme il longeait la côte d'Afrique, la *Phœbé*, frégate anglaise, le reconnut et le joignit. Il était nuit close lorsque l'action s'engagea, à portée de pistolet. Le capitaine Saulnier tenta deux fois d'enlever le bâtiment ennemi à l'abordage; mais les grenadiers et les chasseurs français, qui en grand nombre couvraient les gaillards et le tillac de l'*Africaine*, gênaient la manœuvre, tandis que l'équipage de la *Phœbé* manœuvrait en toute liberté; en vain Saulnier et ses officiers les invitèrent à descendre momentanément: ils prirent cette invitation pour une insulte à leur courage. Bientôt la première décharge de la *Phœbé* fit une affreuse boucherie de cette masse de braves, et les manœuvres furent de plus en plus entravées; les artilleurs de terre s'empressaient de remplacer les canonniers de marine; les grenadiers et les chasseurs prenaient la place des matelots renversés par le boulet ou par la mitraille, tandis que d'autres, courant çà et là, la hache d'abordage à la main, croyaient pouvoir se précipiter comme dans une redoute sur le pont de la frégate ennemie. Sur ces enfaites, le feu prend à l'*Africaine*, mais il est bientôt éteint par l'activité des soldats. Le combat dura plus de deux heures, avec le plus grand acharnement de part et d'autre. Le capitaine Saulnier succomba dans cette terrible lutte; le capitaine Magendie reçut à la tête une blessure très-grave; le chef de brigade Duguet, qui commandait les troupes à bord, fut emporté par un boulet, et presque tous les officiers reçurent des blessures plus ou moins dangereuses. Enfin, le pont étant couvert de cadavres, les canons démontés, la frégate désemparée et sur le point de couler bas, le lieutenant de vaisseau Lafitte se décida à amener son pavillon. Sur sept cent quinze individus qui se trouvaient à bord de l'*Africaine*, deux cents avaient été tués et cent quarante-trois mis hors de combat. Le capitaine ennemi Robert Barlow rendit les honneurs funèbres aux restes du capitaine Saulnier, et ne put s'empêcher d'exprimer ses regrets sur la mort d'un si brave officier.

Prise de plusieurs bâtimens anglais, entre autres d'un vaisseau de ligne, par l'amiral Gantheaume.

L'amiral anglais Warren, après avoir suivi Gantheaume jusqu'à Toulon, s'était mis en croisière devant ce port lorsqu'il reçut de l'amirauté l'ordre de se porter sur les côtes du royaume de Naples, que le général Murat menaçait d'une invasion. Après son départ, l'amiral Gantheaume, à qui Bonaparte avait envoyé l'ordre de se remettre en mer et de faire voile vers l'Égypte, sortit du port de Toulon le 20 mars, avec l'escadre dont il avait le commandement.

Warren, instruit de sa sortie et de la route qu'il avait prise, se mit sur-le-champ à sa poursuite, et, forçant de voiles, il arriva le 23 avril dans les eaux d'Alexandrie. Gantaume, informé de cette circonstance, perdit l'espoir de remplir sa mission, et revint une seconde fois à Toulon, pendant que l'Anglais le cherchait encore dans les parages d'Afrique.

Peu de temps après, sur un nouvel ordre du gouvernement, Gantheaume sortit de Toulon pour la troisième fois; et le 8 juin, avec quatre vaisseaux de ligne, une frégate, une corvette et deux transports, il reconnut la côte d'Égypte. Comme le port d'Alexandrie était étroitement bloqué par une forte escadre anglaise, la plage de Bengazi lui paraissant favorable pour un débarquement, il y fit jeter l'ancre, et fit tous ses préparatifs pour débarquer, conformément aux ordres qu'il avait reçus. La fortune vint encore le contrarier dans cet endroit. Tous les habitans de Bengazi, auxquels un grand nombre d'Arabes s'étaient réunis, parurent en armes sur le rivage, et dans le même temps, un des bâtimens de l'escadre signala dans l'est la flotte ennemie au nombre de quarante voiles. L'amiral français renonce aussitôt à son entreprise, fait couper les cables, et gagne le large. L'amiral Keith, qui, de son côté, a reconnu l'escadre française, la fait poursuivre à force de voiles : les deux bâtimens de transport tombent en son pouvoir, mais les quatre vaisseaux de ligne et la frégate parviennent à lui échapper.

Gantheaume, plus heureux qu'il ne devait s'y attendre, s'empara, en fuyant, de deux bâtimens ennemis. Il prit d'abord une corvette expédiée d'Angleterre avec des dépêches pour l'amiral Keith, et le 24 juin, il donna chasse à un vaisseau de guerre anglais, et l'atteignit : c'était le *Swistshure* de soixante-quatorze canons. Ce bâtiment laissa arriver, et courut vent arrière en hissant toutes ses voiles ; mais l'*Indivisible* et le *Dix Août* le gagnèrent et engagèrent le combat. Le capitaine Hallowel se défendit long-temps, et n'amena son pavillon que lorsqu'il se vit en danger de couler bas.

Devenu maître de ce vaisseau, l'amiral français y mit un équipage tiré de son escadre, continua sa route vers Toulon, et rentra dans ce port vers la fin de juillet. Il avait échappé avec beaucoup d'habileté à un engagement dans lequel l'infériorité de ses forces l'aurait fait nécessairement succomber.

Combat naval d'Algésiras, livré aux Anglais, par le contre-amiral Linois.

L'amiral Gantheaume, dans sa dernière course vers l'Égypte, avait été obligé de renvoyer de Livourne à Toulon les vaisseaux l'*Indomptable*, le *Formidable* et le *Desaix*, et une frégate, faute d'un nombre suffisant de matelots. Après que ces bâtimens eurent été réparés, le contre-amiral Linois en prit le commandement, pour aller se réunir dans le port de Cadix à un certain nombre de vaisseaux espagnols que l'Espagne avait mis sous les ordres du contre-amiral Dumanoir. Linois sortit de Toulon le 13 juin, et fit voile vers Cadix. Il avait doublé le cap Gata, et se disposait à embouquer le détroit de Gibraltar, lorsqu'il apprit que le port de Cadix était étroitement bloqué par l'escadre de sir James Saumarez, et que d'un autre côté il était suivi par des vaisseaux de l'escadre de Warren, auxquels il avait donné la chasse dans le golfe de Lyon. Dans cette extrémité, il n'avait pas d'autre parti à prendre que de se jeter dans la baie de Gibraltar : ce qu'il fit en mouillant à la rade d'Algésiras.

Averti par les vigies de Gibraltar de l'arrivée de la division française, l'amiral anglais, quitta aussitôt sa station pour se porter à la rencontre de l'ennemi, passa le détroit dans la nuit du 5 au 6 juillet, et se trouva le matin devant la pointe *del Carnéro*, à l'entrée de la baie de Gibraltar.

Au moment où l'escadre anglaise doublait le cap et formait sa ligne en ordre de bataille, la division française, mouillée par dix à douze brasses, devant Algésiras, était en mouvement pour prendre sa ligne d'embossage, qui devait être soutenue à sa droite par une batterie de sept pièces de dix-huit à vingt-quatre, établie sur un écueil, appelé l'*Ile Verte*, et à la gauche par une batterie de la côte, armée de cinq pièces de dix-huit. Au reste, les deux batteries étaient faibles et en mauvais état. Le vaisseau le *Formidable* était le plus au nord; il avait à sa droite le *Desaix*, l'*Indomptable* et la frégate la *Muiron*.

L'amiral anglais, voyant les vaisseaux français mouillés assez loin de la côte, et leur ligne imparfaitement flanquée, voulut imiter la manœuvre de Nelson à la bataille d'Aboukir : il fit prendre la tête de sa ligne au vaisseau le *Vénérable*, dont le capitaine connaissait parfaitement l'ancrage de la baie ; et tenant le vent, il fit gouverner sur le *Formidable*, dans le dessein de doubler ce vaisseau, de passer entre la terre et la ligne d'embossage, et par conséquent, de mettre la ligne française entre deux feux.

A huit heures du matin, l'escadre ennemie se trouvant à portée de l'*Ile Verte*, la batterie espagnole tira sur elle, et le combat de la droite à la gauche s'engagea à mesure que cette escadre prolongeait sa ligne. Linois, qui avait arboré son pavillon sur le *Formidable*, jugeant du dessein de l'ennemi par la manœuvre du vaisseau de la tête et des deux autres qui le suivaient, n'hésita point de donner le signal de couper les cables pour se faire échouer ; mais comme la brise avait molli, et qu'elle variait, le mouvement d'abattée fut long et inégal ; le *Desaix* souffrit des enfilades des vaisseaux qui le canonnaient ; l'*Indomptable*, se trouva, en touchant, dans une position critique, mais il ne ralentit pas son feu ; le *Formidable* présenta le travers au large, et l'avant au chef de file de la ligne ennemie, lequel toucha aussi en avant du vaisseau français; deux autres vaisseaux anglais s'embossèrent à portée de fusil.

Après ce premier engagement, qui dura deux heures, les manœuvres se trouvèrent endommagées de part et d'autre.

Les Anglais, n'ayant pu doubler la ligne française, essayèrent de s'emparer de l'*Ile-Verte*, dont la batterie, mal servie par les artilleurs espagnols, avait cessé de tirer. Le capitaine de la frégate la *Muiron*, qui vit leurs embarcations se diriger sur ce point, y détacha la garnison de son bâtiment, au nombre de cent-trente hommes, sous le commandement d'un capitaine d'infanterie. Cet officier arriva assez à temps pour empêcher les Anglais d'aborder. Un de leurs canots fut coulé bas et un autre pris. Ce renfort dans l'*Ile-Verte*, changea la face des choses : la batterie, servie par les canonniers français, recommença à tirer avec vivacité. Un des vaisseaux ennemis, le *Pompée*, qui toucha sur le bas-fond, situé vis-à-vis cette batterie, essuya le feu de l'*Indomptable*, et amena son pavillon ; mais remorqué par des chaloupes, et entraîné par le courant il ne put pas être pris.

Après l'échouage des vaisseaux français,

sept chaloupes canonnières espagnoles, sorties du port d'Algésiras, étaient venues former la gauche de la ligne, sous la protection de la batterie Saint-Jacques. Elles prirent une part si vive à l'action, que cinq d'entre elles furent coulées bas, ou mises hors de combat. La batterie de Saint-Jacques avait aussi ralenti son feu; mais le général de brigade Devaux, à la tête d'un détachement de troupes qu'il prit à bord du *Desaix*, si porta rapidement, et fit servir les pièces avec plus d'activité et dans une meilleure direction.

Le combat s'était renouvelé avec la plus grande vivacité; mais les Anglais ne purent résister long-temps au feu terrible des vaisseaux français et des batteries espagnoles, que servaient des soldats intrépides. Trois d'entre eux furent démâtés de leurs mâts de hune, et tous étaient avariés dans leur voilure; ceux qui étaient mouillés coupèrent leurs câbles: l'*Annibal*, échoué près du *Formidable*, essuyant le feu de ce vaisseau et celui de la batterie Saint-Jacques, amena son pavillon à deux heures après midi. L'amiral Saumarez, qui l'avait abandonné, fit cesser le combat, qui avait duré six heures, et se retira sous

Gibraltar avec les quatre vaisseaux qui lui restaient.

Les Anglais, dans ce combat opiniâtre et meurtrier, perdirent beaucoup plus de monde que les Français. Les capitaines Lalonde et Moncousu, le premier, commandant du *Formidable*, et l'autre de l'*Indomptable*, furent tués sur leur banc de quart. L'amiral Linois se fit un honneur infini par la résolution qu'il prit de se faire échouer, et par sa belle défense.

Beau combat du capitaine Troude dans le détroit de Gibraltar.

Les Anglais avaient perdu, dans le combat d'Algésiras, leurs principales forces; mais ils trouvaient à Gibraltar toutes les ressources nécessaires pour réparer les bâtimens avariés, et renforcer leurs équipages, tandis que l'amiral Linois n'avait à attendre des secours que de Cadix.

Cet officier général réclama avec instance auprès de l'amiral Massarédo, qui commandait la marine espagnole à Cadix, et auprès du contre-amiral Dumanoir, chargé par le gouvernement français des détails relatifs aux armemens, les secours sans lesquels il ne pouvait se relever de la côte d'Algésiras en présence de l'ennemi, et se rendre à Cadix. Comme ces secours tardaient à arriver par la lenteur de l'amiral. Massarédo, Linois lui écrivit, dans une seconde dépêche, qu'on lui avait renouvelé l'avis que l'ennemi se disposait à incendier ses bâtimens au mouillage, et qu'il pouvait sauver à la France trois beaux vaisseaux et une frégate, en ordonnant que l'escadre de Cadix vînt l'y chercher.

Le contre-amiral Dumanoir parvint enfin par ses sollicitations et son activité à tirer les Espagnols de leur apathie. Don Juan Moréno mit à la voile le 8 juillet 1801, et sortit de la rade de Cadix avec six vaisseaux de ligne, quatre frégates et un brick. Cette escadre, sur laquelle s'était embarqué Dumanoir, arriva le 9 juillet devant Algésiras; mais il était trop tard pour que les vaisseaux de Linois pussent être remorqués. Les Anglais, qui étaient déjà réparés, étaient postés en observation; il fallait, même avec des vents favorables pour passer le détroit, mettre les vaisseaux avariés en état de faire toute la voile indispensablement nécessaire pour sortir de la baie. On y travailla nuit et jour, et tout fut prêt le 12 au matin. A une heure après midi, le général Moréno fit signal d'appareiller, à raison de la marée. Les vents étaient à l'est : les mouvemens du vaisseau, qui était en tête de la ligne pour sortir de la baie, furent suivis successivement par tous les autres ; ainsi, l'ordre de bataille naturel de l'escadre espagnole se trouva formé de suite au vent des vaisseaux français. Malheureusement, la régularité de cet ordre fut dérangé, la marche des derniers vaisseaux retardée par un calme inégal qui survint à la hauteur de Gibraltar ; et dans le même temps, les Anglais, après avoir appareillé avec une brise fraîche, se formaient avec cinq vaisseaux de ligne, deux frégates et un brick, en ligne de bataille, au vent de l'escadre combinée.

Don Juan Moréno, se conformant alors à une ordonnance navale de son pays, quitta son vaisseau, et porta son pavillon sur la *Sabine*, une de ses frégates. Il exigea en même temps que Linois se rendît auprès de lui, pour concerter les mouvemens et la transmission des signaux. Alors le *Formidable*. que montait cet amiral, resta sous le commandement immédiat du capitaine Troude.

Au soleil couchant, les derniers bâtimens de l'escadre franco-espagnole étaient enfin parvenus à doubler la pointe *del Carnero*; il ne restait en arrière que le vaisseau l'*Annibal* dont le mauvais état fut cause qu'on le fit relâcher dans la baie d'Algésiras. Moréno, afin de faciliter le ralliement des vaisseaux que le calme avait surpris, fit mettre en panne à une lieue sous le vent de l'ennemi. Quand la ligne fut formée, il fit le signal de l'ordre de front pour arriver au détroit, et sa frégate, passant en avant de la ligne, alluma ses fanaux. L'escadre s'avança d'abord, malgré l'obscurité, dans un assez bon ordre; mais bientôt il ne fut plus possible à des bâtimens d'une voilure et d'une marche inégales, de s'observer mutuellement et de conserver leur poste.

Ce fut alors que l'amiral anglais, qui était resté en panne, au vent de l'escadre combinée, jusqu'après le coucher du soleil, força de voiles pour l'atteindre. Vers onze heures, le *Superbe* reçut l'ordre d'attaquer les vaisseaux de l'arrière-garde. Ce vaisseau passant entre les trois ponts espagnols, le *Réal-Carlos* et l'*Herménégilde*, lâcha sur l'un et sur l'autre ses bordées de tribord et de babord, et forçant de voiles, il se porta sur le *Saint-Antoine*, déjà attaqué par le *César*. Le *Réal-Carlos* et l'*Herménégilde*, que l'obscurité avait empêché d'apercevoir le changement de position du *Superbe*, croyant riposter à son feu, se prirent l'un et l'autre pour ennemis, se livrèrent un combat terrible, et finirent par s'aborder. Le vent fraichit tout à coup et devient impétueux ; alors le feu se déclare à bord du *Réal-Carlos*, et les flammes qui le dévorent, gagnent l'*Herménégilde* qui ne peut s'en séparer. Amis et ennemis, témoins de ce désastre, et ne sachant qu'elles sont les victimes, s'éloignent promptement de ce terrible incendie qui fait sauter les deux vaisseaux, à vingt minutes d'intervalle l'un de l'autre. Trois cents hommes seulement, sur deux mille qui composaient leurs équipages, échappèrent à la mort, en se jetant dans les embarcations ; mais pour comble de malheur, ils abordèrent le *Saint-Antoine* au moment où ce vaisseau, entièrement démâté, venait de se rendre au *Superbe* et au *César*.

Le jour vint éclairer l'amiral espagnol sur

les pertes qu'il avait faites ; il rallia le reste de l'escadre à l'exception du *Formidable*, dont la brise lui fit entendre le combat dans la partie de l'est ; il fit ensuite former une ligne de bataille, pour aller au secours de ce vaisseau, en suivant la direction de la fumée qu'il apercevait.

Le Formidable n'avait pu, dans le mauvais état où il se trouvait, et dans l'obscurité de la nuit, suivre la marche de l'escadre combinée. A minuit, il essuya le feu de cinq vaisseaux ennemis, qui tiraient à boulets rouges. Son commandant, le brave capitaine Troude, défendit de riposter, et voyant que les Anglais portaient trois feux de reconnaissance à la Corne, il fit hisser les mêmes feux, et réussit ainsi à se dégager. A une heure du matin, il avait perdu de vue l'escadre franco-espagnole, et s'estimant par le travers de Tanger, il manœuvra pour se trouver devant Cadix à la pointe du jour.

A quatre heures du matin, ce capitaine aperçoit dans ses eaux quatre vaisseaux ennemis : *le César*, monté par Saumarez ; *le Vénérable*, *le Supérieur*, et la frégate *la Tamise*. Sans balancer, il se dispose au combat, et renforce ses batteries par des hommes des gaillards. Il est joint d'abord par *le Vénérable* et *la Tamise*. Le premier envoie sa volée par la hanche de babord, et *le Formidable* arrive pour serrer cet adversaire au feu. Le combat le plus vif s'engage vergue à vergue ; Troude fait mettre jusqu'à trois boulets dans chaque canon. *La Tamise* le bat en poupe ; mais ses canons de retraite lui ripostent avec avantage. Les deux autres vaisseaux anglais arrivent successivement, mais ils ne peuvent doubler *le Formidable* au vent, et ils prennent position par sa hanche de babord. Les premières volées de ce vaisseau démâtèrent *le Vénérable* de son perroquet de fougue, et bientôt après de son grand mât. L'Anglais laisse arriver ; mais Troude le suit dans ce mouvement pour le battre en poupe, et fait en même temps canonner *le César*, qui, placé à l'avant du *Vénérable*, ne peut riposter. Dans cette position, *le Vénérable* perdit encore son mât de misaine.

Troude, serrant ensuite *le César*, le plus près possible, dirigea tout son feu contre ce vaisseau, qui, après une demi-heure d'engagement, abandonna la partie, et alla rejoindre *le Vénérable*, auquel *la Tamise* portait des secours. Il restait à combattre *le Superbe*, mais ce vaisseau passa hors de portée sous le vent au *Formidable*, et rejoignit les autres bâtimens.

A sept heures du matin, le capitaine Troude se trouvait maître du champ de bataille. Il fit monter dans les batteries le reste des boulets qui pouvaient lui faire soutenir encore une heure de combat ; rafraîchir son équipage et réparer son gréement, présumant que l'ennemi ne tarderait pas à commencer un nouvel engagement : il fit toutes ses dispositions pour le bien recevoir ; mais il ne voulut point s'y exposer, et fit route vers le détroit, laissant *le Vénérable*, échoué entre l'île de Léon et la pointe Saint-Roch. Enfin, à deux heures après midi, le vaillant capitaine français entra dans le port de Cadix aux acclamations de tous les habitans de cette ville, dont une grande partie avait été témoin de son exploit. Le reste de l'escadre franco-espagnole, vint aussi mouiller à Cadix, vers le soir du même jour qui était le 13 juillet.

Attaques infructueuses livrées par l'amiral anglais Nelson à la flotille de Boulogne.

Le premier consul Bonaparte, immédiatement après la conclusion du traité de Lunéville, avait formé le projet d'une descente en Angleterre, et pour le mettre à exécution, il avait fait construire un grand nombre de bateaux plats et de chaloupes canonnières, qui s'étaient ensuite rassemblés de différens points à l'entrée du port de Boulogne, sous la protection des batteries élevées en avant de cette ville. Le contre-amiral Latouche-Tréville, officier de distinction de l'ancienne marine, avait été nommé commandant en chef de cet armement. Les troupes que l'on y avait embarquées, étaient exercées aux manœuvres de mer, au service de l'artillerie, aux abordages, au débarquement.

Ces préparatifs répandirent l'alarme en Angleterre, et ce fut pour dissiper cette terreur, que Nelson reçut l'ordre de se rendre dans la Manche. Il arbora son pavillon sur la frégate *la Méduse*, et mit à la voile de la rade de Déal, le 1er. août 1801, avec quarante bâtimens de guerre, dont trois vaisseaux de ligne.

deux frégates, quelques bricks, cutters, bombardes, chaloupes canonnières et brûlots. Le lendemain, le 2, il arriva, en vue de Boulogne. Après avoir employé deux jours à reconnaître différens points de la côte, il concentra ses forces, et jeta l'ancre à une demi-lieue de la côte.

Le 4, à la pointe du jour, Nelson plaça lui-même ses bombardes dans une position oblique par rapport à la ligne française, en les rapprochant de l'extrémité droite de cette même ligne. Il s'attendait au meilleur effet de ses bombes; il espérait que la flotille française, pour les éviter, se réfugierait dans le port de Boulogne, où il se proposait de diriger ses brûlots, la nuit suivante, pour incendier cette masse de bâtimens pressés les uns contre les autres.

Vers neuf heures du matin, le bombardement commença; en même temps, Nelson, pour engager les Français à démasquer toutes leurs batteries, fit appareiller ses vaisseaux, qui longèrent la côte et le mouillage de la flotille. Alors la canonnade s'engagea entre la terre et l'escadre ennemie; mais le feu des vaisseaux ne produisit que peu d'effet. Le bombardement ne put déranger la ligne d'embossage, dont une canonnière et un bateau plat furent seulement coulés bas. Le vent ayant changé avec le reflux, Nelson se vit forcé d'abandonner une position qu'il jugeait périlleuse : « *Satisfait, comme il eut la jactance de le dire dans son rapport à l'amirauté, d'avoir appris aux Français qu'il ne leur était pas permis de sortir de leurs ports.* » Après avoir laissé devant Boulogne une faible croisière pour observer les mouvemens de la flotille, il retourna en Angleterre.

Le peuple anglais ne put s'empêcher de témoigner son mécontentement du mauvais succès d'une entreprise qu'il avait généralement regardée comme facile à exécuter. Le gouvernement crut devoir détruire cette impression fâcheuse, en ordonnant une nouvelle attaque contre la flotille de Boulogne.

Cette guerre, contre des bateaux plats, n'était point du goût du fier Nelson; cependant il ne voulut point déplaire à son gouvernement, en refusant de se charger de cette nouvelle expédition. Le 15 août, il arriva devant Boulogne, avec soixante-dix bâtimens de guerre, sur lesquels étaient embarqués quatre mille soldats de marine. Il méditait de surprendre la flotille pendant la nuit suivante. Il partagea ses forces en quatre divisions, commandées, chacune, par un capitaine de haut-bord, et composées de six bateaux plats et de dix péniches. Une cinquième division, formant la réserve, toute composée de bateaux armés d'obusiers, était destinée à incendier la partie de la flotille qui ne serait point enlevée à l'abordage.

Toutes ces divisions se mirent en mouvement à onze heures du soir, et s'approchèrent en silence de la ligne d'embossage; mais le flot et les courans ne leur permirent point de conserver, en s'avançant, l'ordre et l'ensemble qui leur avaient été prescrits; elles se séparèrent et se mêlèrent dans l'obscurité. Ce ne fut que vers une heure après minuit que l'action put être engagée avec la tête de l'avantgarde française. Le capitaine Parker, qui commandait la seconde division, attaqua avec la plus grande impétuosité. Mais tout avait été préparé pour soutenir le choc, et partout les assaillans furent repoussés. A la pointe du jour, le feu cessa de part et d'autre; Nelson fit le signal de ralliement et gagna la côte d'Angleterre. Il avait perdu deux cents hommes dans cette attaque, et les Français n'avaient eu que trente-cinq hommes hors de combat.

Glorieux combat du lieutenant de vaisseau Tourneur, contre deux bâtimens anglais.

Le 5 mai 1804, quatre canonnières destinées pour la flotille de Boulogne, et commandées par le lieutenant de vaisseau Tourneur, faisant voile vers Lorient, furent rencontrées et aussitôt attaquées par une corvette et un lougre anglais ; le combat se soutint pendant quelque temps avec beaucoup de vivacité de part et d'autre. Le nombre des bouches à feu de l'ennemi surpassait de plus de moitié celui des bouches à feu des canonnières ; mais le calibre plus fort de ces dernières, joint à l'adresse et à la vivacité avec lesquelles ces pièces furent servies, compensa bientôt cette différence, et finit par donner l'avantage aux bâtiment français. Écrasés par les boulets et la mitraille des canons de vingt-quatre que portaient les canonnières, la corvette et le lougre prirent le large, en forçant de voiles. Non contens de les avoir forcés à la retraite, le brave Tourneur, au lieu de continuer tranquillement sa route, prit la résolution de les poursuivre. Il se remit donc à leur donner la chasse en les canonnant avec beaucoup de vigueur. Son audace fut couronnée d'un plein succès; ils les atteignit près l'île d'*Houat*, et les obligea à amener leur pavillon. Cette brillante action de Tourneur lui mérita le grade de capitaine de frégate.

Combat de deux prames françaises, contre une croisière anglaise.

Le 16 mai 1804, une division de la flotte hollandaise, forte de dix-neuf canonnières et de quelques transports, mit à la voile pour se rendre de Flessingue à Ostende. Elle était commandée par le vice-amiral Verhuel; deux prames françaises, la *Ville d'Aix* et la *Ville d'Anvers*, l'escortaient. A la hauteur de Heist, elle fut attaquée par une croisière anglaise sous les ordres du fameux Sidney-Smith. Le poids du combat tomba principalement sur l'arrière-garde de la flotille. Les équipages des deux prames la défendirent avec la plus grande valeur, et l'artillerie de ces bâtimens causa de grandes avaries à ceux de la croisière. Après avoir épuisé presque toutes ses munitions, la *Ville d'Anvers* s'échoua près de la côte, et là elle se défendit avec tant de vigueur contre l'ennemi, qu'il ne put ni s'en rendre maître, ni l'incendier. Vers la fin du combat, le vent étant devenu contraire, une partie seulement de la flotille put gagner le port d'Ostende, et le reste rentra dans l'Escaut malgré tous les efforts de l'ennemi pour lui couper cette retraite.

Dans cette affaire, quelques Français périrent, et un assez bon nombre furent blessés, entre autres le lieutenant de vaisseau Dutaillis, qui commandait la prame la *Ville d'Anvers*. Ce brave officier s'étant fait transporter à terre pour faire panser sa blessure, l'enseigne du vaisseau Giroux le remplaça dans le commandement de son navire.

Trois jours après, la *Ville d'Anvers*, toujours échouée, fut attaquée plusieurs fois sans succès. Lorsqu'elle eut été remise à flot, elle fit voile pour atteindre Ostende; ce fut alors que les Anglais crurent pouvoir l'attaquer avec avantage; ils s'avancèrent sur elle en faisant le feu le plus terrible; mais l'habileté du capitaine Giroux et la bravoure de son équipage firent échouer cette nouvelle tentative. Après avoir combattu, sans s'arrêter, pendant deux heures et demie, la prame entra dans le port d'Ostende, où elle fut saluée par les batteries de la ville et par l'artillerie du camp. Le lieutenant Dutaillis et l'enseigne Giroux reçurent chacun, du corps municipal de la ville, une épée d'or en récompense de leur belle défense. Les officiers et marins de la *Ville d'Aix* furent aussi récompensés par le gouvernement.

Combat de la frégate *la Ville de Milan*, sous les ordres du capitaine de vaisseau Reynaud, contre une frégate, et ensuite contre un vaisseau de ligne anglais.

Le 16 février 1805, la frégate la *Ville de Milan*, commandée par le capitaine de vaisseau Reynaud, revenait de la Martinique lorsqu'elle fut aperçue par la frégate anglaise la *Cleopâtre*. Le capitaine, qui avait reçu ordre d'éviter toute espèce d'engagement, força de voiles pour l'éviter; mais, trop vivement poursuivi, le lendemain il ne put faire autrement que de combattre, lorsque cette frégate, qui l'avait approché à portée de canon, commença à lui tirer ses pièces de chasse. Forcé d'en venir aux mains, il diminua de voiles et mit sa frégate au plus près du vent pour attendre l'ennemi. La *Cléopâtre* commençant à faire feu, la *Ville de Milan* lui répondit avec succès par ses canons de retraite. A deux heures et demie, le bâtiment ennemi n'étant qu'à une demi-encablure (cinquante toises), le combat devint terrible, et des deux côtés on déploya une égale ardeur pour vaincre l'ennemi. Cependant le feu de la *Ville de Milan* fut constamment supérieur à celui de la *Cléopâtre*.

A cinq heures, la frégate ennemie quitta le travers de la frégate française et gagna de l'avant. La *Ville de Milan* la poursuivit et la serra de si près, que l'équipage français put l'aborder; cet abordage s'effectua, et la *Cléopâtre* fut enlevée.

Dans cette sanglante affaire, les Anglais eurent vingt-neuf hommes tués et trente-six blessés. La perte des Français fut beaucoup moindre, mais ils eurent à pleurer la mort du capitaine Reynaud.

Le premier soin du lieutenant de vaisseau Guillet, qui avait le commandement de la frégate française, fut de la mettre en état de gagner un port avec sa prise, car ces deux bâtimens avaient besoin d'urgentes réparations. Le 23, six jours après le combat, les deux frégates faisaient route vers les îles Canaries lorsqu'elles eurent connaissance de deux gros bâtimens. Elles prirent chasse, mais elles furent bientôt atteintes par le vaisseau le *Léander*. La *Cléopâtre*, après avoir été la première attaquée, fut forcée de se rendre, parce que la mer était très-agitée, qu'elle avait perdu ses mâts, et que l'eau, qui entrait par ses sabords, l'empêchait de se servir de ses canons. Le *Léander* se porta ensuite sur la *Ville de Milan*, qu'il atteignit bientôt. Comme cette frégate était privée d'une partie de sa mâture et de ses voiles, elle ne put prendre la position nécessaire à sa défense. Après avoir envoyé quelques boulets à l'ennemi, elle fut réduite à amener son pavillon.

Plan pour assurer le succès de la descente en Angleterre.

Le gouvernement français forma un plan qui consistait à combiner la sortie de la flotille destinée à opérer la descente en Angleterre, avec l'arrivée dans le fond de la Manche, d'une force navale infiniment supérieure à celle qui restait aux Anglais dans cette mer. La France, quoique sa marine eût déjà beaucoup souffert, avait encore à sa disposition des forces maritimes plus ou moins nombreuses dans les ports du Texel, de Brest, de Rochefort, du Ferrol, de Cadix et de Toulon. Le plan de Bonaparte était de faire arriver toutes ces flottes ensemble dans la Manche, au moment où il aurait forcé les Anglais à éloigner de l'Europe la presque totalité de leurs forces.

Ce plan fut mis à exécution. La flotte de Toulon eut ordre d'aller débloquer Cadix, et renforcée par les vaisseaux français et l'escadre espagnole, réunis dans ce port, de se rendre aux Antilles pour s'y joindre à l'escadre de Rochefort, qui devait l'y attendre. Cette jonction opérée, et tandis que plusieurs escadres ennemies seraient occupées à les chercher dans les mers d'Amérique et de l'Inde, ces forces s'élevant à vingt-cinq vaisseaux de ligne devaient, sans perdre de temps, revenir en Europe, et se présenter devant le Ferrol, d'où une quinzaine de vaisseaux français et espagnols sortiraient pour les rallier. De là, toutes ces forces devaient se porter rapidement à la hauteur de Brest, débloquer ce port, et se faire joindre par les vingt-deux vaisseaux qui étaient prêts à prendre la mer.

Le départ de l'escadre de Rochefort, celui de la flotte de Toulon et le débloquement de Cadix s'opérèrent heureusement. Toutes les escadres dont l'ennemi pouvait disposer, furent détachées à la poursuite des escadres françaises et Espagnoles sur divers points. Il ne restait plus de flottes anglaises que devant le Ferrol et le port de Brest. Tout semblait annoncer la réussite du plan de Bonaparte, lorsque l'escadre de Rochefort rentra dans ce port sans avoir opéré sa jonction. Cet accident néanmoins ne parut pas être bien fâcheux, parce que les escadres de Toulon et de Cadix étaient encore assez nombreuses pour débloquer le Ferrol, et que celle de Rochefort pouvait sortir de nouveau et les joindre dans leur route vers Brest. Une escadre de bâtimens légers, faisant partie de la flotte de ce dernier port, se portait, chaque jour, à plusieurs lieues au large pour signaler l'armée de la flotte Franco-Espagnole.

Tout était prêt à Boulogne, et l'on attendait impatiemment le succès du plan qui devait assurer à la flotille une paisible traversée, lorsqu'on apprit que l'armée navale combinée, forte de vingt vaisseaux, avait livré, vers les côtes d'Espagne, à quinze vaisseaux anglais, un combat dans lequel deux vaisseaux espagnols avaient été pris, et qu'après avoir débloqué le Ferrol, cette armée renforcée de quinze vaisseaux, était rentrée dans le port de Cadix.

Expédition de l'amiral Missiessy dans les Antilles, en 1805.

Conformément au plan qui vient d'être exposé, les escadres de Toulon et de Rochefort devaient sortir dans le même temps : mais celle-ci mit en mer la première. Elle était forte de cinq vaisseaux de ligne, dont un à trois ponts, trois frégates et deux bricks, et sous les ordres de l'amiral Missiessy. Elle portait trois mille cinq cents soldats, commandés par le général de division Lagrange, et une quantité considérable de munitions de guerre.

Le 11 janvier 1805, cette escadre appareilla de la rade de l'île d'Aix, par une brise favorable, mais faible, et ne fut point aperque par la croisière ennemie ; mais dans la nuit, la brise ayant cessé, il survint un calme plat, précurseur d'une tempête qui ne manqua pas de se déclarer avec la plus grande violence. Cependant Missiessy, empressé d'exécuter sa commission, ne voulut relâcher nulle part, et après avoir lutté pendant treize jours contre les flots, dans le golfe de Gascogne, il poursuivit sa course à la faveur d'un bon vent qui avait succédé à la tempête.

D'après ses instructions, cet amiral devait se rendre avec la plus grande diligence aux Antilles, et y attendre l'escadre de Toulon, pendant trente-cinq jours, espace de temps qu'il devait employer à ravitailler nos colonies et à ravager les établissemens anglais. Vingt-sept jours après être sorti du golfe de Gascogne, l'escadre entra dans le canal qui sépare la Martinique de Sainte-Lucie. Elle chassa et poursuivit jusque sous les batteries de cette dernière île, un convoi anglais escorté par une frégate. Elle ne prit qu'un bâtiment de ce convoi ; et fit route pour le fort royal de la Martinique. Dès leur arrivée dans cette île, l'amiral et le général Lagrange délibérèrent avec l'amiral Villaret, capitaine général de la colonie, sur l'emploi qu'ils devaient faire des forces qu'ils avaient sous leurs ordres. Il fut convenu que l'on commencerait les opérations par l'attaque de la Dominique, située entre la Martinique et la Guadeloupe.

Après s'être rendus à bord du vaisseau amiral, Missiessy et Lagrange dressèrent leur plan d'attaque, qu'ils communiquèrent à tous les capitaines de l'escadre, et à tous les chefs des troupes de l'expédition. Quand leurs dispositions furent arrêtées, l'escadre fit voile vers la Dominique; à minuit, elle se trouva par le travers de la pointe sud-est de l'île, et avant le jour, elle parut devant la ville du *Roseau*. Alors, elle arbora pavillon anglais, et l'on fit tous les préparatifs pour la descente. A la vue de ce pavillon, le gouverneur envoya le capitaine de port à bord du vaisseau amiral pour le conduire au mouillage. On peut juger de la surprise de cet officier lorsqu'il se trouva à bord d'un vaisseau français. Quelques instans après le pavillon tricolore fut substitué aux couleurs anglaises, et toutes les embarcations de l'escadre se portèrent sur les différens points où le débarquement devait avoir lieu.

Ce débarquement s'opéra avec beaucoup de succès : après quelque résistance de la part de l'ennemi, trois colonnes marchèrent sur la ville du *Roseau* qui se trouvait alors en proie à un incendie général. Il restait de l'autre côté de l'île le fort du *prince Rupert*, où le général Prévost s'était retiré. Comme sa garnison était disposée a soutenir un siége, le général Lagrange ne voulut pas s'arrêter à une attaque qui demandait du temps; il détruisit toutes les munitions de guerre, incendia tous les magasins, frappa une forte contribution sur les habitans, désarma les milices, et emmena à bord de l'escadre tous les soldats de la ligne, qu'il avait faits prisonniers.

De la Dominique, l'escadre se rendit à la Guadeloupe, où elle passa deux jours et demi. De cette île, elle se porta successivement sur les colonies anglaises de Nièves, de Montferrat et de Saint-Christophe. Après avoir imposé de fortes contributions sur ces trois îles, et avoir brûlé dans la rade de la dernière plusieurs bâtimens richement chargés, elle se retira sur la Martinique. Ce fut dans cette île que l'amiral Missiessy apprit que l'escadre de Toulon, qui devait le rejoindre, était rentrée dans le port à la suite d'une tempête, et qu'il reçut l'ordre d'effectuer son retour en Europe; il s'empressa d'obéir. Après avoir débarqué de l'argent et des vivres à Santo-Domingo, ville de la partie espagnole de Saint-Domingue, où s'était retirée une poignée de Français, tristes restes de la malheureuse expédition du général Leclerc et de M. de Rochambeau, il reprit la route vers la France, et eut le bonheur de rentrer avec tous ses bâtimens à Rochefort, après une campagne d'environ cinq mois. Peu de temps après sa rentrée, cet amiral quitta le commandement de son escadre.

Combat entre une flotte franco-espagnole et une flotte anglaise, en 1805.

Le 22 juillet, vers midi, par la latitude du cap Finistère, et à environ cinquante lieues au large, les vents étant à l'ouest, la flotte combinée des amiraux Villeneuve et Gravina, qui arrivait de l'Amérique, eut connaissance de dix-neuf voiles, qui furent bientôt reconnues pour une escadre ennemie, forte de quinze vaisseaux, deux frégates, un cutter et un lougre : c'était celle du vice-amiral sir

Robert Calder. Le temps était extrêmement brumeux, et des deux côtés on eut peine à reconnaître la force de l'ennemi. Cependant on se prépara de part et d'autre au combat, et l'on manœuvra pour se joindre. L'amiral Villeneuve profita des courts intervalles où la brume se dissipait, pour faire les signaux qu'il jugea nécessaires. Il fit d'abord former son armée sur une ligne de convoi ; les vaisseaux espagnols prirent la tête de la colonne, et l'amiral Gravina vint se placer en chef de file. L'ennemi avait aussi formé sa ligne et s'avançait au plus près du vent, à contre-bord de la ligne française. L'amiral Villeneuve, supposant qu'il voulait attaquer l'arrière-garde de la flotte combinée, fit virer ses vaisseaux de manière que tous les bâtimens français durent passer, l'un après l'autre, à contre-bord et à portée de voix du *Bucentaure*, en serrant la ligne, le plus possible. Ce mouvement fit changer le plan de Calder, qui craignit à son tour d'avoir sa ligne coupée. Au reste, l'état du temps ne permettait guère aux deux flottes de s'arranger de manière à compter avec certitude sur une victoire décisive, et la distance entre les deux flottes étant d'une demi-portée de canon, devait empêcher qu'elles n'obtinssent de l'artillerie ces terribles effets qui réduisent un vaisseau, quoique bien commandé et bien défendu, à la nécessité d'amener son pavillon.

La canonnade s'engagea vers cinq heures du soir avec beaucoup de vivacité. Une demi-heure après, un vaisseau anglais à trois ponts se trouvait hors de sa ligne et plus rapproché de la ligne française. Le vaisseau l'*Intrépide*, de soixante-quatorze canons, placé au centre de cette ligne, fut attaqué par ce colosse; mais il se défendit avec tant de vigueur, qu'il le força à se retirer de manière à ne pouvoir plus prendre part au combat. À la tête et à la queue de la flotte combinée, l'ennemi fut reçu de la même manière, et partout le feu des vaisseaux français et espagnols obtenait la supériorité sur celui des Anglais.

Vers les six heures, le capitaine Cosmao, qui commandait le *Pluton*, s'aperçoit que le *Firme*, vaisseau espagnol de soixante-quatorze, serre-file des vaisseaux de sa nation, démâté de son grand mât et de deux autres, dérivait sur la ligne anglaise : aussitôt, ne consultant que son courage, il quitte son poste et vient placer son vaisseau entre le *Firme* et l'ennemi. C'était le moment pour les autres vaisseaux, placés derrière le *Pluton*, de suivre sa manœuvre ; mais sans doute la brume et la fumée s'y opposèrent. Cosmao se voyant seul contre plusieurs vaisseaux ennemis, revint prendre son poste dans la ligne française, et le *Firme* tomba au pouvoir des Anglais. Peu de temps après, le *San-Raphaël*, vaisseau espagnol qui tomba aussi en dérive, éprouva le même sort. Un troisième vaisseau espagnol, l'*Espagna*, tomba sous le vent de la ligne ; Cosmao quitta encore une fois son poste et parvint à se sauver.

A huit heures et demie, la nuit venant se joindre à la brume, il ne fut plus possible de continuer le combat, qui cessa entièrement à neuf heures. Pendant toute la nuit, les vaisseaux français et espagnols se tinrent ralliés autant qu'il leur fut possible, dans l'attente d'un nouveau combat pour le lendemain, dont celui qui venait de se livrer ne paraissait être que le prélude. Tous les équipages se trouvaient dans les meilleures dispositions lorsque, le 23, à sept heures du matin, le ciel s'étant éclairci, on aperçut, à quatre lieues sous le vent, l'escadre anglaise qui fuyait en désordre; la *Didon*, qui s'était avancée pour le reconnaître, apprit à son retour que plusieurs de ses vaisseaux étaient considérablement endommagés. En conséquence de ce rapport, l'amiral Villeneuve prit la résolution d'engager une action décisive, et invita tous les commandans des vaisseaux à serrer l'ennemi au feu le plus près qu'ils pourraient. Cette nouvelle, transmise par des porte-voix à tous les bâtimens de la flotte combinée, fut reçue par tous les équipages avec les plus vives acclamations, enthousiasme qui semblait présager le plus brillant succès.

A midi, toute la flotte prit chasse sur l'ennemi, qui ne paraissait être qu'à trois lieues et demie; mais le vent était faible, et à quatre heures on n'avait encore gagné qu'une lieue sur les Anglais. Si donc on ne pouvait espérer de les atteindre avant la nuit, on pouvait au moins les approcher davantage. Cependant Villeneuve fit signal à la flotte de serrer le vent; ce qui fit voir son intention de n'attaquer que le lendemain. Tous les officiers et les marins furent affligés de ce signal, qui leur fit prévoir qu'il ne leur serait plus possible de joindre l'ennemi.

Cette prévoyance se changea, le lendemain 26, en certitude; on n'apercevait plus les vaisseaux ennemis que du haut des mâts, et dans le vent de la flotte combinée. Cependant celle-ci les chassa encore jusqu'à dix heures du matin, où elle cessa de les poursuivre, et elle fit route vers le sud. Le 27 elle entra dans le port de Vigo avec deux vaisseaux de moins.

La bataille d'Aboukir avait déjà porté une fâcheuse atteinte à la réputation de l'amiral Villeneuve; le combat du 22 juillet ne contribua pas à la rétablir. Calder ne fut pas plus heureux : le peuple anglais exprima son mécontentement au sujet de sa retraite devant l'armée combinée, si généralement et avec tant d'amertume, qu'il sollicita l'amirauté de le mettre en jugement. Malgré tout ce qu'il allégua pour sa défense, la cour martiale le condamna à une sévère réprimande, comme coupable d'une erreur de jugement.

Combat de la frégate française la *Didon*, capitaine Milius, contre la frégate anglaise le *Phœnix*, le 10 août 1805.

La *Didon* faisait partie des escadres combinées de France et d'Espagne, sous les ordres des amiraux Villeneuve et Gravina. Ces escadres étant entrées à la Corogne, après le combat livré à la hauteur du cap Finistère, contre l'amiral anglais sir Robert Calder, cette frégate reçut l'ordre d'appareiller pour aller à la recherche du contre-amiral Lallemand, qui revenait des Antilles. Après quelques jours de croisière, un matin, à la petite pointe du jour, la vigie signala un vaisseau, qu'on prit d'abord pour un de ceux de Lallemand; mais il était seul, et un officier reconnut bientôt, autant que le jour permettait de distinguer, un bâtiment de guerre anglais; et le capitaine Milius étant monté sur les barres du grand perroquet, ne tarda pas à s'assurer que c'était une frégate ennemie.

Ce bâtiment, continuant sa route sans paraître faire attention à la frégate française, l'état-major et l'équipage de celle-ci manifestèrent le désir le plus vif de combattre l'ennemi. « Messieurs, dit Milius à ses officiers, je vois bien que vous ne demandez pas mieux que d'attaquer cette frégate ? — Oui ! oui ! capitaine ; elle est à peu près de la même force que la nôtre ; voyons qui l'emportera. —Mes ordres, répond Milius, portent que je dois chercher Lallemand, et non attaquer aucun navire ; mais puisque je vous vois si bien disposés à vous battre, donnons la chasse à cette frégate. »

Comme la *Didon* était la meilleure marcheuse de la marine française, elle eut bientôt gagné le vent sur le bâtiment ennemi. Lorsque celui-ci vit qu'on voulait l'attaquer, il se mit en travers et cargua ses basses voiles. La *Didon*, toute disposée au combat, tira la première ; le combat s'engage bientôt avec beaucoup de vivacité, à demi-portée de canon ; la *Didon* veut aller à l'abordage ; le *Phœnix* cherche les moyens de l'éviter. Après bien des tentatives, les deux frégates s'accrochent, mais d'une manière désavantageuse pour aborder. La frégate française voulant allonger l'anglaise, celle-ci recule ; alors la *Didon* engage, pour qu'on puisse monter à bord du *Phœnix*, le bout dehors de son beaupré dans les haubans d'artimon de ce dernier. Comme l'on ne pouvait passer qu'un à un sur ce beaupré, et que le capitaine anglais avait placé ses soldats sur le gaillard d'arrière, il était extrêmement difficile d'aborder.

L'intrépide Tourneur, de Nantes, lieutenant de la *Didon*, dit en se tournant vers l'équipage : *Qui m'aime me suive ;* mais il ne s'est pas plus tôt présenté sur le beaupré qu'un coup de biscayen qu'il reçoit dans la poitrine, le renverse presque mort : c'était la troisième blessure que recevait ce brave lieutenant. Plusieurs matelots et soldats suivent son exemple, mais ils éprouvent presque tous le même sort. Dans le moment de l'abordage, *Lecointre*, jeune matelot de la *Didon*, maintenant dans la garde royale, monta dans les haubans de misaine malgré la grêle des balles, arracha le pavillon du *Phœnix*, le porta à son capitaine qui embrassa ce jeune homme, en lui disant : « *Mon ami, j'aurai soin de toi.* » Les ponts étaient jonchés de morts et de blessés ; les deux frégates n'offraient plus que le spectacle d'une affreuse boucherie.

Après plusieurs heures de carnage, après

bien d'inutiles efforts, les frégates se séparèrent comme pour s'abandonner; mais elles étaient dans un tel état de délàbrement, qu'elles ne pouvaient faire beaucoup de chemin, sans que l'une ne devînt la proie de l'autre. Enfin, le *Phœnix*, beaucoup plus endommagé, et ayant perdu beaucoup plus de monde que la *Didon*, amena son pavillon. Ce ne fut, à bord de la frégate française, qu'un cri de joie; mais cette joie ne fut pas de longue durée. La *Didon* avait reçu plusieurs boulets dans son bas-mât de misaine; cet accident fit changer la victoire de bord. Le bas-mât, à force de chanceler, et n'ayant plus ni haubans, ni étai, tomba à la mer avec un horrible fracas, et dans sa chute détruisit le plat-bord. La frégate anglaise sut profiter de ce malheureux événement; elle rehissa son pavillon et recommença le feu. Quel parti devait prendre la *Didon* dans la situation critique et presque désespérée où elle se trouvait? Démâtée de presque tous ses mâts, ayant plus de cent hommes hors de combat, ne ressemblant plus qu'à un ponton ballotté par les flots; n'ayant plus d'autre ressource que de se rendre à ceux qu'elle avait vaincus, et qu'un instant auparavant, elle allait recevoir prisonniers, elle leur amena son pavillon.

L'ennemi ne fut redevable de sa victoire qu'à la perte du mât de misaine de la frégate française. On ne doit l'attribuer ni au manque de courage de l'équipage de *la Didon*, ni à l'inexpérience du capitaine de cette frégate, non moins recommandable par sa bravoure que par ses talens nautiques. Le capitaine du *Phœnix* sut bien rendre justice à Milius, en lui rendant son sabre que celui-ci venait de lui présenter : *Gardez-le*, lui dit celui-ci, *on ne doit pas en agir autrement avec un homme tel que vous.* En même temps, ce capitaine fit défense à son équipage de piller ni d'insulter, de quelque manière que ce fût, les prisonniers français.

Combat glorieux de la frégate la *Topaze*, contre un vaisseau de ligne anglais.

Le 16 août 1805, une petite division sous les ordres du capitaine Baudin, partie de la Martinique, se trouvant par la latitude de Rochefort à environ deux cents lieues au large, eut connaissance d'une croisière ennemie de plusieurs vaisseaux et frégates, qui lui donnèrent la chasse, pendant toute la journée, avec avantage, à cause de la marche inférieure des corvettes qui accompagnaient la *Topaze*. Le capitaine Baudin donna ordre à ces bâtimens de se disperser, pour diviser les bâtimens ennemis, et il combina lui-même les mouvemens de sa frégate pour la nuit, de manière à pouvoir se porter au secours de la corvette qui marchait le plus mal, si toutefois le bruit du canon annonçait qu'elle fût attaquée.

Par suite de ces mouvemens, la *Topaze* se trouva vers dix heures du soir à portée de canon d'un grand bâtiment, à la vue duquel il fut impossible au capitaine Baudin de se dérober. Le lendemain, ce bâtiment, qui était un vaisseau de ligne, joignit en peu de temps la *Topaze*, quoiqu'elle fût bonne marcheuse ; il était favorisé par une brise que ne recevait point cette frégate. L'équipage de cette dernière ne fut point découragé par la certitude d'être attaqué, et tous ceux qui le composaient prirent la résolution de se défendre jusqu'à l'extrémité.

La *Topaze* commença le feu, à neuf heures du matin, par ses canons de retraite, auxquels le vaisseau répondit par ses canons de chasse. Bientôt le combat devient plus sérieux; le vaisseau placé dans la hanche de la frégate, et à petite portée, lui envoie la moitié de sa bordée, et celle-ci lui rend la moitié de la sienne. Le combat dura ainsi pendant plus d'une heure, quoique le vaisseau de ligne se fût rapproché de la frégate à portée de fusil.

Le capitaine Baudin espérait que quelque avarie de l'ennemi, ou un changement dans la direction du vent lui permettrait de s'échapper; mais, dans le cas où cela lui serait impossible, il avait formé le dessein de mettre fin au combat en essayant d'aborder le vaisseau ennemi. Il fit part de sa résolution à son équipage, par cette courte harangue: *Enfans*, leur cria-t-il, dans un moment où le feu du vaisseau de ligne était moins vif, *enfans, l'ennemi ne nous tient pas encore. Que le nom du vaisseau ne vous étonne point : il a quatre cent soixante hommes; nous sommes trois cent cinquante; si nous sommes forcés de combattre, nous irons à l'abordage.* — Oui! oui! s'écrièrent tous les marins; *à l'abordage: ce sera plus tôt fait.*

Toujours attentif à observer l'état du ciel et celui du gréement de l'ennemi, le capitaine Baudin s'aperçut qu'une nouvelle brise se formait; il orienta aussitôt ses voiles et tourna son gouvernail de manière que la *Topaze* fût prête à la recevoir la première, lorsqu'elle se ferait sentir, et à gagner le vent à son adversaire. Cette frégate, étant parvenue à prendre une position si avantageuse, put canonner le vaisseau par l'avant, et lui envoya plusieurs bordées. Quand la brise qui était forte se fit sentir, elle en profita promptement, et mit dehors tout ce qu'elle pouvait porter de voiles. Avant que le vaisseau anglais fût orienté au même bord, elle était à plus de deux portées de canon de son avant; en vain il voulut la chasser, favorisée dans sa marche par la force du vent, elle l'eut bientôt perdu de vue.

Contrariée par les vents, la *Topaze* n'ayant pu gagner un port français dans le golfe de Gascogne, alla relâcher dans le Tage. Le brave capitaine Baudin débarqua au port de Lisbonne les prisonniers faits sur une frégate anglaise, nommée la *Blanche*, après un combat que la *Topaze* lui avait livré le 16 juillet précédent. En récompense de sa belle conduite, il fut promu au grade de capitaine de vaisseau.

L'amiral Villeneuve sort de la baie de Vigo et se dirige sur Cadix. — Bataille de Trafalgar, gagnée par Nelson, le 21 octobre 1805.

L'amiral Villeneuve ne passa que quatre jours dans la baie de Vigo. Il y fit de l'eau, débarqua ses blessés, et les prisonniers qu'il avait faits dans le cours de sa campagne, et en sortit avec treize vaisseaux français, deux vaisseaux espagnols, sept frégates et deux bricks. Le 2 août, la flotte mouilla dans les rades du Ferrol et de la Corogne, et le 20 du même mois, elle vint relâcher à Cadix que bloquait une escadre anglaise.

Villeneuve trouva, dans le port de Cadix, quatre vaisseaux espagnols en état de tenir la mer; il se hâta de les armer, et pour compléter leurs équipages, on fit une espèce de presse qui ne donna que des marins peu exercés à la manœuvre et peu accoutumés à la discipline. On fut obligé de désarmer le *Terrible*, et la flotte combinée ne se trouva ainsi, malgré l'augmentation qu'elle venait de recevoir, que de trente-trois vaisseaux de ligne, dont dix-huit français et quinze espagnols. Cette flotte formidable demeura immobile durant deux mois entiers.

Pendant cette longue inaction de l'amiral français, l'amirauté anglaise mit la plus grande activité à composer une flotte dont le commandement fut donné à Nelson. Cet amiral partit sur le *Victory*, et arriva devant Cadix le 29 septembre. Les premières mesures qu'il prit, eurent pour objet d'empêcher qu'on ne pût savoir à terre quelle etait la force réelle de sa flotte. Dans ce dessein, il évita soigneusement de paraître en vue de la côte avec la totalité de ses vaisseaux; ce fut ainsi qu'il déroba à Villeneuve la connaissance des renforts qui lui arrivaient successivement d'Angleterre, et qui vers le milieu d'octobre rendirent ses forces presque égales à celles de l'amiral français.

Villeneuve, persuadé que la flotte anglaise qui bloquait Cadix n'était composée que de vingt-un vaisseaux, résolut de tirer avantage de la grande supériorité de ses forces, et de tenter un grand effort pour humilier l'orgueil britannique, et en même temps pour rétablir sa réputation, qui avait déjà reçu plusieurs atteintes. Déterminé, contre le vœu des Espagnols, à livrer bataille au plus grand homme de mer dont l'Angleterre se fût jamais glorifiée, il sortit de Cadix le 19 octobre avec toute sa flotte.

Après diverses évolutions, les deux armées se trouvèrent le 21 du même mois en présence, à la hauteur du cap *Trafalgar*. Conformément aux dispositions qu'il avait prescrites quelques jours auparavant, Nelson forma sa flotte sur deux colonnes. Il se mit à la tête de la première, composée de douze vaisseaux, et donna le commandement de la seconde, qui était de quinze, au vice-amiral Colling-Wood. A midi, les deux armées étant près l'une de l'autre, Nelson fit hisser ce signal, devenu depuis si célèbre en Angleterre : *L'Angleterre compte que chacun fera son devoir*. Ce signal fut accueilli dans la flotte britannique par des acclamations universelles et par tous les signes du plus vif enthousiasme : officiers et matelots entendirent la voix de la patrie, et tous s'apprêtèrent à combattre comme si ses regards fussent fixés sur chacun d'eux. Les équipages de la flotte combinée se montrèrent animés de la même ardeur, les officiers et les matelots français surtout, pour soutenir l'honneur de leur patrie.

Le combat s'engagea bientôt. La colonne que Nelson commandait immédiatement étant destinée à couper la ligne française par son centre, le *Victory* gouverna sur le *Bucentaure*, que montait l'amiral Villeneuve; mais le *Redoutable*, capitaine Lucas, qui avait prévu et jugé cette manœuvre, la rendit impraticable en venant se placer dans la hanche du vent du vaisseau amiral. Par cette excellente manœuvre, le *Victory* se vit alors exposé au feu des trois plus forts vaisseaux de l'armée combinée, et en un instant il se vit désemparé. Soit par l'effet de ses avaries, soit autrement, il laissa venir au vent, et tombant en travers, il aborda de long en long le *Redoutable*. Ces deux vaisseaux se jetèrent leurs grapins d'abordage, et leurs bordées, tirées de part et d'autre à bout portant, firent un horrible carnage. Une fusillade s'étant engagée en même temps entre les deux équipages, les passavans et les gaillards du *Victory* furent bientôt jonchés de morts et de blessés. Le capitaine Hardy s'apercevant que le feu de la mousqueterie du *Redoutable* était principalement dirigé sur le gaillard d'arrière du *Victory*, représenta à Nelson que les ordres dont il était décoré, servaient de point de mire aux soldats postés dans les hunes des vaisseaux ennemis, et le supplia de les couvrir : *A la garde de Dieu!* répondit Nelson ; *c'est dans les combats que j'ai gagné ces décorations ; je vivrai et je mourrai avec elles.*

Le combat durait depuis une heure avec un acharnement sans exemple ; M. Scott, secrétaire de Nelson, venait d'être tué à ses côtés ; huit soldats de marine avaient été enlevés sous ses yeux par une bordée de mitrailles ; un éclat de bois occasioné par un boulet qui passa entre l'amiral et le capitaine Hardy, blessa celui-ci au pied droit : *Hardy, l'action est trop chaude pour durer ainsi*, dit Nelson en souriant. A la faveur d'une éclaircie, ce grand homme, distinguant un vaisseau qui combattait vaillamment sous sa poupe, appela son capitaine de pavillon, pour le lui faire remarquer. Ce fut dans le moment où il se retournait pour lui parler, qu'une balle, partie de la hune du *Redoutable*, vint le frapper à l'épaule gauche, perça son épau-

Il leur recommande de recouvrir avec son mouchoir sa figure et ses décorations.

lette, traversa l'épine dorsale, et alla se loger dans les muscles du dos. Nelson tombe aussitôt sur le pont. Deux matelots s'empressent de le relever pour le conduire dans sa chambre; il leur recommande de couvrir avec son mouchoir sa figure et ses décorations, afin qu'il ne soit pas remarqué par l'équipage pendant le trajet. Son chirurgien, étant accouru, se mit en devoir de le déshabiller pour juger de l'état de sa blessure; *Beatty*, lui dit-il, *vos soins me sont inutiles; je sens que ma blessure est mortelle.*

Cependant le combat continuait; déjà plusieurs vaisseaux français avaient amené; un autre était en feu. Cette nouvelle apportée à l'amiral, sur son lit de mort, sembla suspendre ses douleurs, et lorsque le feu eut entièrement cessé, et que le capitaine Hardy vint lui apprendre que la victoire était complète, *à présent*, dit-il, *je meurs satisfait; grâces soient rendues à Dieu, j'ai accompli mon devoir.*

Dans cette bataille, dix-sept vaisseaux de la flotte combinée furent pris par l'ennemi, et un dix-huitième brûla par accident, lorsqu'il résistait encore. Ses pertes en hommes furent énormes ; celle des Anglais fut de quinze cent quatre-vingt-sept hommes tués ou blessés ; mais leur plus grande perte fut celle de Nelson.

Plusieurs des vaisseaux dont l'ennemi s'était rendu maître, coulèrent bas le soir même par suite des avaries qu'ils avaient reçues dans le combat. Il fut obligé d'en couler ou d'en brûler d'autres qu'il lui était impossible d mettre en état de tenir la mer, même pour le court trajet de Cadix à Gibraltar. Enfin, il en perdit quelques autres par la valeur de leurs équipages qu'il n'avait pas été possible d'en retirer.

Cette défaite de l'amiral Villeneuve fut le dernier coup porté à la marine française qui avait déjà reçu tant de funestes atteintes.

Cet officier général fut amené prisonnier en Angleterre, d'où il passa en France en 1806. Il débarqua à Morlaix et prit sur-le-champ la route de Paris. A Rennes où il avait, dit-on, jugé à propos de s'arrêter, en attendant que le ministre de la marine lui transmit les ordres de Napoléon, il fut trouvé un soir dans sa chambre, percé d'un coup de couteau dans le cœur.

Heureuse croisière du chef d'escadre, Lallemand, en 1806.

Cet officier supérieur avait remplacé l'amiral Missiessy dans le commandement de l'escadre de Rochefort. Peu de temps après il mit en mer, et alla s'établir en croisière sur un point où il devait être rallié par la flotte combinée aux ordres des amiraux Villeneuve et Gravina. Cette jonction n'ayant pas eu lieu, il résolut de tenir la mer tant qu'il aurait de l'eau et des vivres, et de ne relâcher dans un port de France, que lorsque ses provisions seraient presque épuisées. Avec cinq vaisseaux de ligne dont un à trois ponts, il borna ses entreprises à ce qu'une division de frégates eût pu tenter avec l'espoir du succès. Il choisit pour sa croisière le point qui lui parut le plus propre pour intercepter les convois marchands qui retournaient en Angleterre, chargés des produits des colonies anglaises de l'Amérique ou de l'Inde. Il ne se montra dans ce choix pas moins heureux qu'habile; il fit un grand nombre de prises très-riches, s'empara même du *Calcutta*, vaisseau de guerre de cinquante-six canons, et parvint à se dérober aux escadres ennemies, envoyées à sa recherche. Les Anglais frustrés dans leurs tentatives pour le trouver, donnèrent à son escadre le nom d'*Escadre invisible*. Après avoir ainsi passé près de six mois à la mer, il ramena dans le port de Rochefort son escadre, augmentée d'un vaisseau, et mit à terre environ mille prisonniers, et reçut, peu de jours après, le brevet de contre-amiral.

Combat glorieux de la frégate française la *Canonnière*, contre le *Trémendous*, vaisseau de ligne anglais.

Cette frégate, de quarante canons, sortit de Cherbourg le 14 novembre 1805, sous le commandement du capitaine Bourayne, qui avait reçu l'ordre de se rendre à l'île de France, pour se joindre à l'amiral Linois. Cet officier-général ne s'y trouvant pas lorsqu'il y arriva, Bourayne présumant qu'il le trouverait dans les parages du cap de Bonne-Espérance, résolut de faire voile dans cette direction.

Le 21 avril 1806, la *Canonnière* se trouvant à la hauteur, mais hors de vue de la pointe Natal, ses vigies découvrirent un convoi. Le capitaine manœuvra pour le joindre, et reconnut qu'il était composé de treize grands bâtimens ayant l'apparence de vaisseaux de la Compagnie, et parmi lesquels il distingua bientôt deux grands vaissseaux de guerre. L'un d'eux, le *Trémendous*, de soixante-quatorze canons, se détacha du convoi pour se porter au-devant de la *Canonnière*, à laquelle il fit des signaux de reconnaissance, dès qu'il la crut à portée de les apercevoir. Tout en manœuvrant pour éviter le combat contre un ennemi si supérieur, le capitaine Bourayne désirait se maintenir au vent, afin de pouvoir profiter plus tard de la première circonstance qui lui offrirait la facilité d'attaquer quelque partie du convoi, écartée du reste; mais la vue de la côte le força de laisser arriver pour prendre chasse au large.

Cependant le vaisseau anglais ayant une grande supériorité de marche sur la frégate, se trouva bientôt à petite portée dans ses eaux. Le feu commença alors par les canons de chasse de l'un et par ceux de retraite de l'autre. Peu de temps après, le *Trémendous* étant parvenu à une très-petite distance de la *Canonnière*, celle-ci fut obligée de lui présenter le travers. Le capitaine Bourayne manœuvra en conséquence, et s'établit à deux encâblures (deux cents toises) sous le vent de l'ennemi: mais celui-ci, afin de mieux profiter de tous les genres de supériorité de son vaisseau sur la *Canonnière*, la serra au feu jusqu'à demi-portée de fusil. Dans une telle position, la frégate devait, après quelques bordées, être coulée à fond ou mise hors de combat. Dans une circonstance si évidemment périlleuse, le capitaine Bourayne et son équipage prirent la résolution de courir les hasards d'un combat.

On ne tarda pas à s'applaudir d'avoir pris ce parti. En vain le *Trémendous* fit sur la *Canonnière* le feu le plus vif, ses canons mal pointés ne lui firent aucun dommage, mais ceux de la frégate, servis par d'excellens canonniers ne perdaient pas un coup; par ce moyen, ce dernier bâtiment parvint à prolonger une action qui devait être très-courte. Au bout d'une heure et demie, sa mâture et son gréement étaient presque intacts, tandis que le vaisseau ennemi était dans le plus grand délabrement, et avait perdu une partie de sa vitesse, et s'était laissé un peu dépasser par la frégate. Il arriva vent arrière sur elle, mais le capitaine Bourayne se décida aussitôt à lui gagner le vent, en le doublant sur l'avant. Dans cette manœuvre, la *Canonnière* reçut en poupe et presque à bout portant, une bordée du *Trémendous*; mais ce vaisseau n'ayant pu revenir au vent assez promptement, présenta à son tour l'arrière à la frégate française, qui tira de cette position tout l'avantage que lui donnait l'adresse de ses canonniers. Dès ce moment, le vaisseau ennemi, que ses avaries faisaient tomber sous le vent, avait en vain cherché à se rapprocher de la frégate : il fut obligé de l'abandonner et de se retirer vers les bâtimens de son convoi. Ces bâtimens, qui avaient forcé de voiles pendant le combat, n'étaient plus alors qu'à une petite distance de la *Canonnière*. L'un d'eux, l'*Asia*, fort vaisseau de la Compagnie, se dirigea sur cette frégate, et lui tira quelques volées, auxquelles celle-ci dédaigna de répondre. Il continua ensuite sa route avec la célérité que lui permettait le délabrement du *Trémendous*. Les pertes, éprouvées par ce vaisseau, ne sont pas connues; celles de la *Canonnière* s'élevèrent à sept tués et vingt-cinq blessés.

Ce combat mémorable a fourni le sujet d'un tableau, peint par M. Crépin : on le voit à l'hôtel du ministre de la marine.

Combat de la frégate française la *Minerve*, contre la *Pallas*, frégate anglaise.

Le 14 mai 1806, la frégate la *Pallas*, commandée par lord Cochrane, officier plein d'activité et d'audace, se détacha de l'escadre anglaise stationnée dans la rade des Basques, et vint reconnaître de très-près la rade de l'île d'Aix, sur laquelle était mouillée l'escadre du contre-amiral Lallemand. Cet officier général donna ordre à la frégate *la Minerve* d'aller repousser la frégate ennemie. Le capitaine Collet, commandant de la *Minerve*, exécuta cet ordre avec la plus grande célérité, et bientôt il se trouva à portée de la *Pallas*; mais, voulant rendre le combat décisif, il résolut de ne tirer qu'après avoir joint cette frégate vergue à vergue. Celle-ci lâcha sa bordée à la *Minerve*, avant qu'elle fût arrivée à la distance que le capitaine Collet avait fixée. L'impatience des canonniers français ne put souffrir un plus long délai : ils ripostèrent, et le combat s'engagea avec beaucoup de vivacité entre les deux frégates. Les avaries de la *Pallas* annoncèrent bientôt que la victoire demeurerait à la *Minerve*. Cochrane, persuadé qu'il aurait l'avantage sur la frégate française, l'avait laissée prendre une position qui, dans ce cas, l'eût empêché de rentrer dans la rade de l'île d'Aix. Cet excès de confiance du capitaine anglais compromit sa frégate qui ne dut peut-être son salut qu'à une circonstance tout-à-fait imprévue.

Aussitôt que Cochrane vit son gréement haché, ses voiles criblées, et ses mâts endommagés par les boulets et la mitraille de la frégate française, il sentit la nécessité de regagner le large. Pour s'opposer à son dessein, le capitaine Collet résolut de l'aborder; il exécuta ce mouvement avec autant de précision que d'audace; mais les deux bâtimens s'élongeant à contre-bord avec une grande vitesse, ils ne purent rester accrochés, bien que la *Minerve* se fût embarrassée dans les chaînes des haubans de la *Pallas*. Le petit mât de hune de celle-ci tomba dans l'abordage, et maltraitée, comme elle était, elle n'avait plus de salut à espérer que dans la fuite; aussi se hâta-t-elle de s'éloigner sans tirer un seul coup de canon. La *Minerve*, beaucoup moins avariée, n'eut pas sans doute tardé à l'atteindre ; malheureusement les bosses de son ancre ayant été rompues dans le choc des deux bâtimens, cette ancre tombée au fond, l'arrêta tout à coup, et la fit éviter le bout au vent. Le temps qu'on mit à couper le câble et à remettre la frégate en route, permit à la *Pallas* de s'éloigner ; un autre bâtiment anglais vint la prendre à la remorque et la ramener à son escadre. Dans cet engagement, le talent et l'intrépidité du capitaine Collet, l'adresse et le sang-froid de ses canonniers donnèrent à la *Minerve* un avantage marqué sur une frégate de sa force, bien armée et bien commandée. Pendant le peu d'instans que les deux frégates demeurèrent abordées, les matelots français essayèrent de passer à bord de la *Pallas*. Dans cette tentative, il y eut des piques arrachées des mains des Anglais, qui s'en étaient armés pour repousser l'abordage. Dans ce combat, la *Minerve* eut sept hommes tués et une quinzaine de blessés.

Heureuse expédition navale du capitaine Lhermitte, contre les Anglais.

Vers la fin de l'année 1805, le capitaine Lhermitte partit du port de Lorient avec une division navale destinée à croiser contre le commerce anglais. Il montait le *Régulus*, vaisseau de soixante-quatorze canons, et la frégate la *Cybèle*, l'un des bâtimens de sa division, était commandée par le capitaine Saizieu. Lhermitte accomplit sa mission de la manière la plus distinguée. Il choisit d'abord pour le point de sa croisière la côte occidentale de l'Afrique, dans le dessein d'y ruiner quelques comptoirs britanniques, et de capturer les nombreux bâtimens anglais et portugais qui y faisaient la traite des nègres. Il fit dans ces parages vingt-une prises dont plusieurs étaient armées de vingt à trente canons. Le total des bouches à feu montées sur ces bâtimens, était de deux cent vingt-neuf. Leur capture fit tomber au pouvoir de la division française cinq cent dix-huit prisonniers blancs, et plus de onze cents nègres. Notre brave capitaine équipa trois de ces bâtimens et les joignit à sa division; il coula à fond la majeure partie du reste, et en vendit quelques-uns au Brésil, où le manque de vivres et d'eau le força de relâcher. Il se remit ensuite en mer, fit de nouvelles prises, et après cette heureuse campagne dont la durée avait été de onze mois, il rentra dans un port de France. A son retour, il fut récompensé par le grade de contre-amiral.

Expédition du capitaine Leduc dans la mer du Nord et l'Océan glacial.

Ce capitaine, natif de Dunkerque, port qui envoyait autrefois un certain nombre de bâtimens à la pêche de la baleine, avait fait lui-même cette pêche, et ce motif détermina le choix du gouvernement. On mit sous les ordres de ce marin les trois frégates, la *Revanche*, la *Guerrière* et la *Syrène*. A la fin de mars 1806, il partit de Lorient, et se dirigea vers le nord : mais, par la prolongation de l'hiver au delà du terme ordinaire, ne trouvant pas encore la mer libre dans les parages où il devait établir sa croisière, il se vit forcé de regagner les latitudes tempérées. Après avoir croisé quelque temps du côté des Açores, il se remit en route pour les côtes d'Islande, du Groënland et du Spitzberg. La *Guerrière* s'étant séparée de sa division, il arriva avec les deux autres frégates dans l'Océan glacial, où il visita tous les points qui devaient lui offrir des bâtimens baleiniers ; il en trouva, et en détruisit plus de trente, tant russes qu'anglais. Les deux frégates s'étant élevées jusqu'au 78e. degré de latitude, leurs équipages souffrirent cruellement de la rigueur du climat; toutefois leurs souffrances furent adoucies et leur santé conservée par les bonnes dispositions que prit leur commandant, qui par son activité parvint encore à les soustraire au danger de périr au milieu des glaces. Cet excellent officier passait presque tout le jour au haut des mâts de la *Revanche*, dirigeant lui-même la route des deux frégates. Après la campagne la plus pénible, et dont la durée fut de six mois, Leduc ramena la *Revanche* et la *Syrène* dans un port de France, où il mit à terre quelques centaines de prisonniers.

Expédition du contre-amiral Leissègue dans les Antilles.

Le 13 décembre 1805, les contre-amiraux

Leissègue et Willaumez sortirent du port de Brest avec onze vaisseaux de ligne, quatre frégates et une corvette. Ces forces ne formaient d'abord qu'une seule et même escadre, qui devait se partager en mer et se séparer en deux, dont chacune avait sa destination. La première, qui était sous le commandement de Leissègue, devait se diriger vers les Antilles par le nord-ouest des îles Açores. Les deux escadres naviguèrent de concert pendant deux jours, au bout desquels chacune fit route pour sa destination. Nous allons d'abord suivre celle de Leissègue.

Après dix ou douze jours de navigation, deux vaisseaux de ligne de l'escadre de cet officier supérieur, s'en séparèrent pendant une nuit obscure et orageuse ; ce qui la réduisit, pour le moment, à trois vaisseaux de ligne. Le coup de vent qui avait causé cette séparation devint de plus en plus violent pendant la journée du lendemain. La nuit suivante, une affreuse tempête se déclara, et la plupart des bâtimens de l'escadre éprouvèrent de très-fortes avaries, dont quelques-unes étaient de nature à ne pouvoir être réparées à la mer et à exiger que l'on continuât la traversée en naviguant avec les plus grandes précautions.

Dans la vue de lui faire esquiver la rencontre des escadres anglaises, le ministre de la marine, Decrès, avait prescrit à Leissègue de diriger sa route, en passant au nord-ouest des Açores, ainsi que nous l'avons dit plus haut; cet ordre fut la première cause des événemens malheureux arrivés à son escadre. Après avoir en vain lutté contre la tempête, il se vit forcé de renoncer à suivre les ordres qu'il avait reçus; il prit donc sa route sous le vent des Açores, et malgré les avaries de ses vaisseaux, il arriva, le 22 janvier 1806, devant Santo-Domingo, sans avoir rencontré d'escadre ennemie.

La première opération de cet amiral fut de débarquer les troupes et les munitions dont il était chargé pour le général Ferrand; ensuite il dut songer à réparer les avaries de ses vaisseaux; il pouvait gagner facilement le port de la Havanne, où il eût trouvé toutes les ressources pour ces réparations; mais il craignit de s'y trouver bloqué par les vaisseaux de la station anglaise de la Jamaïque, et de ne pouvoir se porter assez tôt vers les îles du Vent, qu'il avait le projet de ravager. Il savait qu'aucune force navale ennemie ne se trouvait alors dans ces parages, et il voulait y devancer celle qui ne pouvait tarder à arriver d'Angleterre. En conséquence, il se décida à réparer ses vaisseaux sur la rade même de Santo-Domingo : ce fut là la seconde cause des malheurs de son escadre.

Les réparations traînèrent en longueur, soit par la nature des avaries, soit par le défaut d'activité de quelques personnes de l'escadre, et le 5 février elles n'étaient pas encore terminées; cependant, suivant le rapport de l'amiral, elles étaient presque achevées, et il donna l'ordre à tous ses bâtimens de se tenir prêts à appareiller.

Le lendemain, à six heures du matin, la corvette la *Diligente*, qui avait été placée en découverte près de l'île de Samana, fut aperçue se dirigeant vers l'escadre en tirant des coups de canon par intervalles, signal convenu pour annoncer l'approche de l'ennemi. L'amiral fait aussitôt le signal de branle-bas de combat, et celui d'appareiller en filant les câbles par le bout. Cette manœuvre lui paraît exécutée trop lentement, et il ordonne de couper les câbles. Cependant les vaisseaux n'appareillent que successivement, et il était sept heures avant que toute l'escadre fût sous voiles. Bientôt on découvre l'escadre ennemie, forte de onze bâtimens de guerre, dont sept vaisseaux de ligne, parmi lesquels on aperçoit trois pavillons de commandement.

A neuf heures, le combat s'engagea à environ trois lieues dans l'ouest-sud-ouest de Santo-Domingo. La supériorité numérique des vaisseaux anglais leur donnait un grand avantage sur ceux du contre-amiral Leissègue : ils en profitèrent. Après quelques manœuvres où cet officier échoua dans le dessein qu'il avait de mettre la tête de la ligne ennemie entre deux feux, et de l'écraser avant qu'elle pût être secourue, quatre vaisseaux ennemis s'attachèrent à combattre chacun un des quatre vaisseaux français, et les trois autres se réunirent contre l'*Impérial*, vaisseau que montait Leissègue. Ce vaisseau, le plus beau et le plus fort qui eût jamais été construit dans aucun pays du monde, et qui portait cent trente bouches à feu, soutint vigoureusement cette triple attaque; mais, par le peu de solidité de sa muraille, que les boulets traversaient jusque dans sa batterie basse, il se trouva privé du principal avantage qu'il devait avoir sur les petits vaisseaux anglais, et en peu de temps il eut une partie de son équipage hors de combat, et quantité de canons démontés.

Tandis que l'*Impérial*, au lieu d'écraser et de couler à fond les vaisseaux qui l'entouraient, éprouvait pertes sur pertes, la fortune, dans les autres parties de la ligne, se montrait encore moins favorable aux Français. Le *Brave* et le *Jupiter* succombèrent les premiers, après une assez courte résistance. L'*Alexandre* tint ferme à son poste, en avant de l'*Impérial*; mais enfin, étant démâté de tous ses mâts, il tomba sous le vent de la ligne, et aucune frégate ne se trouvant là pour le prendre à la remorque, il devint la proie de l'ennemi. Le capitaine du *Diomède*, matelot d'arrière de l'amiral, s'acquit le plus grand honneur par la manière dont il défendit son vaisseau, contre lequel vinrent se réunir plusieurs vaisseaux ennemis, après que le *Brave*, le *Jupiter* et l'*Alexandre* eurent amené.

Dès les dix heures et demie, la batterie de

dix-huit de l'*Impérial* se trouva entièrement désemparée ; une heure après, celle de vingt-quatre le fut également. Réduit à sa batterie de trente-six, ce vaisseau répondit encore vigoureusement au feu des vaisseaux ennemis qui l'entouraient alors au nombre de quatre. A onze heures et demie, son grand mât et celui d'artimon tombèrent : accident qui lui fit perdre le moyen de manœuvrer pour présenter successivement le travers aux vaisseaux ennemis qui le combattaient, et qui donna à ceux-ci la facilité de prendre et de conserver les positions les plus avantageuses pour le réduire.

Déjà cinq cents hommes de l'équipage de l'*Impérial* étaient hors de combat; le capitaine commandant et le capitaine en second, ainsi que cinq officiers grièvement blessés; les deux adjudans de l'amiral avaient été tués à ses côtés, et il ne restait plus auprès de lui qu'un seul enseigne. Dans cette terrible situation, cet officier général continuait à se promener tranquillement sur le gaillard d'arrière de l'*Impérial*, encourageant l'équipage à se défendre jusqu'à la dernière extrémité. Son courage n'avait été ébranlé ni de la perte de trois vaisseaux, ni de l'état déplorable de celui qu'il montait. Résolu de le faire couler à fond plutôt que d'amener son pavillon, il faisait faire le feu le plus vif de toutes les pièces que les boulets de l'ennemi n'avaient pas démontées. Cependant l'humanité lui ordonnait d'épargner les restes du brave équipage qui combattait si vaillamment sous ses yeux, et il se décida à une manœuvre qui lui parut pouvoir remplir ce but et empêcher son vaisseau de tomber au pouvoir de l'ennemi : il ne restait plus d'autre ressource que de faire échouer le vaisseau ; il en donna l'ordre, et à midi un quart, l'*Impérial* prit terre, présentant le travers au large. Le *Diomède* imita cette manœuvre, et vint s'échouer à une encâblure, en arrière de l'*Impérial*. Les vaisseaux de l'escadre anglaise, craignant de se perdre en poursuivant ces deux vaisseaux, les abandonnèrent et s'éloignèrent de la côte, emmenant avec eux le *Brave*, le *Jupiter* et l'*Alexandre*.

La côte sur laquelle l'*Impérial* et le *Diomède* s'échouèrent, était hérissée de roches ; ces deux vaisseaux furent promptement défoncés. Tout espoir de les sauver étant perdu par-là, il ne restait d'autre parti à prendre que de les évacuer et de les brûler. L'état de la côte, le mauvais temps et les précautions que nécessitait le transport des blessés qu'on débarqua les premiers, retardèrent l'évacuation. Le 9 février, trois jours après le combat, elle n'était pas encore achevée, et cette circonstance priva l'amiral Leissègue du triste avantage de brûler lui-même ses vaisseaux. Dans la soirée, plusieurs vaisseaux ennemis s'approchèrent de la côte, et tirèrent plusieurs bordées sur l'*Impérial* et le *Diomède*. Leurs canots, qu'ils mirent ensuite à la mer abordèrent les deux vaisseaux français, et les incendièrent sous les yeux mêmes de Leissègue, après avoir fait prisonnier l'état-major et une centaine d'hommes du *Diomède*, qui se trouvaient encore à bord de ce vaisseau.

Opérations de l'amiral Linois dans les mers de l'Inde, contre les Anglais.

La mission de cet officier supérieur avait pour objet principal le transport des troupes destinées à reprendre possession de Pondichéry et les autres comptoirs français dans l'Inde, rétrocédés par le traité d'Amiens. Cette expédition, commencée en 1803, ne se termina qu'en 1806. C'est la raison pour laquelle nous en plaçons ici le récit.

L'escadre du contre-amiral Linois était composée du *Marengo* de soixante-quatorze canons; de trois frégates, savoir, la *Belle-Poule* de quarante, la *Sémillante* de trente-six, l'*Atalante* de quarante canons, et des deux transports la *Côte-d'Or* et la *Marie-Françoise*. Les passagers militaires et civils étaient au nombre de treize cent quarante-sept. Le général de division Decaen, investi par Bonaparte du titre de capitaine général des établissemens français dans l'Inde, s'embarqua sur le *Marengo*.

Linois mit à la voile de la rade de Brest, le 6 mars 1803; le 11 juillet il mouilla devant Pondichéry. Il trouva à ce mouillage la *Belle-Poule* qui l'y avait devancé de vingt-six jours, quoiqu'elle eût relâché à Madagascar. Ce ne fut pas sans étonnement qu'il vit flotter le pavillon anglais sur les mers d'un établissement que les Anglais avaient dû évacuer par le traité d'Amiens. Dans le même temps une escadre anglaise, forte de cinq vaisseaux de ligne, trois frégates et deux corvettes, occupait un mouillage à une petite distance de Pondichéry. Cette circonstance fut pour l'amiral Linois un motif pour se tenir sur ses gardes, et ordonner à ses bâtimens le branle-bas du combat.

Le lendemain, l'escadre fut ralliée par le brick le *Belier*, qui était parti de Brest, dix jours après elle : il apportait des dépêches au capitaine général Decaen, et l'ordre à l'amiral Linois de se rendre sur-le-champ avec ses vaisseaux à l'île de France pour y attendre de nouvelles instructions. Linois soupçonnant à l'amiral anglais le dessein ou de l'arrêter ou de suivre ses manœuvres, appareilla au milieu de la nuit, et fit voile pour l'île de France, où il mouilla le 16 août.

Quand, après la rupture du traité d'Amiens, la guerre eut recommencé, l'escadre de Linois reçut l'ordre de croiser contre le commerce britannique dans l'Océan indien. Elle fit sa première sortie de l'île de France le 8 octobre 1803 ; elle était composée du *Marengo*, de la *Belle-Poule*, de la *Sémillante* et de la corvette le *Berceau*, commandée par le lieutenant de vaisseau Halgan : ces bâtimens portaient des troupes destinées à renforcer les garnisons de l'île de Bourbon et de Batavia dans l'île de Java. Chemin faisant, Linois captura plusieurs navires ennemis, richement chargés, un entr'autres de quatorze à quinze cents tonneaux, percé pour soixante bouches à feu et dont la cargaison valait plusieurs millions. Il fit ensuite son atterrage sur l'île de Sumatra, et, avant d'entrer dans le détroit de la Sonde, il résolut de visiter la rade de Bencoulen. Un pilote de ce port fut envoyé à bord du *Marengo*, que l'on prenait pour un vaisseau anglais. Linois s'en servit pour faire prendre à ses bâtimens un mouillage hors de portée de canon d'un fort qui battait sur la rade. Plusieurs bâtimens avaient été aperçus la veille devant Bencoulen; mais à la vue de l'escadre française, ils avaient pris le parti de se réfugier à Sellabart, petit port, situé à deux lieues plus au sud. L'amiral expédia la *Sémillante* et le *Berceau* vers cet endroit, pour capturer ou pour détruire tous les bâtimens anglais qu'ils y trouveraient : cette mission dont furent chargés les capitaines Motard et Halgan eut tout le succès désirable; les Anglais brûlèrent eux-mêmes six de leurs bâtimens, les Français en brûlèrent deux autres, ainsi que trois magasins de la compagnie des Indes, remplis de poivre, de riz et d'opium, et amarinèrent un grand navire à trois mâts avec deux bricks richement chargés.

Dans cette petite expédition, qui causa aux Anglais une perte évaluée à dix ou douze millions, les propriétés particulières furent scrupuleusement respectées par les Français, qui se bornèrent à détruire celles de la compagnie des Indes. « Je pouvais brûler la ville » de Bencoulen, écrivait Linois au ministre » de la marine; mais nous ne faisons pas la » guerre aux Indiens. Je n'ai pas voulu imiter » la conduite de nos ennemis, en mettant mon » étude à ruiner, sans cause, des particuliers. » Une conduite si conforme aux lois de l'humanité méritait les éloges de tous les gens de bien.

Le 1er. décembre, l'escadre arriva à Batavia. Après avoir débarqué les troupes destinées pour cette colonie, elle y fit un séjour de près d'un mois. Ce séjour devint funeste à la santé de ses équipages, et lorsque, renforcée du brick hollandais l'*Aventurier*, elle eut repris la mer, la maladie de Batavia se déclara sur tous ses bâtimens. Cependant, elle continua de se diriger sur le point de croisière convenu, et passa le détroit de Gaspard; et vers la fin de janvier 1804, elle parvint en vue et au vent de l'île de *Pulo-Aor*, à l'entrée des mers de la Chine. Le dessein de l'amiral était d'attaquer, à sa sortie de Canton, le convoi qui part annuellement de la Chine pour l'Angleterre.

Tous les renseignemens qu'obtint Linois des bâtimens neutres qu'il eut occasion de visiter, depuis son arrivée dans ces parages, lui apprirent que près de vingt vaisseaux de la compagnie des Indes et plusieurs bâtimens du pays s'armaient de toute l'artillerie qu'ils pouvaient se procurer, et se disposaient bientôt à partir tous ensemble. Linois assure dans son rapport au ministre de la marine, qu'un brick de guerre était arrivé récemment à Canton, et y avait annoncé une escorte de deux vaisseaux de ligne et de deux frégates. C'était un artifice par lequel il fut trompé.

Le 14 février au matin, le *Marengo* était mouillé près de *Pulo-Aor* avec le *Berceau* et l'*Aventurier*; la *Belle-Poule* et la *Sémillante*, qui avaient passé la nuit à la voile, se trouvaient sous le vent, où elles avaient été entraînées par la force des courans. Les vigies annoncèrent des voiles au nombre de plus de vingt. Persuadé que c'était le convoi qu'il attendait, l'amiral leva l'ancre et laissa arriver pour rallier ses frégates. Le ralliement effectué, il fit tenir le vent à son escadre et la rangea en ordre de bataille. Cinq bâtimens de la flotte ennemie s'en détachèrent pour venir reconnaître l'escadre française; après cette reconnaissance, ils se remirent à tenir le vent, et se formèrent en ligne. A cinq heures et demie du soir, Linois signala à ses bâtimens que, son intention étant d'éviter un combat de nuit, il attendrait le point du jour pour attaquer l'ennemi; il manœuvra cependant pour tâcher de gagner le vent au convoi. Le lendemain, on compta vingt-sept voiles dans la flotte ennemie. Suivant l'amiral Linois, elle ne devait se composer, conformément aux renseignemens, donnés par les neutres, que de dix-sept vaisseaux de la Compagnie, six bâtimens du pays, et du brick de guerre; il devait donc conclure que les trois grands bâtimens qu'il voyait en plus, étaient l'escorte annoncée.

Cependant l'escadre française, par sa manœuvre de la nuit, avait gagné le vent à l'ennemi ; elle n'en était éloignée que d'une portée et demie de canon, mais le calme ne permettait pas de le joindre. Linois profita de ce calme pour tenir conseil avec ses capitaines : Ceux-ci furent d'avis d'attaquer vivement le convoi, représentant à l'amiral l'ardeur dont les équipages étaient animés. A huit heures, la brise commençant à s'élever, le convoi prit la route du Sud, rangé sur deux lignes. Celle du vent était composée de huit ou dix bâtimens, qui paraissaient destinés à défendre les autres. L'escadre française se dirigea aussitôt, toutes les voiles dehors, vers le convoi. Cinq bâtimens anglais s'avancèrent à sa rencontre ; et Linois, craignant de voir son escadre mise entre deux feux, la fit revenir au vent. Vers midi, il manœuvra encore pour attaquer le convoi ; mais les bâtimens ennemis montrèrent de nouveau qu'ils étaient résolus de se défendre ; enfin, à midi et demi, le *Marengo* tira les premiers coups de canon et l'engagement commença.

Le vaisseau ennemi le plus avancé, ayant éprouvé quelques avaries, laissa arriver ; mais soutenu par ceux qui le suivaient, il prêta de nouveau le côté, et fit ainsi, que les autres bâtimens, un feu très-nourri. Les vaisseaux qui avaient viré, se réunirent à ceux qui combattaient ceux de Linois, et trois de ceux qui, les premiers, avaient pris part à l'action, manœuvrèrent pour les couper de l'arrière, tandis que le reste de la flotte se couvrant de voiles, et laissant arriver, annonçait le projet de les envelopper. Les ennemis, par cette manœuvre, auraient rendu très-dangereuse la position de l'amiral ; la supériorité de leurs forces était reconnue, et il n'avait plus à délibérer sur le parti qu'il devait prendre pour éviter les suites funestes d'un engagement inégal. Profitant de la fumée qui l'enveloppait, il s'éloigna de l'ennemi qui continua à poursuivre l'escadre française, jusqu'à trois heures, en lui envoyant plusieurs bordées sans effet.

Ainsi, cette escadre fut battue et mise en fuite par une flotte marchande dont elle aurait dû prendre autant de bâtimens que les siens en auraient pu joindre. La prise de cette flotte eût porté au commerce britannique le coup le plus terrible ; aussi son arrivée en Angleterre fut célébrée comme un événement des plus heureux, et son combat comme une victoire éclatante. Le capitaine qui avait rempli, dans cette occasion, les fonctions de commandant de la flotte, obtint de brillantes récompenses, et reçut des mains mêmes de Georges III, la décoration de l'ordre du Bain. La compagnie des Indes accorda aux équipages de la flotte des gratifications considérables.

Après l'affaire dont nous venons de parler, l'amiral Linois, que *l'Atalante* avait rallié, retourna à Batavia. Il trouva dans ce port une escadre hollandaise qui venait d'y arriver d'Europe. Il proposa à l'officier qui la commandait de joindre ses troupes aux siennes. Cette proposition n'étant pas acceptée, il prit des vivres à Batavia et fit route pour l'Ile de France, où il arriva le 2 avril. Deux frégates qu'il avait laissées en arrière, rentrèrent quelques jours après, amenant à leur suite une prise évaluée de six à sept millions de francs. A son retour, Linois fut assez mal accueilli par le capitaine général Decaen, qui envoya même au gouvernement français une dépêche, dans laquelle il blâmait vivement l'amiral de ne s'être pas emparé du convoi anglais; ce qui était le but principal de sa mission. Il est vrai qu'il avait manqué par cette faute l'objet le plus important de sa croisière, mais il avait fait éprouver aux Anglais, dans cette campagne, des dommages qui s'élevaient à plus de vingt millions.

Seconde croisière de l'amiral Linois.

Après un séjour de deux mois et demi à l'Ile-de-France, Linois mit à la voile pour une seconde croisière, avec le *Marengo*, l'*Atalante* et la *Sémillante*. Il se porta d'abord au sud de l'île de Madagascar, à l'entrée du canal de Mozambique. Après avoir été battu pendant quelques jours par un gros temps, il alla mouiller à la baie de Saint-Augustin, relâche fréquentée par les Anglais. Lorsque ses bâtimens y eurent réparé quelques avaries qu'ils avaient éprouvées dans leur gréement et leur voilure, il remonta le canal, et croisa quelque temps au point le plus convenable pour intercepter les navires qui passeraient par là pour se rendre dans l'Inde. Trompé dans son attente, il remonta au nord, et vint s'établir en croisière sur un autre point de l'Océan indien. Il y fut plus heureux:

deux navires richement chargés furent pris par son escadre, et envoyés à l'Ile-de-France.

Après avoir fait ces captures, Linois s'approcha de l'île de Ceylan, passa vingt-quatre jours à croiser dans le sud-est, et à trente lieues de cette île, lieu du rendez-vous qu'il avait assigné aux deux frégates la *Belle-Poule* et la *Psyché*, qui, à son départ de l'Ile-de-France, ne s'étaient pas trouvées en état de le suivre. Las de les attendre, il résolut d'aller chercher l'ennemi dans ses ports. Après être entré dans le golfe du Bengale, l'escadre passa à environ vingt lieues au large de Madras, et alla visiter les rades de Masulipatan et de Cosanguay; de là, elle prolongea la côte de Golconde, et arriva le 18 septembre devant Visigapatnam, l'un des principaux établissemens anglais. Trois grands bâtimens à trois mats y furent aperçus au mouillage, et l'un des trois bientôt reconnu pour un vaisseau de guerre. Ce vaisseau se nommait le *Centurion*; les deux autres bâtimens étaient la *Princesse Charlotte*, vaisseau de la Compagnie, armé de vingt-six canons, et chargé de toile, sucre, salpêtre, cordages, etc., et le *Bar nabé*, navire de quatre cents tonneaux, chargé aux deux tiers.

L'escadre française, s'approchant sous les couleurs anglaises, parut n'inspirer point de défiance aux bâtimens qu'elle voulait attaquer; cependant le capitaine du *Centurion* fit aux vaisseaux français, avant qu'ils fussent arrivés, des signaux de reconnaissance. Ces signaux demeurant sans réponse, le *Centurion* et les batteries de la côte se disposèrent au combat. L'*Atalante* et la *Sémillante*, qui se trouvaient à une grande distance en avant du *Marengo*, s'approchèrent jusqu'à une demi-encâblure du vaisseau ennemi, sans brûler une amorce. L'*Atalante* lui envoya aussitôt toute sa bordée, et passa ensuite à terre, délai pendant lequel la *Sémillante*, qui tenait le large, le canonnait à petite portée. Le *Centurion* riposta vigoureusement, et les batteries de terre ouvrirent leur feu sur les frégates; mais au bout de quelque temps, ce vaisseau coupa son câble, hissa quelques voiles, et se dirigea vers la côte, où il parut échoué, présentant sa hanche au large; ce fut dans cette position qu'il reçut les premières bordées du *Marengo*. Son pavillon tomba, et il suspendit un moment son feu; Linois fit cesser le sien, et se disposa à amariner ce vaisseau. Malheureusement le *Marengo*, en s'avançant, touche de l'avant sur un fond vaseux; l'amiral manœuvre promptement de manière à se dégager, et reprend la bordée de large pour s'élancer au vent. Le capitaine anglais profite de cette circonstance, remet un pavillon, et recommence à tirer sur le *Marengo* qui lui présente alors la poupe. Linois ne tarde pas à virer de bord; il se dirige sur le *Centurion*, vient s'embosser par son travers, et la canonnade devient alors assez vive entre les deux vaisseaux. Cependant les frégates amarinaient la *Princesse-Charlotte*, qui s'était rendue sans se défendre, et forçaient le *Barnabé* à se jeter à la côte dans un endroit où il courait le plus grand risque de se briser et d'être englouti.

Après avoir tiré pendant une heure et demie sur le *Centurion*, Linois jugeant qu'il ne pourrait pas le forcer à se rendre, et que son capitaine préférerait le jeter à la côte, prit le parti de l'abandonner. Suivant le rapport de cet officier supérieur, ce vaisseau était alors dans l'état le plus déplorable, pompant de toutes ses pompes, et tirant sans cesse des coups de canon d'assistance. Le *Marengo* ayant reçu quelques coups de canon dans sa mâture, et d'ailleurs la croisière ayant déjà duré plus de trois mois, Linois quitta la côte de Coromandel, et fit route pour l'Ile-de-France. Pendant son retour, il captura un grand navire richement chargé, et enfin, le 1er. novembre, il rentra dans un des ports de la colonie, où il trouva la *Belle-Poule* qui, de son côté, avait aussi fait des prises d'une grande valeur.

Troisième croisière de l'amiral Linois.

Linois fut six mois sans retourner à la mer, pour donner le temps au carénage du *Marengo*; mais ses frégates, qu'il envoya en croisière, firent de riches captures. Enfin, le 22 mai 1805, il partit, accompagné de la *Belle-Poule*, pour sa troisième croisière. L'entrée de la mer Rouge et la côte de Ceylan furent les points qu'il choisit pour s'y établir. Au dernier, il s'empara d'un vaisseau de la compagnie des Indes, très-richement chargé, et en força un autre de se jeter à la côte. L'avis lui étant parvenu de la présence d'une forte escadre ennemie dans ces parages, il se détermina à les quitter, et se dirigea vers le cap de Bonne-Espérance. Le 6 août, il fait rencontre d'un convoi de dix vaisseaux de la Compagnie, chargés de troupes, et escortés par un vaisseau de quatre-vingts pièces de canon, sous les ordres de l'amiral Trowbridge. Il attaque ce convoi; mais bientôt convaincu de l'inutilité de cette attaque, il quitte le combat, n'ayant que huit hommes blessés, et de légères avaries dans le gréement et la mâture de son vaisseau. Il continue sa route, et arrive, vers la mi-septembre, dans les parages du cap de Bonne-Espérance.

Pendant sa relâche vers ce cap, Linois fut rejoint par l'*Atalante*; mais peu de temps après, cette frégate fut jetée à la côte par une tempête qui fit périr plusieurs bâtimens hollandais et américains, et mit en danger tous ceux qui se trouvaient sur la rade. Le 10 novembre, le *Marengo* et la *Belle-Poule* appareillèrent du cap pour aller prendre connaissance du cap Negro. L'intention de l'amiral était de visiter la côte d'Angola, pour capturer les bâtimens qui y faisaient la traite des noirs. Ne trouvant rien au cap Negro, il remonta vers le cap Lopez, en visitant toutes les baies. Un brick et un vaisseau à trois mâts furent les seules captures qu'il put faire ; encore ne lui fournirent-elles aucun des objets de gréement dont il avait besoin. Il ne tarda pas à abandonner ces stériles parages. Après avoir fait de l'eau et du bois à l'Ile-du-Prince, il se porta sous le vent de l'île Sainte-Hélène, où il s'établit en croisière. Un navire américain, qu'il visita le 29 janvier 1806, lui donna la nouvelle de la prise du cap de Bonne-Espérance par les Anglais. Il apprit en même temps qu'ils avaient envoyé à sa poursuite des forces supérieures aux siennes, qui devaient le joindre dans les parages où il croisait. Les Anglais avaient acquis la connaissance de ses projets par les deux prises que le *Marengo* avait faites à la côte d'Afrique, et qui, expédiées pour le Cap, étaient tombées en leur pouvoir.

Malheureux combat de l'escadre de l'amiral Linois, contre une escadre anglaise de sept vaisseaux.

Linois, dans la position où il se trouvait, manquant de vivres et d'agrès, n'ayant pas un seul port où il pût réparer ses bâtimens, se décida à faire voile pour la France. Le 17 février il repassa pour la douzième fois la ligne depuis son départ de Brest. Les équipages étaient alors réduits à une faible ration, afin qu'on pût conserver assez de vivres pour le trajet qui restait à faire ; chaque jour diminuait la distance qui les séparait de leur patrie, et tous, espérant de la revoir bientôt, oubliaient les périls et les fatigues auxquels ils avaient été exposés pendant trois ans. Le sort trompa leur attente. Dans la nuit du 13 au 14 mars, le *Marengo* donna dans une escadre anglaise de sept vaisseaux de ligne, deux frégates et une corvette, sous les ordres de l'amiral sir John Borlasse Warren, laquelle était récemment partie des ports d'Angleterre, à la recherche des deux escadres françaises sorties de Brest, le 13 décembre 1805.

Entouré par des forces si supérieures, l'amiral Linois fit de vains efforts pour leur échapper : il fallut combattre ; mais quoique l'issue du combat ne pût être douteuse, le *Marengo* et la *Belle-Poule* soutinrent vaillamment l'honneur de leur pavillon ; enfin, accablés par le nombre, ces deux vaisseaux furent obligés de se rendre. La *Belle-Poule* avait eu six hommes tués et vingt-quatre blessés; le *Marengo* soixante-trois hommes tués et quatre-vingt-deux blessés; l'amiral Linois reçut lui-même une blessure considérable, ainsi que son fils; le capitaine Vrignaud, commandant du *Marengo*, perdit le bras droit dans cette affaire.

Ce dénoûment de la longue campagne de Linois fut d'autant plus malheureux, qu'il avait, pendant plusieurs années, parcouru impunément des mers où les Anglais avaient des forces au moins quintuples des siennes. S'il manqua la plus belle occasion qui se fût présentée, de ruiner le commerce britannique, il ne laissa pas que de lui faire éprouver des pertes qui furent vivement ressenties en Angleterre.

Après huit années de détention en Angleterre, l'amiral Linois rentra en France le 22 avril 1814. Le 13 juin suivant, il fut nommé par le roi, gouverneur de la Guadeloupe, et créé chevalier de Saint-Louis par une ordonnance du 5 juillet. Le 14 décembre suivant, il fit son entrée à la Basse-Terre. Instruit en 1815 du débarquement de Bonaparte, il se montra d'abord résolu à demeurer fidèle au roi ; mais bientôt après, les troupes sous ses ordres s'étant déclarées pour cet usurpateur, il parut hésiter, et finit par les imiter. Il faut dire toutefois qu'il y fut, pour ainsi dire, forcé par l'adjudant-général Boyer, auteur de l'insurrection, qui le fit même conduire en prison. On lui a seulement reproché de ne s'être pas conduit dans cette circonstance avec assez de fermeté. Les Anglais profitèrent de cette occasion pour s'emparer de la colonie. Linois, devenu leur prisonnier, fut embarqué pour la France, avec l'adjudant-général Boyer, et enfermé à l'Abbaye. Traduit, en mars 1816, sur sa demande, devant le conseil de guerre permanent de la première division militaire, il fut acquitté à l'unanimité des voix. Il habite aujourd'hui la ville de Versailles.

Expédition du contre-amiral Willaumez dans l'Océan-Atlantique et en Amérique.

L'escadre aux ordres de Willaumez sortit du port de Brest, en même temps que celle de l'amiral Leissègue. Il avait ordre de se rendre directement au cap de Bonne-Espérance, d'y compléter l'eau et les vivres que ses équipages auraient consommés, et ensuite de se porter sur les points où il jugerait pouvoir causer le plus de dommages à l'Angleterre, soit en détruisant ses convois, soit en rançonnant ses colonies; toutefois il lui était prescrit de ne pas demeurer absent de l'Europe au-delà de quatorze mois. Quinze jours avant son départ, cet officier général, ayant reçu ses instructions, fut frappé de l'ordre que le ministre de la marine lui donnait d'aller relâcher au cap de Bonne-Espérance. Tout le monde savait qu'une expédition était partie d'Angleterre pour attaquer cette colonie, et d'ailleurs il s'en fallait de beaucoup que la saison fût favorable à cette navigation.

L'escadre de Willaumez était composée du *Foudroyant*, de quatre-vingts canons; du *Vétéran*, de soixante-quatorze; du *Cassard*, de l'*Impétueux* et de l'*Éole*, du même nombre de bouches à feu; du *Patriote*, de la *Valeureuse* et de la *Volontaire*, frégates, toutes deux de quarante canons. A peine cette escadre était sortie de la rade de Brest, qu'elle éprouva des avaries, causées par la mauvaise qualité des bois, des cordages et des toiles employés dans la confection de sa mâture, de son gréement et de sa voilure. Ces avaries, réparées avec l'activité que le chef sut communiquer à ses subordonnés, n'empêchèrent pas l'escadre de s'emparer de plusieurs bâtimens anglais, chargés de troupes et faisant partie d'un convoi escorté par le vaisseau le *Polyphème* et la frégate le *Sirius*. Le *Vétéran* donna la chasse à cette frégate et la gagnait, lorsque l'amiral, voyant la nuit s'approcher, rappela ce vaisseau, de peur qu'il ne vînt à se séparer de l'escadre. Willaumez fit encore quelques prises avant de quitter les mers d'Europe. Parmi ces prises se trouvait un petit bâtiment qu'on pouvait équiper avec cinq ou six hommes : il en fit présent aux femmes et aux enfans des soldats anglais qu'il avait faits prisonniers quelques jours auparavant, et les expédia pour les Açores, à la hauteur desquelles il se trouvait alors.

Willaumez s'arrêta pendant deux jours à croiser dans les parages des îles Canaries. Il se décida à prendre cette station, afin d'avoir la facilité de se débarrasser des prisonniers qu'il avait faits, et qui ne laissaient pas de consommer des vivres qu'il fallait épargner ;

il fit donc embarquer tous les soldats anglais sur la frégate la *Volontaire*, et conduire à Saint-Nicolas de Ténériffe cette frégate, qui se porta ensuite au cap de Bonne-Espérance, où elle fut prise par les Anglais. Comme elle n'avait pas rallié l'escadre dans le temps qu'on était convenu de l'attendre, Willaumez continua sa route.

Cet amiral se trouvait dans une position extrêmement délicate : Jérôme Bonaparte était à bord de son escadre comme simple capitaine de vaisseau, et il devait être traité à l'égal des autres, sans nul égard pour le rang qu'il tenait alors. Il voyait avec le plus grand déplaisir qu'on s'éloignât de la France pour une campagne qui devait durer au moins une année : il ne s'en était point caché à l'amiral ; celui-ci, le plus franc de tous les marins et le moins courtisan de tous les hommes, lui fit des remontrances et lui donna des conseils aussi sages que mesurés. En général, dans tous ses rapports avec ce jeune homme que l'élévation de son frère remplissait d'orgueil, il sut lui marquer toute la déférence possible, sans jamais déroger à la dignité de ses fonctions, sans rien sacrifier de son autorité.

Willaumez en arrivant dans les parages du Cap de Bonne-Espérance, captura une corvette anglaise qui lui annonça la prise de cette colonie : cette circonstance lui fit changer ses projets. Il avait eu d'abord l'intention, s'il lui avait été possible de se ravitailler au Cap, de s'établir en croisière sur le banc des *Aiguilles*, pour intercepter les convois qui venaient de l'Inde et de la Chine. Alors il se borna à croiser entre les deux continens d'Afrique et d'Amérique; mais bientôt après le manque de vivres le mit dans la nécessité d'aller relâcher au Brésil, où il arriva au commencement d'avril 1806. L'escadre s'arrêta pendant dix-sept jours dans le port de Bahia, où elle avait été parfaitement accueillie par le gouverneur de cette ville.

Du Brésil, l'escadre se dirigea vers Cayenne. On avait dit que les noirs s'étaient révoltés dans cette colonie; mais cette nouvelle était fausse. Là, Willaumez partagea son escadre en trois divisions, et les établit en croisière depuis Cayenne jusques vers le 9.ᵉ degré de latitude septentrionale. En partant de Cayenne, il voulait aller détruire tous les bâtimens qui se trouvaient à la Barbade; mais les courans, les vents contraires, et les gros temps qu'il essuya, l'en empêchèrent, et le mauvais état dans lequel se trouvaient ses vaisseaux, le força de relâcher à la Martinique, qu'il atteignit le 20 juin. L'escadre ne demeura que dix jours dans la rade du Fort-Royal; ensuite elle se dirigea vers Mont-Serrat et rançonna cette colonie : elle visita encore plusieurs rades des ennemis et y fit des prises.

Le 6 juillet, Willaumez eut connaissance sous l'île de Saint-Thomas, de l'escadre anglaise de l'amiral Cochrane, composée de quatre vaisseaux et de plusieurs frégates et grandes corvettes, au nombre de douze où treize bâtimens à trois mâts. Comme cette escadre était au vent, il fit diminuer de voiles pour l'attendre, et se prépara au combat. L'amiral anglais ne jugea pas à propos de se battre, et continua à tenir le vent. La position des deux escadres ne permettait pas à l'amiral français de joindre l'ennemi, qui avait Tortole et Saint-Christophe pour refuge. Après lui avoir vainement offert la bataille, il reprit sa route.

Willaumez s'était muni, à la Martinique,

de vivres jusqu'à la fin d'octobre. Voici la manière dont il comptait employer cet espace de temps. Signalé dans toutes les Antilles, il ne pouvait espérer de faire des prises que sur les rades anglaises mêmes, ainsi qu'il l'avait déjà fait, et il était assuré qu'aucun convoi ne serait expédié dans ces parages, pour l'Angleterre, tant que son escadre s'y trouverait. D'un autre côté, s'il ne pouvait entreprendre que peu de chose contre les navires réfugiés dans les ports des Antilles ; faute de troupes de débarquement, il ne pouvait rien entreprendre contre les îles mêmes. Il résolut donc d'aller attendre le convoi de la Jamaïque, à une certaine hauteur en pleine mer, où il demeurerait pendant que les escadres ennemies seraient occupées à le chercher sur toutes les côtes, toutefois ayant la précaution d'arrêter et de retenir tous les navires neutres, de peur que l'ennemi ne fût instruit de sa position. Après avoir pris et détruit le convoi de la Jamaïque, il se serait dirigé vers Terre-Neuve pour capturer les bâtimens pêcheurs anglais, et détruire les pêcheries; ensuite, il aurait établi une croisière sur un point favorable pour intercepter les navires ennemis revenant du Labrador, du Groënland et de l'Islande ; enfin, vers la mi-octobre, il se serait dirigé vers un port de France.

Suite malheureuse de l'expédition de l'amiral Willaumez.

Conformément au plan qu'il s'était formé, Willaumez se porta à la hauteur des débouquemens de Bathama, et s'établit en croisière à environ cent lieues au large. D'après des avis qu'il avait reçus au sujet du convoi de la Jamaïque, il avait la ferme espérance de l'intercepter dans les parages qu'il avait choisis. Pendant tout le temps que dura cette croisière, Jérôme Bonaparte ne pouvait contenir son impatience ; enfin, dans la nuit du 30 juillet, il abandonna l'escadre et fit route pour la France. Sa conduite fut peut-être la cause qui fit manquer à Willaumez l'occasion de s'emparer du convoi de la Jamaïque. Les courses que cet amiral fit, dans diverses directions, pour chercher le *Vétéran*, monté par Jérôme, et dont il avait extrêmement à cœur de ne point se séparer, tant pour obéir à ses ordres, que par crainte que le frère de Bonaparte ne vînt à tomber entre les mains des Anglais ; ce furent ces courses, disons-nous, qui l'écartèrent du point où il s'était porté, et favorisèrent, sans doute, le passage du convoi. Après d'inutiles recherches, et après avoir acquis la certitude que le *Vétéran* avait fait voile pour la France, il revint reprendre sa croisière, mais il était trop tard : le convoi était passé ; persistant néanmoins à l'attendre, il ne pouvait se décider à renoncer à sa croisière, sans en avoir des nouvelles certaines.

L'escadre était encore dans cette position, lorsqu'elle fut surprise, dans la nuit du 19 au 20 août, par une violente tempête qui dura plusieurs jours. Au milieu de cette tourmente, les vaisseaux se dispersèrent et coururent le plus grand danger de périr ; presque tous perdirent leurs mâts ou leur gouvernail : le *Foudroyant* et l'*Impétueux* éprouvèrent à la fois ce double accident. Sans aucun moyen de se diriger, et poussés en travers par les vents et par les flots, ils demeurèrent trois jours l'un à la vue de l'autre, sans pouvoir communiquer même au porte-voix. Enfin le *Foudroyant* parvint à fabriquer une espèce de gouvernail et à établir des mâtereaux à la place des petits mâts qu'il avait perdus. Dans ce déplorable état, Willaumez n'eut d'autre parti à prendre que de se diriger vers la Havane. A la proximité de ce port, le *Foudroyant* fut attaqué par une division anglaise, à la tête de laquelle se trouvait l'*Anson*, vaisseau rasé. Le vaisseau français, malgré la difficulté qu'il éprouvait pour manœuvrer, força, en moins d'une demi-heure, son ennemi à prendre la fuite, et bientôt après, il entra dans le port.

L'*Impétueux* était aussi parvenu à se faire un gouvernail provisoire; mais cela ne l'empêcha pas d'être jeté à la côte vers le cap Henri, où il fut brûlé par des embarcations anglaises. Le *Patriote*, l'*Éole* et la *Valeureuse* se réfugièrent à la baie de Chésapeak, dans l'état le plus déplorable; le *Cassard* parvint à gagner un port de France. Le vaisseau qui portait Jérôme Bonaparte, éprouva la même tempête; mais alors il était près des côtes de France. Quelques jours auparavant, il avait rencontré un convoi qui venait du Canada, et après lui avoir donné la chasse, il lui avait pris neuf bâtimens chargés de mâtures, de goudron et de pelleteries, pour une valeur de cinq millions.

Le 26 août, ce vaisseau avait connaissance

des côtes de Bretagne, lorsqu'il fut découvert et chassé par une division anglaise qui lui coupait la route de Brest et celle de Lorient. Dans cette position critique, Jérôme n'avait, pour échapper aux Anglais, d'autre ressource que de jeter le *Vétéran* à la côte ; mais, après avoir pris le parti d'échouer, il voulut essayer d'entrer dans quelqu'une des baies ou rivières des parages où il se trouvait : il se décida pour la baie de Concarneau. Au grand étonnement de tous les marins, un grand vaisseau de ligne, tout armé, entra dans ce port où personne n'eût osé introduire la plus petite frégate. Le *Foudroyant* revint en France au commencement de 1807 ; le *Patriote* revint plus tard. Quant à l'*Éole* et à la *Valeureuse*, ils furent dépecés aux États-Unis.

Tel fut le sort d'une des escadres les mieux conduites que la France mit en mer pendant la guerre avec la Grande-Bretagne, durant la révolution. Le tort qu'elle fit au commerce anglais peut être évalué à douze ou quinze millions. Cependant, ce n'est rien en comparaison de ce qu'elle eût pu faire, sans les contrariétés de toute espèce qui entravèrent les plans de l'amiral. Les Anglais ont rendu justice à Willaumez, en relevant le mérite de cette longue campagne, au milieu d'obstacles sans nombre qu'il eût été impossible de surmonter à un marin moins expérimenté que cet amiral.

Tentative des Anglais pour incendier le port de Boulogne et la flottille, en 1806.

Pendant que le lord Lauderdale, qui était venu à Paris traiter de la paix entre la France et la Grande-Bretagne, se trouvait encore dans cette capitale, les Anglais profitèrent de la négligence que l'on avait mise à défendre les approches du port de Boulogne, pour essayer de l'incendier ainsi que la flottille qui s'y trouvait. Le 8 octobre au soir, la croisière ennemie, depuis long-temps peu nombreuse, s'augmenta tout à coup, et dans la nuit l'attaque eut lieu. Elle ne fut accompagnée que d'un succès de peu d'importance; mais elle aurait échoué complètement si le général Jardon, qui commandait la gauche du camp, n'avait donné l'ordre de ne pas tirer, aux batteries qui avaient commencé à faire feu sur les bâtimens ennemis, s'imaginant que les Anglais voulaient tenter un débarquement: « *Ayons l'air de dormir*, disait-il, *laissons-*

les mettre pied à terre, nous les hacherons comme chair à pâté. » Mais le dessein des Anglais n'était pas de débarquer; ils s'approchèrent tant que leurs canots trouvèrent assez d'eau pour flotter, et dans cette position, ils lancèrent sur le port quelques centaines de fusées à la Congrève. Ces fusées, qui venaient d'être inventées, ne causèrent d'abord presque aucun effroi, et bientôt elles devinrent la risée des matelots français qui leur donnèrent le nom de *Fusées brûlotières*. Ces intrépides marins les détachaient, avec des leviers de bois ou de fer, des endroits où elles s'étaient fixées en tombant, et les jetaient ensuite à la mer. Du sable mouillé éteignait promptement les matières enflammées que ces fusées vomissaient par plusieurs orifices. La flottille fut ainsi préservée de la destruction dont elle était menacée. La ville n'eût également éprouvé aucun dommage, si les habitans eussent, au commencement, montré autant de sang-froid et de courage que les marins. La frayeur d'habitans étrangers au métier de la guerre, et qui voyaient leurs habitations exposées à devenir la proie des flammes, est sans doute excusable; mais l'égoïsme de quelques hommes auxquels Boulogne dut la perte de deux ou trois maisons, mérite un blâme sévère.

Le lendemain de leur odieuse tentative, les Anglais en firent une d'un genre différent. Peu de temps après la nuit close, plusieurs bombardes s'approchèrent de la côte, et lancèrent pendant quelques heures des bombes sur le port et sur la ville : aucun des bâtimens de la flottille ne fut endommagé; quelques maisons furent atteintes ; mais les dégâts, qu'elles éprouvèrent furent peu considérables, et le feu ne prit nulle part.

Expédition des Anglais à l'embouchure de l'Escaut et dans l'île de Walcheren, en 1809.

Une attaque contre Anvers promettait à l'Angleterre un succès auquel cette puissance était beaucoup plus intéressée que ses alliés. La destruction de ce beau port, principal chantier et arsenal de la marine française dans le nord, paraissait à la cour de Saint-James le moyen le plus prompt et le plus certain d'opérer une diversion utile en faveur des Autrichiens, déjà battus dès l'ouverture de la campagne

Trente-cinq mille hommes, commandés par le lord Chatam, furent destinés à cette expédition. Les forces de mer, sous les ordres de l'amiral Strachan, se composaient de vingt-deux vaisseaux de ligne, de cent vingt autres bâtimens de guerre de différentes grandeurs, et de plus, de quatre cents transports. Cet armement, commencé au mois de mai, ne fut prêt qu'à la fin de juillet, à l'époque où l'on connaissait déjà à Londres le résultat de la bataille de Wagram.

Le gouvernement anglais, qui ne pensait nullement à un siége régulier d'Anvers, place du premier rang, n'en avait pas mis les moyens à la disposition du lord Chatam. Il n'était question que de tenter un coup de main, de détruire l'escadre française qui défendait les bouches de l'Escaut, de débarquer sur les quais de la ville, d'incendier les chantiers et les magasins, de faire sauter les écluses et les fortifications, et enfin, à l'approche des Français, de se retirer dans l'île de Sud-Béveland, ensuite dans celle de Walcheren, où l'on entreprendrait le siége de Flessingue.

Le 29 juillet, vers neuf heures du matin, l'avant-garde, et successivement toutes les divisions de la flotte anglaise furent signalées au général Monnet, gouverneur de Flessingue, et au général Rousseau, commandant supérieur du pays de Cadzand. A midi, elles se rallièrent à quatre lieues dans l'ouest du banc l'*Elboog*, à l'entrée de la passe nommée le *Deurloo*. A trois heures, quatre frégates et cent trente autres voiles de transport, vinrent ranger la côte de Cadzand, à une demi-lieue au large du *Swarte-Polder*, et elles y mouillèrent. Cette division portait les troupes destinées à agir sur la rive gauche de l'Escaut. Le reste de la flotte fit voile au nord de l'île de Walcheren.

Le général Rousseau expédia sur-le-champ des estafettes au ministre de la guerre, à Paris, et aux généraux qui commandaient la vingt-quatrième division militaire et les départemens de la Lys et de l'Escaut. Son quartier-général était à Breskens; il n'avait alors avec lui qu'une cohorte de gardes nationaux soldés, forte de trois cents hommes; mais il pouvait disposer d'un régiment provisoire et d'un bataillon du 65me., qui étaient casernés à Gand. Des ordres furent donnés pour que ce petit nombre de troupes se dirigeât, à marches forcées, sur Grode, par Ecloo et Ysendick.

Le pays de Cadzand n'offrait à ce général qu'une situation précaire. Après avoir reconnu, à Swarte-Polder, la division ennemie, qui mettait ses chaloupes à la mer, et dont quelques bâtimens lançaient déjà des obus sur le rivage, et ne voyant aucune possibilité de s'opposer au débarquement qui, selon les apparences, devait être effectué le lendemain, 30 juillet, vers trois heures du matin, il employa le reste de la journée à faire parader ses trois cents hommes de garde nationale, dans la campagne, et à simuler des mouvemens pour donner à l'ennemi le change sur le nombre de cette troupe. A l'entrée de la nuit, il jeta dans la grande batterie, à un quart de lieue de Breskens, deux compagnies, quarante canonniers de ligne, et ce qu'il y avait de plus solide dans la compagnie des gardes-côtes. Il espérait en prenant position, avec le reste de son monde, près de Grode, tirer parti des moyens de chicane qu'offre le pays, pour maintenir sa communication avec les secours qu'il attendait; il perdit bientôt cet espoir : les soldats, s'étant presque tous enivrés pendant la nuit, se débandèrent, et plusieurs brisèrent leurs armes. Rousseau passa quatre heures dans la plus cruelle anxiété, n'ayant auprès de lui que quelques officiers. Enfin le jour parut, et ce ne fut pas sans étonnement que l'on vit l'immobilité de la division ennemie. Dès cet instant le sort de l'expédition fut irrévocablement fixé. Cette division, sans avoir tenté le débarquement, appareilla le 1er. août pour joindre le reste de l'armée qui, le 30 juillet, avait pris terre dans l'île de Walcheren.

Attaque et prise de Flessingue par les Anglais.

La place de Flessingue, regardée comme la plus forte de la Zélande, est située dans l'île de Walcheren, à treize lieues d'Anvers, et au point où le bras occidental de l'Escaut se jette dans la mer du Nord. Elle était devenue un arsenal supplémentaire où s'armaient les vaisseaux construits à Anvers. Elle appartenait à la France par la cession que lui en avait faite le gouvernement du royaume des Pays-Bas. Ce fut à l'autre extrémité de l'île que les Anglais prirent terre, le 30 juillet.

Le général Osten, Belge de naissance, s'avança contre l'ennemi, d'après les ordres du général Monnet, gouverneur de Flessingue, avec douze cents hommes et quatre pièces de canon; mais il ne put les empêcher de débarquer au nombre de quinze à dix-huit mille hommes. Toutefois, il défendit le terrain pied à pied; mais se voyant débordé de deux côtés, il se retira d'abord sur Middelbourg, ensuite sur Flessingue. Devenus maîtres de Weer, les Anglais firent entrer leur flottille dans le Weer-Gat et dans le Sloé, petits bras de l'Escaut, situés entre les deux principaux. Dix vaisseaux de ligne français, faisant partie de la flotte d'Anvers, sous les ordres du vice-amiral Burgues-Missiessy, s'étaient stationnés aux deux embouchures du fleuve. Ces bâtimens, en se retirant à l'approche des voiles ennemies, leur avaient enseigné les passes dangereuses d'un fleuve qui coule sur un fond sablonneux et mouvant.

Le 2 août, les Anglais débarquèrent dans l'île de Sud-Béveland; ils occupèrent la petite ville de Goès, qui en est le chef-lieu, et bientôt après le fort de Bathz. L'occupation de ce fort, abandonné avec précipitation par le général Bruce, qui était chargé de le défendre, était d'autant plus fâcheuse, qu'elle compromettait la sûreté de la flotte française. En effet, les batteries de Bathz pouvaient seules empêcher la communication de la branche occidentale de l'Escaut, où étaient les vaisseaux français, avec la branche orientale, que tenaient ceux de l'ennemi. Par cette même occupation, les Anglais étaient assurés de la possession de la baie de Saeftingen, seul mouillage dans le fleuve, près d'Anvers, assez vaste, pour qu'on pût y rassembler de grandes forces maritimes, hors de la portée des batteries de la rive opposée. L'ennemi pouvait en outre, sous la protection de Bathz, passer le canal qui sépare Sud-Béveland du continent, et arriver par terre, en très-peu d'heures, sous les murs d'Anvers; heureusement, les Anglais ne tentèrent point ce moyen d'attaque. La place d'Anvers, mal défendue, et paralysée dans un premier moment d'épouvante, eût pu céder facilement à des efforts brusqués.

Du 3 au 8 août, l'ennemi construisit des batteries devant Flessingue, et retrancha sa ligne de circonvallation, malgré les combats que lui livrait au dehors le général Osten, et le feu que la place faisait sans interruption contre ses travailleurs. La batterie anglaise qui, par son étendue et son commandement, devait le plus inquiéter les assiégés, était établie sur la dune, dite du *Nolle*, à neuf cents mètres au nord-ouest de la place : elle n'était point encore complétement armée; mais le général Monnet, supposant qu'elle était prête à jouer, résolut de l'enlever, et ordonna, en conséquence une grande sortie pour le 8 août, au point du jour. On déboucha par les deux ponts jetés sur le fossé qui entoure la place du côté de la terre, et l'on fit une fausse attaque sur la chaussée de Middelbourg. Au premier choc les avant-postes de l'ennemi furent enlevés; mais, découvrant, bientôt après sa surprise, le but de la sortie, il porta au *Nolle* ses meilleurs bataillons et sa réserve; et, là, les Français eurent à soutenir, contre des forces dix fois plus nombreuses, un combat opiniâtre et sanglant. Après des prodiges de valeur, il fallut songer à la retraite; elle s'effectua en bon ordre, malgré la distance où l'on était de la place.

Le 13, au matin, les Anglais démasquèrent devant Flessingue, six batteries, armées de quatorze mortiers, de seize obusiers et de dix pièces de canon de trente-six. Le feu le plus terrible fut entretenu pendant quarante-deux heures, jusque vers le milieu de la nuit du 14 au 15. Une grande quantité de fusées à la Congrève faisaient partie des projectiles de l'ennemi. Le général Monnet ayant repoussé la sommation qui lui fut faite de livrer la place, le feu recommença dans la matinée du 15, avec la même vivacité de la part des assiégeans, et avec beaucoup de mollesse du côté de la place. L'incendie, causé par les fusées à la congrève, s'était manifesté à la fois dans plusieurs quartiers; les canonniers étaient exténués de fatigues, et les affûts se trouvaient en grande partie hors de service. Enfin les hostilités cessèrent tout-à-fait le 16, et la capitulation fut signée dans la matinée. La garnison obtint les honneurs de la guerre, mais elle resta prisonnière pour être conduite en Angleterre. Quatre mille hommes mirent bas les armes et furent conduits à Weer pour y être immédiatement embarqués. Le lord Chatam ne voulut pas même en excepter les généraux et les officiers.

Vaine tentative des Anglais contre Anvers. — Une maladie épidémique les oblige à abandonner Flessingue.

Après la prise de Flessingue, la majeure partie des troupes anglaises passa dans l'île de Sud-Béveland, pour appuyer, sur la rive droite de l'Escaut, les opérations de la marine. La flottille y était déjà entrée, ainsi que onze frégates qui avaient eu, le 11, avec la grande batterie de Cadzand, un engagement sans résultat, pendant lequel chacun avait tiré plus de deux cents coups de canon. Le 14, huit vaisseaux, dont un de quatre-vingts bouches à feu, avant de suivre la flottille et les frégates dans l'Escaut, s'étaient embossés à plus de six cents toises du port de Flessingue, et avaient fait contre la place un feu très-vif, auquel on ne répondit point.

En remontant le fleuve avec son escadre, l'amiral Strachan ne comptait guère sur le succès de ses efforts. Après de grandes difficultés de navigation, il parvint jusqu'au delà de Bathz, d'où voyant les dispositions prises par l'amiral Missiessy, il jugea que la ligne française était inattaquable. Après avoir échangé quelques coups de canon pour la forme, les Anglais se disposèrent à sortir de l'Escaut comme ils y étaient entrés. Toutefois un événement malheureux avait signalé sur la rive gauche cette tentative de l'ennemi : une frégate ayant lâché sa bordée devant la batterie de Terneuse, dans le canton d'Axel, un obus vint éclater près du magasin de la batterie qui contenait trois milliers de poudre en barils, et une grande quantité de gargousses. L'explosion mutila soixante-quinze hommes qui appartenaient à l'artillerie, à la cohorte de la Somme, et à une compagnie suisse.

Dans la soirée du 26, l'ennemi rangea tous ses bâtimens de transport, chargés de troupes, dans le canal de Berg-op-Zoom, à la hauteur d'Ossendrecht ; le reste de son armée était en bataille derrière le fort de Bathz. Tout s'emblait annoncer un débarquement sur la rive droite, et une attaque générale pendant la nuit. On fit rentrer les trois vaisseaux d'avant-garde de l'escadre française entre la citadelle et le bassin d'Anvers. Aucune attaque n'eut lieu. On vit dès lors diminuer chaque jour le nombre des vaisseaux ennemis.

Les Anglais avaient eu le projet, en perdant l'espoir de réussir dans leur entreprise sur Anvers, de lancer contre la flotte des brûlots et des machines infernales, et de fermer l'Escaut en coulant dans les passes des carcasses pleines de pierres ou de blocs de maçonnerie. Mais, le 30, il ne restait plus que soixante voiles devant Bathz, et l'ennemi, en abandonnant cette station, fit penser qu'il allait porter ses forces sur des points où l'on fût bien moins préparé à le recevoir. On le vit menacer à la fois la Hollande, les pays d'Hulst, d'Axel et de Cadzand, et les côtes de Flandre.

Le 4 septembre, on ne vit plus un seul bâtiment dans la rade de Saeftingen. Les Anglais avaient évacué successivement Bathz et l'île de Sud-Béveland, pour réunir leurs forces à Walcheren, dont la garnison fut fixée à dix mille hommes. Le reste des troupes expéditionnaires s'embarqua à Weer, à Flessingue et à Ramekens, sur les bâtimens de transport qui mirent à la voile pour l'Angleterre.

Les maladies, causées par l'insalubrité de la Zélande, avaient déjà commencé à faire de grands ravages dans l'armée ennemie. Quelques jours après la prise de Flessingue, une maladie endémique se manifesta parmi les soldats, avec une intensité qui alla toujours en croissant dans une progression effrayante. Le 8 septembre, le nombre des fiévreux s'élevait à près de onze mille. L'ennemi était obligé de vivre dans Flessingue au milieu des ruines qu'il avait faites. Enfin la mortalité devint si grande, qu'on n'enterra les morts que la nuit. Les chirurgiens anglais, désespérés et succombant eux-mêmes au fléau commun, demandaient leur remplacement et leur retour en Angleterre.

Conquise par les Anglais, l'île de Walcheren était devenue l'entrepôt de leurs marchandises, qui devaient être introduites frauduleusement en Hollande et en France. Cet avantage ne compensait point les sacrifices qu'exigeait la conservation du pays; le gouvernement, sur les représentations de ses généraux, ordonna qu'il fût évacué. Cinq mille Anglais avaient été tués ou blessés lors de la descente et pendant le bombardement; neuf mille moururent de la fièvre, à laquelle l'intempérance avait donné un caractère encore plus grave; mais, avant de se rembarquer, les malheureux soldats, que poursuivait une mort presque certaine, furent encore obligés d'achever la destruction des fortifications de Flessingue. Le 21 septembre, jour du départ définitif de l'expédition anglaise, il n'existait plus aucun vestige du port et des remparts de cette place. Tout avait été anéanti par les mines ou par l'inondation de la mer.

La dernière frégate ennemie mit à la voile le 24. Le général Rousseau envoya aussitôt à Flessingue une chaloupe et trente hommes, qui prirent possession du port marchand.

Les Anglais avaient embarqué les munitions navales de cette place : tous les bois de chantiers et ceux provenant du dépècement d'une frégate et d'un brick en construction. L'arsenal de la marine était incendié ; les murs des magasins à poudre, le revêtement des quais du port militaire, etc., n'existaient plus. Ces dégâts indiquent suffisamment ceux qui auraient eu lieu à Anvers. On les évalua à deux millions.

C'est ainsi que se termina presque sans combat et à la honte des Anglais une campagne qui fut pour eux aussi funeste que si leur armée eût livré des batailles et éprouvé de grands revers.

Attaque et prise de la Martinique par les Anglais, en 1809.

Le gouvernement anglais ayant résolu de s'emparer de la Martinique et des autres possessions qui restaient encore à la France dans la mer des Antilles, réunit, vers la fin de 1808, une escadre forte de sept vaisseaux de ligne, trois frégates, soixante-douze autres bâtimens de différentes grandeurs, et de cent transports. Douze mille hommes, venus de diverses colonies anglaises, se rassemblèrent à la Barbade avec un train considérable d'artillerie, un grand nombre de canonniers et d'artificiers, sans compter trois mille cinq cents soldats de marine.

L'amiral Villaret-Joyeuse n'avait à opposer à un armement si formidable que deux mille et quelques cents hommes, presque tous recrues ou étrangers, et environ deux mille gardes nationaux.

Le 30 janvier 1809, à sept heures du matin, deux débarquemens considérables s'effectuèrent dans les quartiers du *Robert* et du *Marin*; mais les vigies ne les signalèrent au Fort-Royal qu'à neuf heures. Après s'être emparé de plusieurs postes et du Fort-Royal, l'ennemi résolut d'attaquer le fort Desaix, que le capitaine-général Villaret regardait comme le boulevard des Antilles. Le 19 février, les Anglais, disposés en plusieurs colonnes, firent une attaque générale sur tous les postes de ce fort. Au moment où la fusillade était partout engagée, ils démasquèrent cinq batteries, à mortiers, à obus et à boulets, placées sur des mornes du voisinage. Réunies aux batteries du Fort-Royal, elles firent un feu terrible, démontèrent plusieurs pièces du fort Desaix, et en détruisirent tous les établissemens. Dans ce moment, le capitaine général, comme dans toutes les circonstances critiques du siége, était présent partout, haranguait ses troupes, les animait par l'exemple de son intrépidité, et soutenait leur ardeur par tous les moyens possibles.

Depuis l'instant où les batteries furent démasquées jusqu'à celui de la capitulation, elles tirèrent sans relâche, toutefois en ménageant leur feu, pendant le jour, de manière à ce qu'il fût général pendant la nuit. Ce feu continuel génait extrêmement la garnison du fort Desaix, dans les immenses réparations qu'elle avait à faire. Le 21 février, une bombe mit le feu à un magasin à poudre, fit sauter toutes les munitions apprêtées pour les vingt-quatre heures, celles que dans la crainte d'un assaut on avait disposées sur le parapet d'un bastion, et un grand pan de revêtement. Le 23, dix bombes étant tombées sur le grand magasin à poudre, en enfoncèrent la voute en trois endroits. Cet accident fit craindre que le magasin ne sautât à la première bombe et au premier moment, attendu la violence du feu des batteries ennemies. Toutes les casemates étaient endommagées, les plates-formes détruites, les affûts brisés, et il ne restait plus un seul pouce de bois ni un seul sac à terre à employer; toutes les galeries des contre-mines et les poternes étaient encombrées de blessés et de malades; l'ennemi, outre le feu continuel de ses batteries, tenait la garnison sans cesse en haleine par ses attaques réitérées contre la redoute et tous les postes du fort. Ces considérations, et surtout l'impossibilité d'une résistance plus prolongée, engagèrent les principaux officiers des troupes et du génie à prier le capitaine général d'entrer en pour-parler avec l'ennemi. Villaret fut sourd à leurs instances, et dit qu'il s'ensevelirait sous les ruines du fort, plutôt que de se rendre. Il parcourut ensuite tous les postes pour engager son monde à faire un dernier effort, ou à mourir sur les parapets.

L'ennemi ayant redoublé son feu, le capitaine général accueillit enfin les représentations des officiers et des employés de l'administration. Après avoir fair rédiger un procès verbal, qu'il leur fit signer à tous, il consentit à capituler. L'ennemi, instruit de ce qui se passait, fit prévenir Villaret que, pour base de la capitulation, il exigeait que la garnison fût transportée en France, comme prisonnière de guerre sur parole. Cette condition fit rompre les conférences, et le 24 février, les ravages du feu de l'ennemi recommencèrent.

Cinq nouvelles batteries allaient être démasquées : elles étaient d'autant plus à redouter, qu'elles n'étaient qu'à une petite distance du fort, et que le magasin à poudre se trouvait menacé d'une plus instante explosion. L'amiral Villaret dut se rendre aux pressantes sollicitations des officiers, et il arbora le pavillon parlementaire. Trois officiers supérieurs furent nommés de chaque côté pour discuter les articles de la capitulation. Elle eut pour base que toute la garnison serait considérée comme prisonnière de guerre, et serait transportée à Quiberon pour y être échangée entre les deux nations, grade pour grade. Quant à ce qui regardait l'amiral Villaret-Joyeuse, les Anglais déclarèrent, de leur propre mouvement, que, « vu le haut respect et l'estime que tout le monde portait au capitaine général, il était accordé que lui et ses aides-de-camp seraient envoyés en France libres de toute parole. »

Ainsi fut conquise la Martinique, après que le seul fort, qui était resté pour sa défense, eût essuyé une attaque de vingt-sept jours, et un bombardement tel qu'on n'en avait pas encore vu de semblables dans ces parages. Le fort Desaix avait reçu sept mille bombes et obus, et plus de sept mille boulets, qui l'avaient réduit à un tel état de détresse, que les Anglais ne pouvaient concevoir comment il avait pu tenir, aussi long-temps, contre un feu qui n'avait pas été un seul instant interrompu.

La garnison de ce fort, à laquelle on réunit tous les prisonniers qui avaient été faits dans les différens postes de l'île, les employés de l'administration, les hommes aux hôpitaux, et les prisonniers qui étaient à la Barbade, furent conduits à Quiberon, au nombre de deux mille trois cent quatre-vingt-dix; mais le gouvernement se refusa à toute espèce d'échange, et ils furent ramenés en Angleterre.

Prise des îles de France et de Bourbon, par les Anglais, en 1810.

Au mois de juin 1810, cinq mille hommes de troupes anglaises furent réunis à Calcutta sous les ordres du lieutenant colonel Keating, par le lord Minto, gouverneur général des établissemens britanniques dans l'Inde, à l'effet de s'emparer de l'île de Bourbon, dans les mers d'Afrique. L'escadre, sur laquelle ces forces étaient embarquées, se présenta, le 6 août, devant le port de Saint-Denis. Elle allait effectuer un débarquement lorsque le gouverneur de l'île, à la vue d'un armement si formidable, proposa de rendre la colonie à des conditions avantageuses. La capitulation fut signée le 8; et le 10, les Anglais prirent possession des places de Saint-Denis et de Saint-Paul, et, bientôt après, de l'île entière.

Peu de temps après, un nouveau corps de douze mille hommes, anglais et indiens, fut encore assemblé par le lord Minto, et embarqué à bord d'un armement de soixante-dix voiles, vaisseaux de guerre et transports, pour attaquer l'île de France et s'emparer de cette colonie.

Le capitaine général Decaen n'avait à sa disposition que quelques troupes de terre, six frégates et quelques autres bâtimens de guerre. Cependant avec ces faibles moyens, il n'avait pas cessé d'inquiéter vivement les Anglais dans les mers de l'Inde. Des croisières, conduites avec une rare intelligence, par les capitaines Duperé, Hamelin et Bouvet, avaient capturé un grand nombre de bâtimens de commerce de la compagnie des Indes et la frégate portugaise la *Minerve*.

Combat naval dans la rade de Port-Royal, à l'île de France.

Depuis la prise de l'île de Bourbon, quatre frégates anglaises : le *Syrius*, l'*Iphigénie*, la *Magicienne* et la *Néréide*, étaient revenues sur les côtes de l'île de France pour y tenter quelque entreprise. Dans la nuit du 13 au 14 août, favorisées par une brume épaisse et une mer calme, elles enlevèrent l'île de la *Passe*, à trois milles environ du Port-Royal, où le capitaine général avait établi un poste et une forte batterie. Enflés de ce succès, les capitaines de ces bâtimens redoublaient de vigilance et de précautions pour s'opposer au retour des croisières parties du port, ou à l'arrivage des autres bâtimens qui tenteraient d'y entrer.

Le 20 août, on signala de l'île cinq bâtimens, à vue du grand port. Bientôt après, on reconnut que c'était la division Duperé, qui revenait de croisière, et traînait à sa suite deux vaisseaux de la compagnie anglaise, le *Ceylan* et le *Windham*, capturés le 3 juillet, après un combat assez vif. Elle était composée de deux frégates : la *Bellone* et la *Minerve*, et de la corvette le *Victor*, que Duperé avait prise dans une de ses précédentes croisières.

Ce capitaine, approchant du grand port, vit une frégate au mouillage près l'îlot fortifié, qui en défendait l'entrée ; mais il n'en conçut aucune inquiétude, parce qu'il savait que la *Sémillante*, cédée au commerce, pouvait, à cette époque, être arrivée à l'île de France, et que son silence aux signaux qu'on lui faisait, devait être attribué à l'ignorance où elle était de ce qu'ils signifiaient. Le capitaine Bouvet, qui commandait la *Minerve*, prit la tête de la ligne et fit route pour le port; la corvette en avant devait éclairer la passe. Le *Ceylan* le suivit immédiatement. A peine le *Victor* était arrivé sous la volée du fort et de la frégate anglaise, que le pavillon français, qui flottait sur ces deux points, fit place au pavillon britannique. Les feux réunis du fort et de la frégate forcèrent aussitôt la corvette française à baisser son pavillon et à obéir à l'ordre de mouiller sur-le-champ, qui lui fut donné par le commandant anglais.

La *Minerve* et le *Ceylan* étaient alors engagés dans la passe, présentant l'avant aux batteries ennemies, et recevant ainsi leurs feux, sans pouvoir riposter. Toutefois, ces deux bâtimens n'essuyèrent aucun dégréement majeur dans ce trajet. Le capitaine Bouvet, en passant entre le *Victor* et la frégate ennemie, ordonna au premier de couper son câble et de le suivre : ce qu'il exécuta.

Dans le même temps, la *Minerve* envoya sa volée, à bout portant, sur la hanche de la frégate ennemie, et fit route pour le mouillage, où les trois bâtimens jetèrent l'ancre vers deux heures après midi. A ce moment la *Minerve* avait vingt-trois hommes hors de combat.

Le capitaine Duperé, resté en dehors de la passe, manœuvrait pour sauver un homme de son équipage qui était tombé à la mer. Il n'hésita que fort peu d'instans sur le parti qu'il avait à prendre, et par un mouvement d'intérêt bien naturel pour la division qu'il commandait, il se dévoua à suivre la destinée de la *Minerve*; il força, ainsi que l'avait fait le capitaine de cette dernière frégate, l'entrée du port, et rallia les trois bâtimens du capitaine Bouvet. Le *Windham*, dont le capitaine n'osa pas suivre le mouvement de la *Bellone*, fut pris le lendemain par la croisière anglaise.

Cette croisière, comme on l'a dit plus haut, se composait de quatre frégates, dont trois du premier et une quatrième du second rang. C'est celle-ci qui s'était emparée de l'îlot de la passe, y avait mis garnison, et s'était embossée sur ce point. Les capitaines Duperé et

Bouvet ne doutaient point qu'ils ne fussent attaqués le lendemain par la croisière ennemie, à laquelle le port était ouvert, et qui pouvait leur livrer impunément le combat, aucun ouvrage extérieur n'existant pour protéger efficacement leurs vaisseaux.

Duperé assembla ses officiers. Persuadé que la colonie serait bientôt attaquée, et sachant que le capitaine général n'avait à sa disposition qu'un petit nombre de troupes, et que les frégates seraient moins utiles à la défense de l'île, que les hommes qui les montaient, il proposa de détruire ses bâtimens, et de former de leurs équipages un corps qui se réunirait aux troupes de terre. Bouvet ne fut pas de cet avis; il proposa au contraire d'attendre l'ennemi dans une position qu'il indiqua, et d'y rester jusqu'à la dernière extrémité. « Je suis presque certain, dit-il, que
» les frégates anglaises n'arriveront pas sur
» notre division, sans toucher sur quelques
» bancs qui la couvrent, et dont il convient
» d'enlever les balises. »

Ainsi partagés d'opinion, les deux capitaines convinrent de s'en rapporter à la décision du capitaine général. Le soir même, un officier partit pour lui annoncer l'arrivée de la division et l'embarras où elle se trouvait. A cette nouvelle, le général Decaen fait sortir en toute hâte une autre division de trois frégates et une corvette qui était à un autre port, sous le commandement du capitaine de vaisseau Hamelin, avec l'ordre d'aller joindre la division du capitaine Duperé, sans aucun retard. Il se rend aussitôt lui-même auprès des deux capitaines pour leur annoncer ce renfort inespéré. A son arrivée, Duperé et Bouvet ne s'occupent plus que des préparatifs de défense ; ils s'embossent au dedans de plusieurs récifs, ou bancs, marqués par des balises, qu'ils enlèvent, après avoir pris position de manière à ce que l'ennemi ne puisse tenter de couper leur ligne, ou de la déborder, sans s'échouer.

Le 22 et le 23, les quatre frégates anglaises se rallièrent sous l'îlot de la passe, et le 23, à cinq heures du soir, elles se mirent en mouvement sur deux colonnes, et se dirigèrent dans l'ordre suivant : la *Néréide* et le *Syrius* sur la *Bellone*; la *Magicienne* et l'*Iphigénie* sur la *Minerve*.

Cependant la division Hamelin, composée de la *Vénus*, de la *Manche*, de l'*Astrée*, et de la corvette l'*Entreprenant*, annoncée par le général Decaen, ne paraissait pas. Alors les équipages de la *Bellone*, de la *Minerve* et du *Victor* dûrent croire qu'à eux seuls allait appartenir la gloire de la résistance. Loin d'être effrayés du péril qu'ils couraient par l'infériorité de leurs forces, ils augmentèrent d'énergie et se sentirent animés d'un enthousiasme héroïque.

La *Néréide* marchait en avant de sa colonne : tirant moins d'eau que le *Syrius*, elle franchit le banc, et alla mouiller à portée de pistolet de la *Bellone*. Le *Syrius* échoua, présentant l'avant au travers de cette frégate. En avant de la seconde colonne, s'avança la *Magicienne* : elle échoua à portée de fusil par le travers de la *Minerve*, en lui présentant son avant. L'*Iphigénie*, qui la suivait, vint sur le bord et mouilla près le bossoir de la *Minerve*, à demi-portée de canon.

Il était cinq heures et demie du soir, lorsque le feu commença avec une grande vivacité de part et d'autre. A la nuit les embossures de la division française ayant été coupées par les boulets manquèrent à chacun des bâtimens, à peu près au même instant, à la réserve du vaisseau le *Ceylan*, qui fut obligé de couper les siennes pour suivre le mouvement des deux frégates, qu'il croyait ordonné; mais la rencontre du récif du fond de l'anse, près duquel la division avait étendu sa file, l'arrêta si brusquement, qu'elle ne put représenter à l'ennemi un front aussi respectable que dans la première position. Cependant, quoique les bâtimens français se trouvassent masqués en partie, les uns par les autres, aucune diminution dans la vivacité de leur feu ne dut être aperçue par l'ennemi. Leurs capitaines avaient dressé des ponts volans qui leur servirent à se communiquer tous les secours que les circonstances exigeaient.

Il y avait trois heures que le combat était commencé lorsque le capitaine Duperé fut blessé à la tête et tomba sans connaissance. Le capitaine Bouvet prit sa place dans le commandement de la division, jusqu'à la réduction des frégates anglaises dont le feu se ralentit à minuit, et ne se ranima plus que par intervalles.

Le lendemain, au point du jour, la *Néréide* était amenée; l'*Iphigénie*, qui jusqu'alors l'avait soutenue d'un peu loin, se retira hors de portée; et les Français virent, par les manœuvres des embarcations ennemies, que les frégates la *Magicienne* et le *Syrius* faisaient de vains efforts pour se mettre à flot.

Des cris de joie, poussés par les équipages de la division française, apprirent alors aux habitans de la colonie, que les Anglais étaient vaincus. Cependant le *Syrius* et la *Magicienne* continuèrent de faire un feu très-meurtrier pendant toute cette journée. Ce ne fut que vers le soir, que désespérant de se relever, le commandant anglais fit mettre le feu à la *Magicienne*, après en avoir fait passer l'équipage sur l'*Iphigénie*; et le lendemain il prit le même parti à l'égard du *Syrius*. Ainsi chargée d'équipage, l'*Iphigénie* se retira sur l'îlot de la passe.

Alors parut à l'entrée de la baie la division Hamelin, qu'un vent contraire, ou un calme avait empêché d'arriver plus tôt au secours de la division Duperé. Ce capitaine envoya un canot à l'*Iphigénie*, pour la sommer de se rendre, et le capitaine Bouvet lui envoya aussi le sien avec la même sommation. Dans l'impuissance de se défendre, cette frégate et la garnison de l'îlot se rendirent à discrétion.

Telle fut l'issue d'un combat, l'un des plus honorables pour la marine française. On fit mille prisonniers à l'ennemi. Le général Decaen donna les plus grands éloges aux officiers et aux équipages de la division victorieuse, et nomma, sur le champ de bataille, le capitaine de frégate Bouvet, capitaine de vaisseau.

La perte de l'ennemi, en hommes tués, fut énorme, attendu la multitude dont ses vaisseaux avaient été pourvus, en attendant l'attaque générale de la colonie, qui devait bientôt avoir lieu. La division Duperé avait eu trente-sept hommes tués et cent douze blessés ; ses équipages n'en furent que plus ardens à courir à de nouveaux combats ; malheureusement la *Bellone* et la *Minerve* étaient hors d'état de reprendre la mer : la corvette le *Victor* seule pouvait servir.

Après que le capitaine général eut fait passer le capitaine Bouvet au commandement de la frégate anglaise l'*Iphigénie*, dont l'équipage fut formé avec ce qui restait des hommes de la *Minerve*, ce brave capitaine se remit bientôt en croisière avec son bâtiment, la frégate l'*Astrée*, et la corvette l'*Entreprenant*, dont le commandement supérieur lui avait été confié. Le capitaine Hamelin partit pour une autre croisière, avec la *Vénus*, la *Manche*, et la corvette le *Victor*.

Conquête de l'île de France par les Anglais.

Pendant que les capitaines Bouvet et Hamelin étaient en croisière, les troupes anglaises effectuèrent, les 28 et 29 novembre, un débarquement, sous la protection de l'escadre de l'amiral Berthée, et sous le commandement du major-général Abercromby. Elles furent attaquées les jours suivans, et perdirent, dans différentes affaires, plus de deux cents hommes tués ou blessés; mais le capitaine général Decaen n'ayant pu empêcher le débarquement du reste des forces ennemies et de l'artillerie, le siége fut bientôt mis devant le Port-Louis, capitale de la colonie. Cette place, ainsi que le reste de l'île, se rendit par capitulation, quelques jours après. L'ennemi trouva dans le port, outre les quatre frégates et les deux vaisseaux de la compagnie des Indes, qui avaient été précédemment capturés, les deux frégates françaises la *Bellone* et la *Minerve*, un sloop de guerre, deux bricks et cinq canonnières. Il s'empara encore de vingt vaisseaux marchands. L'artillerie, dont ils se rendirent maîtres, se composait de cent soixante-dix-huit pièces de canon et de trente-un mortiers (1).

Glorieux combat du vaisseau français le *Romulus* contre trois vaisseaux anglais.

Le 13 février 1814, une division de trois vaisseaux de ligne et de trois frégates, commandée par le contre-amiral Cosmao, sortit de la rade de Toulon, où elle était stationnée, pour protéger la rentrée du vaisseau le *Génois*, qui venait de Gênes. Une escadre anglaise, forte de dix-sept bâtimens de guerre, lui donna la chasse et l'eut bientôt forcée à rentrer dans le port. Dans cette circonstance, le vaisseau français le *Romulus*, commandé par le capitaine Rolland, eut à soutenir l'at-

---

(1) On espérait, à la rentrée de Louis XVIII, en France, que les Anglais, qui n'avaient fait la guerre qu'à Bonaparte, nous rendraient cette île, si précieuse à notre commerce de l'Inde; mais comme elle offrait une excellente relâche pour leurs vaisseaux qui se rendent dans le golfe du Bengale et dans les mers de la Chine, ils l'ont gardée par le traité de Paris de 1814.

taque de trois vaisseaux de l'avant-garde ennemie pendant près d'une heure et demie. Le vaisseau à trois ponts le *Boyle* le combattait vergue à vergue; un autre de même force, le combattait aussi par sa hanche de babord, à demi-portée de pistolet, tandis que dans l'intervalle, que souvent ils laissaient, un vaisseau de soixante-quatorze dirigeait son feu sur lui. La courageuse résistance du brave capitaine Rolland força l'ennemi à abandonner le *Romulus*, qui vint prendre triomphant un mouillage avec les autres bâtimens de la division. Dans cette action, ce vaisseau avait eu quatre-vingts et quelques hommes blessés mortellement, beaucoup d'autres moins dangereusement. Trois officiers furent tués; Rolland fut grièvement blessé d'un coup de feu à la tête : blessure qui lui occasiona la paralysie de l'extrémité du bras droit. En récompense de sa belle conduite, le roi conféra à ce marin, le 8 juillet 1814, sur le rapport du ministre de la marine Malouet, le grade de contre-amiral.

Depuis cette époque, la marine française, réduite à l'état de paix, n'est sortie de son repos que pour envoyer dans les Antilles et dans les mers d'Afrique, quelques bâtimens de la moyenne grandeur, soit pour protéger notre commerce contre les pirates de l'Amérique espagnole, soit pour s'exercer aux évolutions nautiques. Quelques frégates ou corvettes ont aussi été expédiées dans les parages du Levant, pour assurer nos relations commerciales contre les courses des Grecs insurgés, ou contre les entreprises des Turcs.

FIN DU DEUXIÈME ET DERNIER VOLUME.

VOCABULAIRE

DES TERMES DE MARINE

EMPLOYÉS DANS CET OUVRAGE.

A.

ABORDAGE : assaut de vaisseau à vaisseau ennemis, qui s'accrochent l'un à l'autre avec des grappins, pour s'enlever et se prendre de vive force, avec l'épée et d'autres armes.

AGRÈS : équipement d'un vaisseau.

ALLONGER UN VAISSEAU : c'est se placer parallèlement à lui et côte à côte, pour l'aborder de long en long, ou dans d'autres vues.

AMARINER : c'est s'emparer d'un vaisseau et de son équipage.

AMARRER UN VAISSEAU : c'est affourcher un vaisseau sur ses ancres, dans une rade ou port, ou l'attacher le long d'un quai, d'un ponton, etc.

AMENER : abaisser une chose élevée; un vaisseau est amené, quand il a baissé son pavillon pour se rendre.

APPAREILLER : mettre à la voile, partir d'un port.

ARRIÈRE : partie de la poupe d'un navire, comprise depuis le grand mât jusqu'au couronnement.

ARRIVER : obéir au vent.

ARTIMON : voile du mât le plus en arrière, et qui, dans la construction ordinaire, est le plus petit des trois mâts verticaux.

ATTÉRER : arriver à la vue de la terre.

AVANT : partie du vaisseau comprise depuis le grand mât jusqu'à la figure.

AVANT (aller de l') : c'est marcher.

AVARIES : dommage qui arrive à un vaisseau à la mer ou en rade, dans ses câbles, gréement, ou mâture.

B.

BABORD : côté gauche du vaisseau, en regardant l'avant, en commençant à la gauche du grand axe du bâtiment.

BAIE : enfoncement de la mer dans les terres, plus petit qu'un golfe.

BANC : certaine étendue dans la mer, plus élevée que le reste du fond, et sur laquelle il y a moins d'eau que partout ailleurs.

BANC-DE-QUART : c'est un banc placé sur le gaillard, et sur lequel l'officier de service est assis pour donner ses ordres.

BAS-FONDS : bancs qui se trouvent dans différens endroits de la mer.

BATTERIE : rangée de canon placés le long de chaque côté d'un vaisseau.

Beaupré : le mât qui porte ce nom est celui qui se prolonge obliquement par-dessus l'éperon, et qui excède l'*avant* du vaisseau.

Bord : synonyme de vaisseau. On dit, il est à *bord*, pour dire qu'il est à tel vaisseau.

Bord-a-bord : situation de deux vaisseaux qui se rangent de fort près, et jusqu'à se toucher.

Bord-sur-bord (virer) : c'est virer et revirer souvent, en courant de petits bords, tantôt tribord au vent, tantôt babord.

Branle-bas : commandement de dépendre tous les hamacs, lorsqu'on se dispose au combat, ou qu'il faut nettoyer le vaisseau ou faire l'exercice.

Brasse : mesure de cinq pieds. On mesure les profondeurs de la mer par *brasse*.

Brise : vent qui s'élève et vient, soit de la terre, soit de la mer.

Brulot : vaisseau rempli d'artifices, et disposé pour s'accrocher aux vaisseaux ennemis et les incendier.

Brume : brouillard épais qui s'élève en mer et à terre, et qui souvent empêche de voir les objets à une longueur de navire.

C.

Cable : gros et long cordage qu'on passe dans l'anneau ou boucle de fer d'une ancre pour tenir un vaisseau en place dans les ports et rades. Les plus gros câbles ont vingt-quatre pouces de circonférence, et les plus petits dix; les uns et les autres ont toujours cent vingt brasses, ou six cents pieds de longueur.

CALME : cessation parfaite de tout vent.

CAP D'UN VAISSEAU : point de l'avant du vaisseau dans la direction de la quille. — *Il a le cap au nord, il faut y gouverner : c'est la route.*

CARÈNE : partie du vaisseau qui est sous l'eau, quand il est en état de faire voile.

CARÉNER : faire le radoub de la partie d'un vaisseau qui est ordinairement submergée lorsqu'il est chargé.

CARGUER : retrancher une voile appareillée.

CHALOUPE : grand bateau qui sert à charger et à décharger le navire, à faire de l'eau et du bois dans les relâches, à faire la ronde dans un port ou dans une rade, de nuit et de jour, etc.

CHASSE : on donne la chasse à un vaisseau en le poursuivant.

CHASSER SUR SES ANCRES : c'est ce qui arrive lorsque la force du vent, ou la grosse mer, force un vaisseau à entraîner ses ancres.

CHENAL : passage pour les vaisseaux entre des terres, des rochers ou des bancs, et qui exige des précautions pour l'effectuer sans danger. C'est l'endroit le plus profond de la *passe* où l'on veut entrer.

CONTRE-AMIRAL : lieutenant-général des armées navales.

CONVOI : flotte marchande qui navigue sous l'escorte d'un ou de plusieurs vaisseaux de guerre.

Corsaire : vaisseau armé en guerre, par un particulier, avec une commission de l'amiral ou lettre de marque qui l'autorise à combattre les bâtimens ennemis et à s'en emparer.

Corvette : tout bâtiment d'une marche supérieure et qui porte moins de vingt canons en batterie; son usage est de porter des ordres et des paquets. Il faut qu'elle marche bien et porte supérieurement la voile.

Côte : grande étendue de terre le long de la mer.

Côté d'un navire : c'est son travers.

Couler bas : se dit d'un navire qui s'enfonce dans la mer et disparaît.

Couper l'ennemi : c'est le traverser en séparant, par exemple, l'avant-garde de son corps de bataille.

Croisière (tenir la) : c'est se tenir sur le parage le plus fréquenté par les vaisseaux marchands ennemis, qu'il faut toujours chercher à prendre dans une guerre maritime.

D.

Dégréé : un vaisseau est *dégréé*, quand après un combat ou une tempête il a perdu une partie de son *gréement*. (*Voy.* ce mot.)

Démâté : se dit d'un vaisseau qui a perdu ses mâts.

Dérive : transport d'un vaisseau sous le vent de la route qu'il tient. Un vaisseau a dérivé, lorsqu'il est tombé sous le vent de l'endroit où il comptait être au bout de sa *bordée* ou route, pour être au plus près du vent.

Désemparer : c'est dégréer un vaisseau ennemi en le combattant.

Dessus du vent : on a le dessus du vent d'un vaisseau ou d'une escadre quand on est au vent.

Division : partie détachée de l'armée navale, sous les ordres d'un officier supérieur, ou d'un ancien capitaine de vaisseau.

Donner le travers : se dit d'un vaisseau qui présente le côté à celui qu'il veut canonner.

Doubler un cap, une pointe, un vaisseau, c'est les dépasser.

Dunes : monticules et élévations de sable sur les bords de la mer.

E.

Échouer : c'est toucher sur le fond de la mer, volontairement ou accidentellement, de manière que le navire ne puisse plus flotter.

Éclaircie : endroit du ciel qui s'éclaircit après un temps nébuleux ; côté où la brume commence à se dissiper, et où le soleil paraît.

Embarcation : toute espèce de petits navires à un ou deux mâts ; et qui n'ont pas plus de soixante à quatre-vingts pieds de longueur.

Embossé : se dit d'un vaisseau qui présente le côté à un passage, et qui est maintenu dans cette position par ses câbles et ses ancres.

Embouquer : entrer entre les terres d'un détroit.

Enfilade : un vaisseau reçoit une enfilade, lorsqu'il essuie une bordée de canon de son ennemi dans le derrière ou par-devant, de manière que les boulets passent d'un bout à l'autre.

Enseigne de vaisseau : c'est un officier d'un grade immédiatement au-dessous de celui de lieutenant, qu'il remplace pendant son absence.

Équiper un vaisseau : c'est le pourvoir de toutes les choses qui lui sont nécessaires pour le mettre en état de bien remplir la mission dont il est chargé.

Escadre : détachement d'un certain nombre de vaisseaux de guerre, au-dessous de vingt.

Estacade : assemblage formé de pieux et de pilotis, enfoncés dans le sable ou la vase, garnis de mâts de hunes et autres, liés avec des chaînes et des cordages, pour barrer et fermer l'entrée d'un port de mer ou d'un canal aux vaisseaux ennemis qui pourraient l'attaquer.

Être au vent : c'est être le plus près de la source du vent.

Être sous le vent : c'est tout le contraire.

Évolution : mouvement que fait un vaisseau dans ses viremens de bord.

Expédition : attaque subite et imprévue d'une escadre chez l'ennemi.

F.

Faire de l'eau : se dit d'un vaisseau qui, ayant relâché quelque part, occupe son monde à faire provision d'eau douce.

Faire eau : se dit d'un navire qui a une voie d'eau.

Faire des signaux : c'est placer des pavillons ou des flammes en certains endroits, pour se faire connaître ; s'il est nuit, on allume des feux, ou l'on tire le canon.

Ferler : serrer les voiles, c'est-à-dire, après qu'elles sont carguées, plier la toile sur la vergue, avec les bouts de cordages.

Figure : statue qui sert d'ornement à la proue d'un vaisseau.

Filer des nœuds : aller avec une certaine vitesse, mesurée par les nœuds de la ligne d'un instrument, nommé le *loch*.

Flotte : réunion d'un certain nombre de vaisseaux, de toutes grandeurs, qui naviguent ou doivent naviguer ensemble.

Forcer de voiles : un vaisseau force de voiles, lorsqu'il vente bon frais, et qu'il porte de voile autant qu'il est possible pour marcher avec plus de vitesse.

Fraichir : se dit du vent à mesure qu'il souffle avec plus de force.

Frais (bon) : se dit d'un vent avec lequel on peut faire le plus de chemin.

Frégate : vaisseau de guerre au-dessous de soixante canons.

G.

Gaillards : deux espèces de demi-ponts, élevés de plein-pied au plat-bord, sur lesquels on place des canons d'un moindre calibre que celui qui est monté sur la batterie du second pont. Le gaillard d'arrière se prolonge depuis la poupe jusqu'au grand mât, et au-dessus de son pont, on voit un autre demi-pont plus léger, que l'on appelle *dunette*, sous lequel sont les chambres des officiers et la chambre du conseil. Ce *gaillard* communique par les *passe-avants* à celui d'*avant* qui est en arrière du mât de misaine. (Voyez *passe-avant*.)

GRAND MAT : c'est le mât le plus élevé des trois que porte un vaisseau; il est placé vers le milieu du navire; et sert à porter et à orienter la grande vergue avec sa voile, le grand mât de hune qui est au-dessus, ainsi que celui de perroquet, avec leurs voiles.

GRAND MAT DE HUNE : c'est celui qui est guindé sur le grand mât; il sert à hisser et à orienter la vergue et la voile du grand hunier.

GRAND HUNIER : c'est la voile qui appartient au grand mât de hune.

GRAND MAT de PERROQUET : c'est celui qui est guindé sur le grand mât de hune.

GRAPPIN : espèce d'ancre à cinq branches, dont on se sert pour l'abordage. Lorsque les grappins sont bien pris, il est presque impossible que le vaisseau accroché se dégage.

GRÉEMENT : tout ce qui est nécessaire à un vaisseau pour qu'il puisse mettre sous voile, comme ses manœuvres, poulies et voiles.

GROS TEMPS : temps rude, vent violent, mer très-élevée.

Grosse mer : mer dont les lames sont élevées, ce qui arrive dans presque tous les coups de vent.

H.

Haubans : cordages qui soutiennent les mâts de tribord et de babord contre les mouvemens du roulis ; tous les mâts, sans exception, ont leurs haubans particuliers.

Hêler : parler à un vaisseau avec le porte-voix.

Hisser : élever quelque chose par le moyen des poulies et des cordages.

Houleuse (mer) : mer élevée et agitée par de grosses lames longues, sans briser contre les rochers ou contre un rivage.

Huniers : les huniers prennent le nom de leurs mâts, petit et grand hunier : ce sont les principales voiles d'un vaisseau, les meilleures, les mieux placées et les plus utiles.

I.

Incliné (vaisseau) : celui qui donne la bande, en cédant à l'effort du vent.

Joncques : navires chinois, japonais, siamois, tunquinois, dont la structure est différente de celle des vaisseaux européens ; ils naviguent le long des côtes, mais un coup de vent un peu fort les fait périr.

Iles du vent : on nomme ainsi des îles de l'Amérique, dans la mer des Antilles, qui sont les plus près de l'origine du vent.

Iles sous le vent : ce sont celles qui se trouvent plus éloignées que le vaisseau de l'origine du vent. La *Martinique* et la *Guadeloupe* sont des *îles du vent*; *Saint-Eustache*, *Saint-Barthélemy*, sont des îles sous le vent.

Jusant (le) : reflux ou la marée descendante.

L.

Large : éloignement de la côte.

Lieutenant : premier officier d'un vaisseau après le capitaine.

Lieutenant-général : officier général qui a rang immédiatement après le vice-amiral.

Ligne de sonde : cordage de cent vingt brasses, au bout duquel on attache, pour sonder le fond de la mer, un morceau de plomb d'un poids plus ou moins considérable.

Ligne de combat : arrangement d'une escadre ou armée navale sur la route du plus près du vent qui souffle.

Lit du vent : direction exacte du vent.

Lof : côté du vaisseau qui est vers le vent.

Lof pour lof : virer vent arrière, cordage qui sert à fixer au vent les basses voiles.

Longueur de cable : longueur de cent toises.

Louvoyer : courir au plus près du vent, en orientant les voiles, le plus obliquement possible, par rapport au grand axe du vaisseau.

M.

MANŒUVRES DE GRÉEMENT : cordages qui servent à gréer un vaisseau et à le manœuvrer.

MANŒUVRES D'ÉVOLUTIONS : art de soumettre les mouvemens du vaisseau à certaines lois, pour le diriger le plus avantageusement possible dans ses évolutions et dans sa route.

MATS : les mâts servent à porter les vergues et les voiles ; c'est sur eux que s'établit tout le gréement, qu'on dispose la voilure et les manœuvres. Les *bas mâts* sont au nombre de trois dans les vaisseaux ordinaires ; savoir : le *mât de misaine* qui porte la basse voile la plus de l'avant, le *grand mât* (*voy.* grand mât), le *mât d'artimon*, qui porte la voile la plus en arrière. — Les *mâts de hune*, qui sont portés par les précédens ; les *mâts de perroquet*, qui sont portés par les mats de hune. — Les *mâts* sont de longs et fort leviers de bois les plus légers et les plus lians qu'il soit possible de trouver.

MATURE : tout ce qui, dans un vaisseau, est mâts et vergues.

METTRE A LA VOILE : appareiller les voiles et lever l'ancre pour faire route.

METTRE EN PANNE : manœuvrer pour faire en sorte que le vaisseau n'avance ni ne recule sensiblement. Ce qui se fait en mettant le vent sur un hunier (voile), lorsqu'on le garde dans l'autre.

MOUILLAGE : endroit où l'on peut jeter l'ancre, pour s'y arrêter. — Un vaisseau est mouillé, lorsqu'il a laissé tomber son ancre quelque part.

O.

Orienté : un vaisseau est *orienté*, lorsque ses voiles sont disposées pour la route qu'il se propose de tenir.

P.

Passe : passage étroit, ou canal entre des terres ou des bancs, dans lesquels les vaisseaux peuvent passer.

Passe-avant : espèce de pont porté par des courbes, qui sert à passer de l'avant à l'arrière.

Pavillon : étendard d'une nation. Les vaisseaux le portent toujours au-dessus de la poupe, à un petit mât, nommé *gaule d'enseigne*. Les vaisseaux français portent tous la couleur blanche.

Perroquet : voile qui se hisse sur le mât de perroquet.

Pièces de chasse : canons placés dans les sabords de l'*avant* pour tirer sur les vaisseaux que l'on poursuit.

Pièces de retraite : canons placés à l'*arrière*.

Pirogue : espèce de canot des sauvages et des nègres d'Afrique, fait ordinairement d'un seul arbre.

Poupe : partie du vaisseau opposée à la proue.

Prame : navire a fond plat, qui tire peu d'eau, et qui sert à naviguer le long des côtes.

Prendre chasse : c'est fuir.

Prendre terre : c'est s'approcher de la terre pour la reconnaître.

PRENDRE LE LARGE : c'est s'éloigner de la terre.

PRÊTER LE CÔTÉ A UN VAISSEAU : c'est le combattre bord à bord.

PRÊTER LE CÔTÉ AU VENT : c'est lui présenter le travers.

PROUE : partie la plus avancée de la carène du vaisseau, et qui est garnie d'un éperon pour diviser l'eau.

Q.

QUART : temps pendant lequel la moitié de l'équipage fait le service de la manœuvre, et veille à tout, pendant que l'autre moitié dort.

QUILLE : pièce de bois par laquelle commence la construction d'un vaisseau; elle sert de base pour conduire l'ouvrage.

R.

RABANS : bouts de cordages, propres à amarrer certaines choses.

RADE : espace de mer, hors du port, entre les terres, où les vaisseaux peuvent rester à l'ancre.

RADOUBER : raccommoder le corps du vaisseau, au retour d'un voyage, pour le mettre en état de reprendre la mer.

RAFFALES : augmentation subite de vent, qui souffle avec violence pendant quelques minutes.

RALLIER : se réunir, se rapprocher les uns des autres, quand on est en escadre ou en flotte.

RANGER : passer de près.

Ranger la côte : passer le long de la côte à peu de distance.

Ranger un navire : passer fort près de lui.

Raser un vaisseau de ses mats : c'est les lui jeter à bas en combattant.

Relache : lieu où un vaisseau en mer va pour se radouber ou se ravitailler.

Remorquer : tirer avec un vaisseau un autre vaisseau pour qu'il aille plus vite.

Récif : bande de rochers ou de coraux à fleur d'eau, sur laquelle la mer brise sans cesse.

Roulis : mouvement du navire, de tribord à babord, causé par l'impulsion des lames.

S.

Sabord : embrasure faite dans le côté du vaisseau pour y placer le canon en batterie.

Seine : filet à pêcher, plus ou moins long, et plus ou moins haut, avec un sac dans le milieu.

Serrer le vent : c'est le tenir le plus près qu'il est possible.

Signaux : pavillon, flamme, coup de canon, ou feux mis en vue de jour ou de nuit, pour faire comprendre quelque chose à un autre vaisseau.

Signaler : faire des signaux.

T.

Tenir la mer : rester en mer.

Tillac : plancher de chaque pont.

Tomber sous le vent : c'est en perdre l'avantage, par rapport à l'objet, au vent duquel on voulait se maintenir.

Tonneau de poids : c'est le poids de deux mille livres, de seize onces, ou un peu moins de mille kilogrammes. Un bâtiment de cinq cents tonneaux porte donc un million de livres, ou dix mille quintaux.

Toucher : se dit d'un vaisseau dont la quille frotte le fond de la mer, soit faute de manœuvres, soit ignorance des sondes, soit accident.

Toucher a une ile : c'est y mouiller pour un ou deux jours.

Traite : commerce des noirs réduits en esclavage.

Travers : le travers d'un vaisseau est la perpendiculaire à la longueur de son axe, vers le milieu.
— Être en travers du vent : c'est être en *panne*.

Tribord : côté droit du vaisseau, en regardant vers l'avant. Toutes les manœuvres à droite du grand axe du vaisseau, se nomment *manœuvres de tribord*.

V.

Vat-et-vient : cordage qu'on amarre par un bout au vaisseau, et par l'autre à terre, sur lequel on hale les bateaux, pour aller et venir de terre à bord lorsqu'on est près du rivage.

Vergues : fortes pièces de bois de sapin, pour l'ordinaire rouges et coniques, du milieu aux extrémités, établies pour porter les voiles des vaisseaux. On leur donne toujours le nom des voiles qu'elles portent, et des mâts sur lesquels elles sont placées.

Vice-amiral : premier officier-général de la marine, qui commande après l'amiral.

Vigie : sentinelle au haut des mâts d'un vaisseau, pour découvrir au loin.

Vigies : nom qu'on donne aux écueils et rochers d'une petite étendue, découverts hors de l'eau ou sous l'eau, dans différens endroits de la mer.

Virer de bord : se dit d'un vaisseau qui fait une évolution pour changer de route.

Voie d'eau : ouverture dans le franc bord de la carène par où l'eau entre dans le vaisseau.

Voiles : assemblage de plusieurs largeurs de toiles, cousues les unes avec les autres, pour recevoir le vent, donner de la vitesse au vaisseau, et en faciliter les évolutions.

Voiles : se dit aussi d'un certain nombre de vaisseaux. Ainsi, *cent voiles* signifient *cent vaisseaux*.

Voilier (vaisseau) : vaisseau d'une grande vitesse relativement aux autres.

Voilure : l'assemblage des voiles d'un vaisseau.

FIN DU VOCABULAIRE.

TABLE
DES SOMMAIRES
DU PREMIER VOLUME.

            Pages.

BARTHÉLEMI DIAZ, *navigateur portugais.* — Découverte du cap de Bonne-Espérance. . . .   1

VASCO DE GAMA, *navigateur portugais.* — Il se rend le premier par mer aux Indes-Orientales.   3

Audience qui lui est accordée par le roi de Calicut..   8

Son départ pour l'Europe. — Récompense qu'il reçoit du roi de Portugal..   11

Sa deuxième expédition aux Indes-Orientales. .   14

Il s'empare d'un riche vaisseau égyptien. — Fin tragique de l'équipage de ce bâtiment   16

Il attaque et détruit la ville de Calicut. — Défaite de la flotte du samorin. — Objets précieux trouvés sur deux vaisseaux ennemis. .   18

ALVAREZ CABRAL, *navigateur portugais.* — Découverte du Brésil.   20

Comète. — Tempête — Trombe.   21

Pages.

Son arrivée à Calicut. — Premier comptoir portugais. — Mauvaise foi du samorin. — L'amiral lui déclare la guerre, et fait alliance avec les rois de Cochin et de Cananor. . . . 23
Jean de Nuéva, *navigateur portugais*. 26
Pachéco, *navigateur portugais*. — Ses exploits. 28
François d'Almeyda, *navigateur portugais* . . 31
Découverte de l'île de Ceylan. 33
Victoire d'une flotte égyptienne sur les Portugais. — Mort de Lorenzo. 34
Nouveaux exploits de François d'Almeyda. — Son départ pour l'Europe et sa mort. 35
Alphonse d'Albuquerque, *navigateur portugais et vice-roi des Indes*. 38
Continuation de ses exploits. 42
Il fait la conquête de Malaca et d'Ormuz. — Sa mort et son portrait. 46
Soarez, *navigateur portugais et vice-roi des Indes*. 51
Séquira, *navigateur portugais et vice-roi des Indes*. 53
Nunno de Cunna, *navigateur portugais et vice-roi des Indes* 55
Entreprise audacieuse d'un officier portugais. . 57
Prise de la ville de Diu. — Maure âgé de trois cents ans. 56
Don Garcie de Noronha, *navigateur portugais et vice-roi des Indes* 62

Pages.

Récompenses accordées par le roi de Portugal à Antoine Sylveira 63
Expédition de don Étienne de Gama dans la mer Rouge, depuis Goa jusqu'à l'Isthme de Suèz, en 1540 et 1541 64
Jean de Castro, *navigateur portugais et vice-roi des Indes.* 68
Le capitaine Windham, *navigateur anglais.* . 73
Audience accordée aux Anglais par le roi de Bénin. 75
Excès et maladies des Anglais. — Emportement de Windham contre Pintéado. — Sa mort et celle de ce dernier. 77
Le comte Georges de Cumberland. — Son expédition aux Iles Açores, en 1589. 81
Extrémité à laquelle les Anglais sont réduits, par la disette d'eau et par une tempête. ... 83
Lancaster, *navigateur anglais.* — Ses aventures. 89
Tempête. — Il est abandonné avec plusieurs de ses gens, dans l'île de Mona 93
Ermite portugais trouvé à l'île Sainte-Hélène. . 97
Georges Roberts, *navigateur anglais* 99
Il est arrêté par des pirates. — Traitemens qu'il en reçoit. — Suite de ses infortunes 102
Son départ. — Il tue un monstre marin. — Il perd un de ses hommes. — Il aborde à l'île de Saint-Jean. — Autres aventures de ce navigateur. — Son retour en Europe 114

Pages.

Lemaire, *navigateur français.* — Son voyage au Sénégal. 122

Le chevalier Desmarchais, *navigateur français.* . . . , ... 126

Friponnerie des Nègres à l'égard des Français et des Anglais. 130

Smith, *navigateur anglais.* 133

Trait d'ignorance et de simplicité de la part des Nègres. 135

Danger imminent où se trouve le vaisseau de Smith. 138

André Battel, *navigateur anglais.* 143

Ses aventures 149

Kolben, *navigateur hollandais.* 155

Animaux privés et sauvages du cap de Bonne-Espérance. 158

François Pyrard, *navigateur français.* 164

Circonstances du passage de la ligne. 165

Il aborde à l'île Sainte-Hélène. — Tempête. — Triste situation de ses équipages. 168

Son naufrage et suite de ses aventures 171

Guillaume Bontekoé, *navigateur hollandais.* . 188

Incendie du vaisseau la *Nouvelle-Horn.* — Il saute en l'air. — Malheureuse situation de Bontekoé et de ses gens. 189

Suite de ses aventures, et son retour en Europe. 20

De la Haie, *amiral français.* 205

Mésintelligence entre les Français et les Hollandais. — Donation du roi de Candi en faveur

Pages.

des premiers. — Ceux-ci abandonnent leur entreprise et l'île de Ceylan 209
Attaque et prise de la ville de Saint-Thomé. — Défaite d'une armée de Maures, etc. 215
FERNAND MENDEZ PINTO, *navigateur portugais.* 223
Combats où se trouve Mendez Pinto. — Il est fait prisonnier et exposé en vente. — Triste naufrage. — Funeste aventure. — Heureuse rencontre 225
FERDINAND MAGELLAN, *navigateur espagnol.* . 240
JACQUES LEMAIRE ET GUILLAUME SCHOUTEN, *navigateurs hollandais* 247
Découverte de plusieurs terres. — Prodigieuse quantité de baleines et de mouettes. — Découverte d'un détroit au sud de celui de Magellan. 251
LE CHEVALIER DRAKE, *navigateur anglais.* . . 257
Découverte de la Nouvelle-Albion. — Bon accueil que les Anglais reçoivent des sauvages. — Son retour en Europe. 259
FROGER, *navigateur français.* 265
GEORGE ANSON, *navigateur anglais* 268
Terre des États. — Passage du détroit de Lemaire. — Horribles tempêtes, etc. 269
Son séjour dans l'île de Juan Fernandèz 274
Exploits de l'escadre. 277
Extrémités où il se trouve réduit. — Il aborde à l'île de Tinian. Le *Centurion*, le seul vaisseau qui lui restait, est jeté en mer par une

Pages.

tempête. — Triste situation de ce navigateur et de ceux qui étaient restés avec lui dans l'île, etc................................ 282

Sa navigation vers les côtes de la Chine. — Accueil qu'il reçoit des Chinois. — Croisière vers Manille. — Prise d'un galion espagnol par les Anglais. — Il se rend à Canton. — Il retourne en Angleterre........................... 290

Guillaume Dampier, *navigateur anglais*.... 295

Son combat contre plusieurs sauvages....... 297

Il fait voile vers les îles Moluques. — Poules superbes. — Combat d'un serpent avec deux poissons. — Nouvelle-Guinée. — Découverte de la Nouvelle-Bretagne................. 301

Son départ pour sa patrie. — Il fait naufrage à l'île de l'*Ascension*. — Ressources qu'il y trouve. — Son retour en Angleterre..... 304

Christophe Colomb, *navigateur génois*. — Son premier voyage........................ 307

Ses premières découvertes................. 313

Son naufrage. — Il bâtit un fort à Haïti. — Départ pour l'Europe. — Tempête et retour en Espagne................................ 320

Son deuxième voyage....................... 325

Son troisième voyage et son retour......... 328

Son quatrième voyage. — Son retour en Espagne, et sa mort, etc.................... 331

Améric Vespuce, *navigateur florentin*..... 333

Jean Vérazzani, *navigateur florentin*..... 335

Pages

Un jeune matelot est sauvé par l'humanité des sauvages 336
JACQUES CARTIER, *navigateur français*. 343
Son deuxième voyage 345
Son troisième voyage 349
MARTIN FROBISHER, *navigateur anglais*. ... 352
Son deuxième voyage. 356
Son troisième voyage et sa mort. 357
JEAN DAVIS, *navigateur anglais*. 358
Son deuxième voyage. 360
Son troisième voyage au détroit de son nom. . 361
HUDSON, *navigateur anglais*. 362
Extrémité à laquelle Hudson et son équipage se trouvent réduits. — Triste sort de ce navigateur. 365
BYLETH ET BAFFIN, *navigateurs anglais*. ... 367
Nouveau voyage de Byleth et Baffin. 368
BEHRING, *navigateur danois*.. 370
TCHIRIKOW, *navigateur russe*. 376
FERDINAND DE QUIROS ET TORREZ, *navigateurs espagnols*...................... 377
Aventure dans l'île de *la Belle-Nation*. 380
Nouvelles découvertes et nouvelles aventures des Espagnols 385
ROGGEWEN, *amiral et navigateur hollandais*. . 391
Il continue sa navigation à l'ouest, dans le grand Océan. — Naufrage d'un de ses vaisseaux. — Découvertes de plusieurs îles, etc. 397

Pages.

Découverte de l'île de *la Récréation.* — Combat contre les insulaires. 400

Ses nouvelles découvertes. — Mauvais traitement qu'il éprouve à Batavia. — Son retour en Europe, etc. 403

M. DE BOUGAINVILLE, *navigateur français.* . . 407

Expulsion des jésuites du Paraguay. 409

Continuation de sa navigation. — Entrée dans le détroit de Magellan. — Entrevue avec les Patagons. 412

Sa navigation, depuis le détroit de Magellan jusqu'à l'île de Taïti. 417

Son séjour dans l'île de Taïti 421

Son départ de Taïti. — Continuation de sa navigation 424

Suite de sa navigation. — Archipel des Moluques. — Son séjour à Bornéo et à Batavia. — Son retour en France. 429

LE CAPITAINE COOK, *navigateur anglais.* . . . 434

JEAN-FRANÇOIS GALAUP DE LA PEYROUSE, *chef d'escadre, navigateur français.* 441

Description du fond d'une baie de la côte nord-ouest d'Amérique. 449

Affreux malheur arrivé à vingt-un officiers et autres personnes de son expédition. 450

Il continue sa navigation. — Monterey. — L'île Necker. — Macao. — Manille, etc. 451

FIN DE LA TABLE DU PREMIER VOLUME.

TABLE DES SOMMAIRES

DU DEUXIÈME VOLUME.

	Pages.
Le capitaine Paulin, baron de Lagarde...	1
Ruse de Lagarde contre les Espagnols.—Entreprise contre l'île de Corse...	5
André Doria, *amiral génois*...	10
Michel Ruyter, *amiral hollandais*...	21
Il est reconnu par un nègre, autrefois son camarade...	26
Autres exploits de Ruyter.—Sa mort glorieuse. Honneurs rendus à sa mémoire...	30
Abraham Duquesne, *lieutenant-général des armées navales de France*...	41
Victoires qu'il remporte sur les Hollandais, commandés par Ruyter...	46
Nouvelle victoire...	51
Bombardement d'Alger. — Belle action d'un corsaire algérien...	54
Bombardement de Gênes. — Mort de ce grand homme...	59

Pages.

Le maréchal de Tourville, *lieutenant-général des armées navales de France*.......... 62
Malheureux combat de la Hogue......... 67
Jean d'Estrées, *duc et pair, maréchal de France, vice-amiral et vice-roi d'Amérique*. 71
Brillante affaire de Tabago 73
Conquête de Tabago. — Derniers exploits de d'Estrées. — Sa mort. 75
Victor-Marie d'Estrées, *duc et pair, maréchal de France, vice-roi d'Amérique* 77
Le comte de Forbin, *chef d'escadre*...... 82
Il brûle un vaisseau de guerre dans le port de Venise. 86
Il humilie les Vénitiens dans la personne d'un de leurs premiers magistrats 89
Ses autres exploits. 91
Duguay-Trouin, *lieutenant-général des armées navales de France*. 93
Jean Bart, *chef d'escadre français*...... 107
Jean Bart et Forbin parviennent à s'échapper de leur prison. — Circonstances de leur évasion 112
Nouveaux exploits de Jean Bart.......... 114
Trait d'intrépidité de Jean Bart 116
Il est présenté à Louis XIV. — Traits curieux relatifs à ce sujet. 118
Suite de ses exploits. 120

Pages.

Jacques Cassard, *capitaine de vaisseau dans la marine royale de France*. 127

Le capitaine Thurot, *marin français*. 135

John Byng, *amiral anglais*. 145

Marquis de la Galissonière (Rolland-Michel), *lieutenant-général des armées navales de France*. 150

Guichen (Luc Urbin du Bouexic, comte de), *lieutenant-général des armées navales de France, grand-croix de l'ordre de Saint-Louis, et chevalier du Saint-Esprit* 154

M. de la Clochetterie, *capitaine de vaisseau.* — Combat de la *Belle-Poule*. 158

Le comte Duchaffaut, *lieutenant-général des armées navales de France*. 159

Charles-Hector, comte d'Estaing, *vice-amiral de France*. 161

Le chevalier de la Motte-Piquet, *chef-d'escadre*. 168

Le Bailli de Suffren, *lieutenant-général des armées navales de France* 170

Le comte de Grasse, *lieutenant-général des armées navales de France*. 173

Grande bataille navale, perdue par le comte de Grasse, contre l'amiral Rodney, le 12 avril 1782. 175

Traits remarquables des marins français. — Bataille navale entre les Français, sous les ordres de l'amiral Villaret-Joyeuse, et les An-

Pages.

glais, sous ceux de l'amiral Howe. — Sublime dévouement de l'équipage du vaisseau français le *Vengeur*. 179
Glorieux combat de deux frégates françaises et d'un brick, contre deux vaisseaux de ligne anglais.. 190
Expédition contre l'île de Corse. — Une frégate française force un vaisseau de ligne anglais à se rendre. — Combat glorieux du vaisseau le *Ça-Ira*, contre une escadre anglaise.. . . . 196
Expédition du contre-amiral Gantheaume. — Prise d'un grand convoi anglais par le chef de division Richery, dans les mers du Levant. 199
Glorieux combat de la frégate la *Virginie*, sous les ordres du capitaine Bergeret, contre un vaisseau de ligne anglais. 200
Exploits du capitaine Surcouf dans les mers de l'Inde, en 1796. 203
Malheureuse expédition d'Irlande, commandée par l'amiral Morard de Galles, en 1796. . . . 205
Glorieux combat du vaisseau les *Droits de l'Homme*, commandé par le chef de division Lacrosse, contre deux vaisseaux anglais dont chacun lui est supérieur en forces. — Perte de ce vaisseau. 208
Naufrage du vaisseau les *Droits de l'Homme*. . 211
Combat de la *Vestale*, frégate française, contre la frégate anglaise la *Terspsichore*, supérieure en forces. — Bravoure d'un enseigne de vaisseau, etc. 216

Pages.

Brillant combat du corsaire français l'*Unité*, contre un bâtiment de guerre anglais. 218
Combat du corsaire le *Prodige*, contre neuf bâtimens marchands armés 220
Trait inouï d'audace et d'intrépidité de quelques marins français. 222
Exploits de deux corsaires de Boulogne 228
Bataille navale d'Aboukir, perdue au mois d'août 1798, par l'amiral français Brueys, contre l'amiral anglais Nelson. 230
Combat de la frégate la *Seine*, contre trois frégates anglaises. 242
Combat glorieux du brick le *Lodi*, sous les ordres du lieutenant de vaisseau Sénequier, contre le brick anglais l'*Aigle*, d'une force très-supérieure. 245
Prise de la frégate anglaise l'*Embuscade*, par la corvette française la *Baïonnaise*, sous les ordres du lieutenant de vaisseau Edmond Richer. 248
Expédition de l'amiral Gantheaume dans la Méditerranée. 251
Combat sanglant de la frégate française l'*Africaine*, contre la *Phébé*, frégate anglaise. — Mort du brave capitaine Saulnier. 253
Prise de plusieurs bâtimens anglais, entre autres d'un vaisseau de ligne, par l'amiral Gantheaume. 256
Combat naval d'Algésiras, livré aux Anglais, par le contre-amiral Linois. 259

Pages.

Beau combat du capitaine Troude dans le détroit de Gibraltar 264
Attaques infructueuses, livrées par l'amiral anglais Nelson à la flottille de Boulogne 272
Glorieux combat du lieutenant de vaisseau Tourneur, contre deux bâtimens anglais. 276
Combat de deux prames françaises, contre une croisière anglaise. 277
Combat de la frégate la *Ville de Milan*, sous les ordres du capitaine de vaisseau Reynaud, contre une frégate, et ensuite contre un vaisseau de ligne anglais. 279
Plan pour assurer le succès de la descente en Angleterre 281
Expédition de l'amiral Missiessy dans les Antilles, en 1805 284
Combat entre une flotte franco-espagnole et une flotte anglaise, en 1805. 288
Combat de la frégate française la *Didon*, capitaine Milius, contre la frégate anglaise le *Phœnix*, le 10 août 1805. 294
Combat glorieux de la frégate la *Topaze* contre un vaisseau de ligne anglais. . . . . . , . . 298
L'amiral Villeneuve sort de la baie de Vigo et se dirige sur Cadix. — Bataille de Trafalgar, gagnée par Nelson, le 21 octobre 1805 . . . 302
Heureuse croisière du chef d'escadre Lallemand. 309
Combat glorieux de la frégate française la *Canonnière*, contre le *Trémendous*, vaisseau de ligne anglais. 310

Pages.

Combat de la frégate française la *Minèrve*, contre la *Pallas*, frégate anglaise. 314
Heureuse expédition navale du capitaine Lhermite, contre les Anglais. 317
Expédition du capitaine Leduc dans la mer du Nord et l'Océan glacial 318
Expédition du contre-amiral Leissègue dans les Antilles. 319
Opérations de l'amiral Linois dans les mers de l'Inde, contre les Anglais. 327
Seconde croisière de l'amiral Linois. 337
Troisième croisière de l'amiral Linois. 341
Malheureux combat de l'escadre de l'amiral Linois, contre une escadre anglaise de sept vaisseaux. 343
Expédition du contre-amiral Willaumez dans l'Océan-Atlantique et en Amérique. 346
Suite malheureuse de l'expédition de l'amiral Willaumez. 353
Tentative des Anglais pour incendier le port de Boulogne et la flottille. 357
Expédition des Anglais à l'embouchure de l'Escaut et dans l'île de Walcheren. 359
Attaque et prise de Flessingue par les Anglais. 363
Vaine tentative des Anglais contre Anvers. — Une maladie épidémique les oblige à abandonner Flessingue. 368
Attaque et prise de la Martinique par les Anglais. 373

Pages.

Prise des îles de France et de Bourbon, par les Anglais............................ 378
Combat naval dans la rade de Port-Royal, à l'île de France....................... 376
Conquête de l'île de France par les Anglais.. 389
Glorieux combat du vaisseau français le *Romulus*, contre trois vaisseaux anglais........ 390

FIN DE LA TABLE
DU DEUXIÈME ET DERNIER VOLUME.

www.ingramcontent.com/pod-product-compliance
Lightning Source LLC
Chambersburg PA
CBHW051825230426
43671CB00008B/839